Rudolf Dreikurs / Bernice Bronia Grunwald / Floy C. Pepper

Lehrer und Schüler lösen Disziplinprobleme

Herausgegeben von Hans Josef Tymister

Beltz Verlag · Weinheim und Basel

Dr. *Rudolf Dreikurs* † 1972, ehemaliger Leiter des Alfred-Adler-Instituts, Chicago.

Bernice B. Grunwald, Dozentin am Alfred-Adler-Instituts, Chicago.

Floy C. Pepper, Dozentin am Portland State College.

Übersetzung aus dem Amerikanischen von Elfriede Tymister (Übersetzerin der Seiten 205-218: Hilde Weinzierl).

Für die finanzielle Unterstützung bei der Übersetzung danken wir Frau Sadie »Tee« Dreikurs, Frau Bernice B. Grunwald, Frau Floy C. Pepper und der Deutschen Gesellschaft für Individualpsychologie.

Titel der Amerikanischen Ausgabe:
Maintaining Sanity in the Classroom.
Classroom Management Techniques, Second Edition.
Harper & Row, Publishers, New York 1982 (gekürzt).

Neu ausgestattete Sonderausgabe 2007 des Titels
»Dreikurs/Grunwald/Pepper: Lehrer und Schüler lösen Disziplinprobleme«
Beltz Verlag. ISBN 3-407-25342-7

Lektorat: Peter E. Kalb

© 2007 Beltz Verlag · Weinheim und Basel
www.beltz.de
Herstellung: Lore Amann
Satz: Druckhaus »Thomas Müntzer«, Bad Langensalza
Druck: Druck Partner Rübelmann, Hemsbach
Umschlaggestaltung: glas ag, Seeheim-Jugenheim
Printed in Germany

ISBN 978-3-407-25451-1

Inhaltsverzeichnis

Vorwort des Herausgebers

Hiermit legen wir eine völlig neue Übersetzung des amerikanischen Buches „Maintaining Sanity in the Classroom. Classroom Management Techniques" von Rudolf Dreikurs, Bernice Bronia Grunwald und Floy C. Pepper vor, obwohl seine erste Auflage vor mehr als zehn Jahren ins Deutsche übersetzt und unter dem Titel „Schülern gerecht werden. Verhaltenshygiene im Schulalltag" 1976 in München erschienen ist. Die Erarbeitung und Veröffentlichung eines neuen Textes hat mehrere Gründe. Erstens haben Bronia Grunwald und Floy Pepper, die Mitautorinnen des 1972 verstorbenen Adler-Schülers Rudolf Dreikurs, nach Erscheinen der deutschen Übersetzung ihren Text völlig überarbeitet und ergänzt und ihn 1982 als zweite Auflage in New York veröffentlicht.

Zweitens enthielt die deutsche Übersetzung der ersten Auflage so viele fachsprachliche Ungenauigkeiten und Widersprüche bei der Auswahl und deutschen Anpassung der Schulbeispiele, daß viele Leser, unter ihnen Bronia Grunwald selbst, immer wieder nach einer Neuübersetzung fragten, die nicht nur sprachlich-individualpsychologisch, sondern auch in der Aussageabsicht mit dem Original übereinstimmt.

Der dritte Grund hängt mit Unterschieden zusammen, wie Autoren und Leser in Nordamerika und im deutschsprachigen Teil Europas mit Erfahrungen pädagogisch-psychologischer Praxis sprachlich umgehen bzw. auf sprachlich vermittelte Praxis reagieren. Während im nordamerikanischen Sprachraum die Nachfrage nach einem technischen Know-How auch in erzieherischen Handlungskontexten als sinnvoll und menschlich-wissenschaftlich unproblematisch gilt – Rudolf Dreikurs hat bei seinen vielen Fortbildungskursen für Psychologen und Pädagogen immer wieder betont, wie wichtig es sei, die „Techniques" individualpsychologischer Erkenntnisse zu erlernen und anzuwenden –, können wir uns im deutschen

Sprachraum bestenfalls dazu entschließen, die praktisch-methodischen Konsequenzen aus einer verstandenen und akzeptierten psychologisch-pädagogischen Theorie zu ziehen. Der Vermittlung der Theorie wird folglich die größere Aufmerksamkeit gewidmet. Lücken, Unstimmigkeiten, ja Widersprüche im sprachlich-theoretischen Hintergrund einer Methodenlehre jedenfalls können den gesamten Ansatz in Frage stellen.

Wir haben uns folglich bemüht, den hier vorgelegten Text, in Übereinstimmung mit den Autoren des amerikanischen Originals, so zu verfassen, daß Aussagen und Aussageabsicht des Originals trotz der publikationstechnisch notwendigen Kürzungen möglichst unverändert, dabei aber die gemeinsamen individualpsychologischen Grundaussagen, wenn eben möglich, erhalten bleiben und sichtbar werden. Dazu war es an vielen Stellen notwendig, die Übersetzung einzelner Aussagen weniger am Lexikonwissen üblicher Wörterbücher deutscher und amerikanischer Sprache zu orientieren, als vielmehr unter Rückgriff auf individualpsychologische Diskussion in den USA und in Deutschland die Aussageabsicht fachsprachlich im Deutschen zur Sprache zu bringen. Wir hoffen, auf diese Weise einen bescheidenen Beitrag zu leisten bei der Diskussion der Gemeinsamkeiten und Unterschiede im Denken und Handeln der Individualpsychologen auf beiden Seiten des Atlantiks.

Eine Meinungsverschiedenheit aus dieser Diskussion muß hier ausdrücklich behandelt werden: Günter Heisterkamp hat unter der Überschrift „2.2. Vernachlässigung der Einfühlung" in einem Beitrag für die „Zeitschrift für Individualpsychologie" (8. Jg., Heft 2/1983) Rudolf Dreikurs vorgeworfen, sein „Umgang mit den sogenannten Nahzielen" (a. a. O. S. 95) sei „eine diffizile Form moralischer Manipulation" (S. 96), weil die vorgeschlagene Frageform den „Therapeuten zum Lehrer des Patienten" mache (S. 95), weil es „unechte Fragen" seien, „da der Therapeut die Antwort ja meistens schon kenne" (S. 95) und weil dahinter eine latente „Schuldzuschreibung" stecke (S. 95). Abgesehen davon, daß der Vorwurf unechter Fragen schlicht falsch ist, wie man sich beim Lesen der entsprechenden Kapitel dieses Buches überzeugen kann, und abgesehen davon, daß die von Heisterkamp vorgeschlagenen sprachlichen Veränderungen (S. 97) nur wenig dazu beitragen werden, ob ein „Patient" eine Intervention seines Therapeuten gemäß seiner (des Patienten) tendenziösen Apperzeption entmutigend oder ermutigend deutet, muß vor allem auf folgendes hingewiesen werden: Das aufdeckende Umgehen mit den vier Nahzielen unerwünschten Verhaltens, wie es auch in der hier vorgelegten Übersetzung erläutert (vgl. Kap. 1.3 und 1.4) und „geschulten" pädagogischen Beratern empfohlen wird (vgl. Dreikurs/Soltz: Kinder fordern uns heraus. Stuttgart 1966, S. 70), geschieht in einem pädagogischen und nicht in einem psychotherapeutischen Kontext. Wenn Kinder – und dies gilt genauso für Erwachsene – so entmutigt sind, daß sie als „Patienten" der Heilung mit Hilfe eines „Therapeuten" bedürfen, mögen die methodischen Bedenken Günter Heisterkamps gegen die Aufdeckung unbewußter Nahziele, auch wenn sie noch so einfühlsam geschieht, berechtigt und notwendig sein. Wenn es aber darum geht, Kindern durch das Aufdecken eines ihnen bisher unbewußten oder nur zum Teil bewußten Verhaltensziels, das mit ihrem sozialen Interesse nicht oder nur teilweise übereinstimmt, zu mehr Selbstverstehen und insofern weniger Abhängigkeit von eigenen Verhaltensirrtümern zu verhelfen, kann der Verzicht auf „Aufdeckung" in der Form der Verwöhnung zu einer argen Entmutigung führen. Verzicht auf aufdeckende Konfrontation bei einem nicht krankhaft entmutigten Menschen kann auch heißen: „Eine Einsicht in ein von dir selbst unerwünschtes Nahziel und damit eine mögliche Veränderung deines Lebensstils traue ich dir nicht zu".

Kinder, Schüler, junge Erwachsene und ihre erwachsenen Handlungspartner zu einem Stück mehr Selbstbestimmung zu ermutigen und ihnen damit Gelegenheit zu geben, sich in der Gemeinschaft angenommen zu fühlen und ihren selbständigen Beitrag dazu zu leisten, daß auch die anderen sich angenommen fühlen können, das ist das Anliegen dieses Buches, und diesem Anliegen schließen sich auch die Übersetzerin und der Herausgeber an.

Hamburg   Hans Josef Tymister

Vorwort

Wir sind heute Zeugen eines besonderen Dilemmas in unseren Schulen. Lehrer befassen sich ernsthafter als andere Berufsgruppen damit, demokratische Methoden einzuführen und aufrechtzuerhalten. Das ist das Ergebnis von Deweys Lehren. Er entwickelte die Vorstellung, daß autoritäre Erziehungsstile die Rechte der Kinder einengen und ihre Mitarbeit verringern. Unglücklicherweise hatte Dewey zwar die richtigen Ideen, konnte sie aber nicht in die Praxis umsetzen. Schulsysteme, die seinen Anleitungen folgten, gingen in der sogenannten „Progressiven Erziehung" oft zu weit in dem, was sie zuließen und brachten es nicht fertig, zu optimalen Leistungen anzuregen und Ordnung und Disziplin unter den Schülern aufrechtzuerhalten. Als Folge davon geriet diese Art der Erziehung in einen schlechten Ruf, und das Pendel begann in die entgegengesetzte Richtung auszuschlagen. Der Trend zur Strenge und die Wiederaufnahme autoritärer Methoden gipfelten in dem Ruf nach körperlicher Strafe. Dies hatte jedoch wenig Erfolg, da Kinder nicht länger bereit sind, sich unterdrücken zu lassen und sich Strafmaßnahmen zu unterwerfen. Nun setzte sich ein verhängnisvoller Mechanismus in Bewegung. Je entschlossener versucht wurde, Schüler autoritär zu erziehen, um so mehr rebellierten sie offen und herausfordernd, was wiederum die Erwachsenen veranlaßte, strengere Maßnahmen anzuwenden. Gegenwärtig ist der Kampf zwischen den Generationen in vollem Gange. Das ist die sogenannte „Kluft zwischen den Generationen".

Bis jetzt befassen sich Erziehungssysteme hauptsächlich mit zwei Alternativen im Umgang mit Kindern: Nachsichtigkeit oder Strenge. Aber Nachsichtigkeit führt zu Anarchie und Strenge zu Rebellion. Deshalb nahm man an, daß eine glückliche Mischung aus beiden oder eine Art Mittelweg zwischen den Extremen die Antwort sein könnte. Das ist jedoch nicht der

Fall. Solange Lehrer nicht lernen, Kinder intrinsisch zu motivieren und zu beeinflussen anstatt Druck von außen auszuüben, sind sie nicht in der Lage, irgendeinen Widerstand zu überwinden, auf den sie in der Klasse stoßen. Viele der Vorschläge zur Korrektur, die Lehrern angeboten werden, haben nicht nur keinen Erfolg, sondern sind häufig nachteilig. Trotz Belohnung und Strafe, trotz Kritik und Demütigung setzen Kinder ihr störendes oder herausforderndes Benehmen fort. Die Folge davon ist, daß wir in unseren Schulen eine wachsende Anzahl von Analphabeten heranziehen – Kinder, die das Lesen und Schreiben nicht genügend lernen.

Viele Kinder entwickeln eine Abneigung und Widerstand gegen das Lernen überhaupt. Wir kennen die Kinder, die sich einfach weigern zu lernen, und die „Dropouts", die keinen Sinn darin sehen, zur Schule zu gehen, weil sie sich häufig schämen, mit Kindern in eine Klasse gehen zu müssen, die viel jünger sind als sie. Es scheint ihnen daher die beste Lösung zu sein, die Institution zu verlassen, die sie zu hassen gelernt haben. Es gibt wenig Anzeichen zur Hoffnung, daß die ständige Verschlechterung der Beziehung zwischen Lehrern und Schülern abzuwenden ist. Solange die zukünftigen Lehrer nicht lernen, Kinder zu verstehen und zu leiten, werden sie mit viel Idealismus und Hoffnung beginnen, die aber bald der Verzweiflung Platz machen, wenn sie merken, daß alle ihre Bemühungen und ernsthaften Anstregungen zunichte gemacht werden.

Gegenwärtig sind Lehrer nicht darauf vorbereitet, Kinder zu verstehen. Aber ohne Verständnis für die Motivation des Kindes ist der Lehrer kaum in der Lage, diese zu ändern. Solange ein Kind lernen will und sich ordentlich benimmt, hat der Lehrer wenig Schwierigkeiten zu unterrichten; wenn aber ein Kind sich entschließt, nicht zu lernen, weiß er nicht, was er tun soll. Deshalb brauchen Lehrer Anleitungen, die sie befähigen, in der Klasse dem Kind zu helfen, das im Lern- oder Sozialverhalten Schwierigkeiten oder Defizite hat.

Das vorliegende Buch befaßt sich mit diesem Thema. Seine Absicht ist es, den Lehrern zu helfen, die Kinder zu unterrichten, die lernfähig sind, aber sich dem Lernen und der Mitarbeit widersetzen, weil sie falsche Vorstellungen entwickelt haben. Obwohl das Buch auch für Berater und Sozialarbeiter eine große Hilfe sein kann, ist es sein vorrangiges Ziel, Lehrern Anleitung zu geben, Probleme im Verhalten der Schüler zu verstehen und ihnen zu begegnen.

Das Buch besteht aus fünf Teilen. Teil 1 stellt ein psychologisches Menschenbild vor – eine Theorie menschlichen Verhaltens, die jeder Lehrer lernen kann – das dem Lehrer bei seinen Bemühungen helfen wird, Motivationen zu verstehen. Die Theorie und Praxis dazu wurden von dem Wiener Psychiater Alfred Adler und seinen Mitarbeitern entwickelt.

Wir sehen das Kind als ein soziales Wesen, das seinen Platz zu Hause, in der Schule und in der Welt finden will. Wenn es sich „falsch" benimmt, hat es irrige Vorstellungen darüber entwickelt, wie es ihm gelingen kann dazuzugehören. Das Verhalten von Kindern können wir nur verstehen, wenn wir seinen Zweck kennen. Jedes Verhalten ist zielgerichtet, es zeigt die Mittel und Wege, mit denen jedes Kind zum Ausdruck bringt, wie es für sich entdeckt hat, Ansehen und Bedeutung zu gewinnen. Das Kind entscheidet, was es tun will, obwohl es sich gewöhnlich nicht bewußt ist, daß es eine Entscheidung getroffen hat und daß es seine Entscheidung ändern kann.

Teil 2 beschäftigt sich mit der Dynamik der Gruppe und demokratischen Vorgehensweisen. Das Kind ist nur dann voll handlungsfähig, wenn es sich von der Gruppe als wertvolles Mitglied angenommen fühlt. Seine Fähigkeit und Bereitwilligkeit zu handeln hängen von dem ab, das wir „Gemeinschaftsgefühl" nennen.

Teil 3 behandelt Lernschwierigkeiten.

Teil 4 befaßt sich mit Verhaltensproblemen. Das Hauptproblem liegt in der Motivation. Störungen und Ausfälle weisen auf einen Mangel an Gemeinschaftsgefühl und Anteilnahme am Wohlergehen anderer hin. Das verringerte Gemeinschaftsgefühl wird gewöhnlich durch Minderwertigkeitsgefühle des Kindes und durch Zweifel daran verursacht, daß es mit nützlichen Mitteln seinen Platz finden kann. Es ist Aufgabe des Lehrers, dem Kind zur Überwindung seiner falschen Selbsteinschätzung zu verhelfen und dadurch sein Gemeinschaftsgefühl zu steigern. Aus diesem Grund ist die Kunst der Ermutigung eines der entscheidendsten Hilfsmittel zur Korrektur und Verbesserung der Anpassungsversuche des Kindes an die Gemeinschaft.

Teil 5 gibt Hinweise zur Elternbeteiligung.

Viele der Vorschläge in diesem Buch gründen auf gesundem Menschenverstand; andere jedoch stehen gegenwärtigen Auffassungen über Kinder entgegen und verlangen vom Lehrer ein erhebliches Umlernen. Einer der ersten Schritte dazu besteht im Aufgeben von Straf- und Vergeltungsmaßnahmen. Dies allein würde schon fast jedes Schulsystem verändern, das bis jetzt Strafe, Zensurendruck und andere Formen von bevormundender Überlegenheit anwandte. Eine neue Beziehung auf der Basis der Gleichwertigkeit zwischen Erwachsenen und Kindern ist für die Lehrer unbegreiflich, die nie ein solches Konzept kennengelernt haben. Sie werden es schwierig finden, ihre Verantwortung mit den Kindern zu teilen und sie an Entscheidungen zu beteiligen. Nur wenn unsere Schulen wirklich demokratisch werden, geleitet von Repräsentanten aller an der Schule beteiligten Gruppen, kann ein Ende des gegenwärtigen Konflikts zwischen Erwachsenen und Kindern erreicht werden. Lehrer, Schulsekretärin, Berater, Hausmeister, kurz alle Beteiligten, müssen mit den Schülern eine gemeinsame Grundlage in Verhaltens- und Handlungsweisen finden. Wir dürfen die Schule nicht länger für die Kinder leiten; wir müssen sie am Erziehungsprozeß beteiligen. Dazu brauchen wir ein neues Verhältnis zwischen Erwachsenen und Kindern, das gegenseitiges Vertrauen und gegenseitige Achtung widerspiegelt. Ohne dies wird der Konflikt endlos weitergehen.

Bernice Bronia Grunwald
Floy Childers Pepper

1. Theoretische Voraussetzungen

1.1 Entwicklung der kindlichen Leistungsfähigkeit

Die Entwicklung der kindlichen Leistungsfähigkeit hängt von der Fähigkeit des Lehrers ab, die Möglichkeiten des Kindes zu erkennen, das Kind zum Lernen anzuregen und dadurch die latenten Möglichkeiten zur Realität werden zu lassen. Wir glauben und behaupten, daß die meisten Lehrer nicht wissen, welch ungeahnte Möglichkeiten in jedem Kind vorhanden sind. Wir können unsere Einschätzung der kindlichen Möglichkeiten nicht direkt beweisen, finden aber bei Fachleuten (z. B. Otto, 1966) eine gewisse Übereinstimmung darin, daß wir alle nur etwa 15% unserer potentiellen Fähigkeiten ausbilden und nutzen. Wenn diese Schätzung auch nur annähernd richtig ist, dann können wir dies zum Teil auf unsere Erziehungspraxis zurückführen, die in der Tat häufig die Entwicklung der Kinder behindert. Es sollte uns zu denken geben, wenn wir sehen, wieviel Kinder lernen, ehe sie zur Schule gehen, und wie gering im Vergleich dazu der weitere Fortschritt ist.

Wir brauchen ein neues Verständnis für Kinder, das ihre ungeheure Kraft, Planung und Beharrlichkeit berücksichtigt, mit denen sie ihre Umgebung beeinflussen. Dieses Verständnis steht in starkem Gegensatz zu der weit verbreiteten Vorstellung, daß Kinder Opfer ihrer Umwelt sind. Schon sehr früh im Leben eines Kindes können wir sehen, wie es von seiner Umgebung lernt und dieses Gelernte seinerseits dann benutzt, um sie zu steuern. Babies können in den ersten vier Wochen ihres Lebens lernen, ihre Familie zu beherrschen. Das Kind handelt unbewußt. Bewußte Wahrnehmung ist nämlich keinesfalls Voraussetzung für gut geplante Handlungen. Das neugeborene Kind ist nicht nur ein Bündel von unkoordinierten

Trieben und Bedürfnissen; es ist ein soziales Wesen, das nicht nur mit seinen physischen Bedürfnissen, die Befriedigung verlangen, befaßt ist, sondern auch mit der sozialen Atmosphäre um es herum. Es nimmt Beziehung mit ihr auf, um seine sozialen Bedürfnisse zu befriedigen. Das Kind lernt durch Versuch und Irrtum. Wenn es – lange bevor es denken kann – herausfindet, daß es gerne auf den Arm genommen und liebkost wird, und wenn es auf eine Umgebung trifft, die auf seine schreiende Forderung entsprechend reagiert, dann wird es seine erste Lektion gelernt haben, nämlich daß Schreien nutzt. Das Kind braucht nicht lange, um herauszufinden, wann Schreien nutzt und wann nicht. Deshalb lernt es bald sein Verhalten je nach den Reaktionen, die es erhält, zu modifizieren. Das Verhaltensmuster eines Kindes ist wohl durchdacht, und es wird keines beibehalten, das ihm nicht die gewünschten Ergebnisse bringt. Dies ist schwierig zu verstehen, solange wir nicht das zugrunde liegende Konzept annehmen, daß jedes Verhalten (von Kindern wie auch Erwachsenen) zielgerichtet ist.

Dieses Konzept erstreckt sich auch auf die Persönlichkeitsentwicklung des Kindes, auf seinen Lebensstil. Der Lebensstil gründet auf der Meinung, die das Kind sich über sich und andere bildet, und auf den Zielen, die es sich setzt. Das Kind beginnt wahrscheinlich mit Zufallsentscheidungen, es beobachtet die Reaktionen und wertet sie aus. Nachdem es den Bezugsrahmen gefunden hat, in dem es aufgrund seiner Beobachtungen und Auswertungen agiert, ist es frei, die Wege und Mittel zu wählen, mit denen es seine Lebensstilziele erreicht. Jedes Kind kann entscheiden und entscheidet auch, was es tun will. Die Erkenntnis, daß das Kind wirklich die Fähigkeit besitzt zu entscheiden, ob es sich ändern will, ob es lernen will, und zu bestimmen, was und wann es lernen will, eröffnet neue Ausblicke für das Verständnis und Lehren von Kindern.

Es liegt ein großer Unterschied darin, ob man die Vergangenheit als Ursache für einen Mangel oder Schwierigkeit ansieht oder als Erklärung, wie und warum ein Kind seine Ideen und Konzepte entwickelt hat. Denn die Grundlage für sein Verhalten ist das, was es denkt, glaubt und zu tun beabsichtigt. Das Kind ist nicht das Opfer von Kräften, die in ihm zusammentreffen, wie Erbanlage, Begabung, Umwelteinflüssen, traumatische Erlebnisse, psychosexuelle Entwicklung und so weiter. Was es bei seiner Geburt ist, ist weniger wichtig als, was es nachher aus sich macht. Die Lebensumstände, in denen es sich vorfindet, sind weniger wichtig als, was es aus diesen Umständen für sich macht. Diese Betrachtungsweise öffnet den Weg zur Veränderung durch neue und angemessenere Konzepte und Ziele. Sie ist Grundlage für eine optimistischere Einstellung.

Ehe wir Kindern helfen können, ihre Anlagen voll zu entwickeln, müssen wir die Praxis ändern, die gegenwärtig für Kindererziehung und Unterricht gilt. Eltern sind häufig nicht mit alternativen Möglichkeiten zur Kindererziehung vertraut und erziehen daher ihre Kinder nach überkommenen Traditionen. Diese Traditionen stammen jedoch aus einer autokratischen Vergangenheit und führen nicht mehr zu den gewünschten Ergebnissen. Ähnliches gilt für die Unterrichtsmethoden. Solange Kinder sich gut benehmen und lernen wollen, haben die Lehrer Erfolg; aber viele Lehrer wissen nicht, was sie tun sollen, wenn ein Kind sich entschieden hat, sich nicht angemessen zu benehmen und nicht zu lernen. Beim Rückblick auf solche Fälle stellt sich heraus, daß Druck von außen keine zufriedenstellenden Ergebnisse bringt. Disziplin durch Belohnung und Strafe war und ist nur in einem autokratischen Rahmen möglich. In einem demokratischen Rahmen müssen sie durch Methoden ersetzt werden, die das Kind von innen her motivieren. Ohne eine solche Stimulierung untergraben die meisten erzieherischen Einflüsse eher die Entwicklung des Kindes als sie zu fördern.

Eltern und Lehrer üben unbewußt und unwillentlich einen starken negativen Einfluß auf das Kind aus, wenn dieses für sie nie gut genug ist, so wie es ist. Sie fürchten, daß es sich nicht entfaltet und keine Fortschritte macht, wenn sie es nicht unter Druck setzen. Das Kind kann aber seine kreativen Möglichkeiten nicht nutzen, wenn es Angst hat. In Gegenwart von Entmutigung schwindet die stärkste Motivation, zu wachsen und sich zu entfalten. Diese Motivation nennt Alfred Adler „Gemeinschaftsgefühl", das Gefühl, zu einer Gemeinschaft zu gehören. Dies allein regt einen Menschen dazu an, zum Wohle aller beizutragen und seine Tätigkeit und seine Fähigkeiten zu steigern, nicht um seiner selbst willen, sondern als Mitglied der Gruppe. Der Wunsch des Kindes dazuzugehören besteht gleich von Anfang an. Wie er sich auswirkt, hängt von der Art der sozialen Gesinnung ab, die durch Handlung und Kommunikation zwischen Erwachsenen und Kind entsteht. Aus diesem

Grund ist die Einstellung des Erwachsenen zum Unterricht und zum Kind wichtig und sollte dazu dienen, das Gemeinschaftsgefühl in bestmöglicher Weise zu fördern.

Die Lernfähigkeit des Kindes wird gesteigert, wenn ihm Achtung entgegengebracht wird, wenn es ein Gefühl von Gleichwertigkeit und gleicher Verantwortung erfährt und an Entscheidungen beteiligt wird. In solch einer demokratischen Atmosphäre können Kinder weit mehr lernen als sie bisher tun. Ungewöhnliche Gedächtnisleistungen können erreicht werden. Ganz kleine Kinder können das Komponieren erlernen. In Japan unterrichtet Suzuki Gruppen von Kindern im Alter von 3 bis 5 Jahren darin, Violinkonzerte zu spielen. Viele andere Fähigkeiten und Fertigkeiten, wie Zeitgefühl, Raumorientierung, Verständnis für Menschen und die Wahrnehmung neuer Muster in verschiedensten Leistungsbereichen, weit über das gegenwärtige Ausmaß hinaus, können erworben werden. Und jede neue Fähigkeit trägt zur Lebensbewältigung des Kindes bei.

1.2 Zielgerichtetes Verhalten

Jeder Erzieher handelt aufgrund eines bestimmten Menschenbildes. Dieses liefert ihm Gründe für das kindliche Verhalten und Hilfen, wie er darauf reagieren kann. Gegenwärtig herrscht jedoch Verwirrung darüber, wie man mit Kindern umgehen sollte, weil wir kein allgemein anerkanntes Menschenbild haben. Es besteht nur wenig oder sogar keine Übereinstimmung darüber, wie Kinder erzogen und unterrichtet werden sollen. Wir stellen hier das Menschenbild vor, das von Alfred Adler entwickelt wurde und uns neue Auffassungen anbietet, mit denen wir Kinder besser verstehen können. Einige dieser Auffassungen sind:

1. Verhalten ist zweckmäßig oder zielgerichtet. Nur wenn wir diese Voraussetzung anerkennen, ergeben die Methoden, die wir empfehlen, einen Sinn. Ziele verändern ist etwas anderes als Mängel beheben. Es hilft uns und dem Kind kaum, bessere Auswege zu finden, wenn wir es mit Etiketten versehen wie lernbehindert, lese-rechtschreib-schwach, geistig zurückgeblieben oder motorisch unruhig. Wenn wir

jedoch das Ziel erkennen, das das Kind mit seinem Verhalten anstrebt, dann können wir ihm helfen, das Ziel zu wechseln oder es mit nützlichen und anerkannten Mittel zu erreichen.

2. Das teleologische Modell (zielgerichtetes Verhalten) Alfred Adlers traf auf großen Widerstand bei Psychologen. Der größte Widerspruch kam von Wissenschaftlern, die Teleologie als unwissenschaftlich zurückwiesen. Da die Lehre von der Kausalität unsere ganze Gesellschaft durchdringt, ist es schwer zu begreifen, daß nicht die Ursache, sondern die Absicht, ein Ziel zu erreichen, das Verhalten erklärt. Verhalten erweist sich nur als sinnvoll, wenn wir seine Absicht verstehen. Das Ziel des Verhaltens ist seine Ursache.

3. Die treibende Kraft hinter jeder menschlichen Handlung ist das Ziel. Bis zu einem gewissen Ausmaß weiß jeder, was er will, und handelt dementsprechend. Die Folgen seiner Handlungen enthüllen jedoch seine Absichten, ob er sich derer bewußt ist oder nicht. Im allgemeinen erreicht nur ein kleiner Teil der Absichten die Bewußtseinsebene. Wir tun, was wir wollen, wozu wir Lust haben, ohne zu wissen, warum wir dazu neigen.

4. Menschen sind soziale Wesen, die als wichtigstes Ziel haben dazuzugehören, einen Platz in der Gesellschaft zu finden. Dies steht im Widerspruch zu der Sicht, die Menschen als biologische Wesen sieht mit Trieben und physisch bezogenen Motivationen als treibende Kräfte. Das Verhalten des Kindes zeigt Mittel und Wege, mit denen es versucht, Bedeutung zu erlangen. Wenn diese Mittel und Wege unsozial und störend sind, dann hat das Kind nicht die richtigen Vorstellungen darüber entwickelt, wie es seinen Platz finden kann. Die unsozialen Wege oder „falsch gewählten Ziele", mit denen wir uns im nächsten Kapitel befassen wollen, spiegeln einen Irrtum in des Kindes Einschätzung, seinem Verständnis vom Leben und den Notwendigkeiten des Lebens in einer Gemeinschaft wider.

5. Wir gehen weiter davon aus, daß das Individuum die Macht hat, sich in jede selbst bestimmte Richtung zu bewegen. Es wird nicht von der Vergangenheit durch das Leben geführt, sondern es bewegt sich aus eigenem Antrieb. Alle seine Handlungen, Eigenschaften und Charakterzüge, ebenso wie seine Emotionen, können durch sein Bestreben erklärt

werden, seinen Platz in der Gemeinschaft zu finden. Allerdings können die Handlungen und Entscheidungen, die es trifft, auf falschen Annahmen über sich selbst und das Leben beruhen. Obwohl das Verhalten unangebracht erscheinen mag, spiegelt es doch die Überzeugung wider, daß dies für den Menschen der einzig mögliche Weg ist, anerkannt zu werden. Durch seine eigene private Logik erscheint sein Verhalten angemessen.

6. Um zu verstehen, wie ein Kind zu den falschen Annahmen kommt, müssen wir berücksichtigen, daß Menschen in der Wahrnehmung ihrer Umwelt voreingenommen sind. Wir können in der Beurteilung einer gegebenen Situation nicht völlig objektiv sein, weil wir eine tendenziöse Apperzeption haben – eine „private Logik". Es ist nutzlos, ein Kind zu fragen, warum es etwas falsch macht, weil es das nicht weiß. Wie das Kind das Leben, andere und sich selbst sieht und was es entscheidet zu tun, hängt von seiner „privaten Logik" ab; denn diese allein wird genutzt, um den Handlungsablauf zu entwerfen. Der geschulte Erzieher muß dem Kind helfen, sich selbst, seine „private Logik" und seine Ziele zu verstehen.

7. Das Kind reagiert sehr sensitiv auf die soziale Atmosphäre, die es umgibt, und schon sehr früh experimentiert es mit ihr, um zu bekommen, was es will. Während seines Entwicklungsprozesses integriert es seine Erfahrungen in sein Weltbild und wählt entsprechend dazu seine Ziele aus. Diese gewinnen hinsichtlich seiner Handlungen und Entwicklung an Bedeutung und werden zu seinem „Lebensstil". Ohne geeignete Anleitung, um mit der Kompliziertheit des sozialen Lebens zurechtzukommen und auf produktive und kooperative Weise seinen Platz in der Gemeinschaft zu finden, kann das Kind zu einer irrigen Selbstbeurteilung kommen. Diese führt zu einem falsch gewählten oder fiktiven Ziel zur Organisation des Lebens und ist Grundlage des Lebensstils. Wir nennen das Ziel „fiktiv", weil das Kind annimmt, daß es nur unter diesen bestimmten Bedingungen seines Platzes sicher sein kann.

Die Lebensstilziele erlauben dem Kind, eine gewisse Stabilität und Beständigkeit in seinen Handlungen zu erlangen. Sein Lebensstil legt ihm aber auch Beschränkungen auf und führt in gewissen Situationen zur Möglichkeit der Frustration. Eine

Krise entsteht dann, wenn der Lebensstil zu den Erfordernissen der Situation im Widerspruch steht. An diesem Punkt enden seine Fähigkeit und Bereitschaft, teilzuhaben und beizutragen und antisoziales Handeln mit neurotischen oder gar psychotischen Zügen folgen möglicherweise nach. Aber sogar dann hat auch die antisoziale Form der Existenz noch einen Zweck. Ihn zu erkennen ist ein wichtiger Faktor für die Therapie und Neuorientierung bei Kindern wie auch Erwachsenen.

Innerhalb des Bezugsrahmens des Lebensstils, der sich auf die Fernziele im Leben gründet, gibt es auch kurzfristige Ziele oder „Nahziele", wie wir sie nennen wollen. Obwohl der Lebensstil für jeden Menschen einmalig ist und man einen vom anderen damit unterscheiden kann, sind die unmittelbaren Reaktionen, verbunden mit den Nahzielen und im Umgang mit konkreten Lebenssituationen, bei allen Menschen erstaunlich ähnlich.

Für störendes, unerwünschtes Verhalten haben wir vier Ziele gefunden:

1. Aufmerksamkeit erreichen wollen,
2. Macht, Überlegenheit erlangen,
3. Rache, Vergeltung üben,
4. Unfähigkeit zur Schau stellen.

In den folgenden Kapiteln wollen wir näher auf sie eingehen, weil sie für das Verständnis kindlichen Verhaltens eine wichtige Rolle spielen.

1.3 Die vier Ziele unerwünschten Verhaltens (Nahziele)

Unsere Beschreibung der vier Ziele unerwünschten Verhaltens bietet dem Lehrer eine Möglichkeit, die psychologische Motivation des Kindes zu verstehen, anstatt bei der Frage nach dem Warum des kindlichen Verhaltens im Dunkeln zu tappen. Sie hilft ihm, diagnostische Fertigkeiten und psychologisches Einfühlungsvermögen zu entwickeln. Das soll nicht heißen, daß wir meinen, die Lehrer sollten Psychologen werden. Wir wollen weder Psychotherapeuten noch Gruppentherapeuten aus ihnen machen; aber wir wissen, daß die Methoden im folgenden sehr nutzbringend sein können, wenn sie verantwortungsbewußt angewandt werden. Dies können Lehrer lernen.

Im sozialen Bereich gibt es zwei Bewegungsrichtungen: die nützliche und die unnützliche. Nützliches Verhalten richtet sich auf kooperatives Handeln zum Wohle der Gemeinschaft aus. Der Mensch wendet sich anderen mit Interesse zu und strebt danach, zu Glück und Zufriedenheit sowohl für andere als auch für sich beizutragen. Bei unnützlichem Verhalten wendet sich der Mensch von den anderen ab und ist nur noch mit sich beschäftigt. Es besteht die Tendenz, andere zu kritisieren und sich selbst herabzusetzen. Das sich anpassende Kind findet seine soziale Anerkennung durch sein Interesse für das Wohlergehen der Gruppe, Familie oder Schulklasse und durch seine nützlichen Beiträge. Das Kind, das unerwünschtes Verhalten zeigt, glaubt nicht mehr daran, daß es die Zugehörigkeit und Anerkennung, die es möchte, erreichen kann, und hofft nun irrtümlich, die Anerkennung durch provokatives Verhalten erhalten zu können, und wählt eines der auf Seite 21 genannten vier Ziele unerwünschten Verhaltens.

Es mag vielen schwerfallen, die Tatsache zu akzeptieren, daß Kinder, die sich unerwünscht verhalten, nicht zur Kooperation bereit sind, nicht lernen wollen und keine Aufgabe auf sich nehmen, von einem der oben genannten Ziele geleitet werden. Wir werden oft gefragt, wie wir dazu kommen, solche Verallgemeinerungen aufzustellen und die große Vielzahl kindlichen Fehlverhaltens jeweils einem der vier Ziele zuzuordnen. In Wahrheit haben wir das Fehlverhalten nicht den Zielen zugeordnet, sondern die Ziele dort gefunden. Wir wären sehr gerne bereit, andere Ziele für unerwünschtes Verhalten dazuzunehmen, wenn sie vorgeschlagen und bewiesen werden könnten. In allen Fällen können wir eines oder mehrere dieser Ziele vorfinden. Sie erklären das unerwünschte Verhalten des Kindes und können von ihm erkannt werden, wenn sie ihm in geeigneter Weise aufgedeckt werden (s. Kapitel 1.4).

Tabelle 1 gibt einen Überblick über die vier Ziele unerwünschten Verhaltens, eine Beschreibung des kindlichen Verhaltens, wenn es eines dieser Ziele verfolgt, und die Reaktionen des Lehrers auf das Verhalten, aus denen er die Ziele erkennen kann.

Tabelle 1

Ziel	Verhalten des Kindes	Reaktionen des Lehrers
1. Aufmerksamkeit	Das Kind ist lästig, gibt an, ist faul, stellt andere in seinen Dienst, beschäftigt den Lehrer; denkt: „Ich habe nur dann meinen Platz, wenn man mich beachtet." Weint, ist charmant, ist übermäßig bemüht zu gefallen, ist übermäßig empfindlich.	Der Lehrer gibt übermäßige Aufmerksamkeit, ermahnt häufig, redet gut zu, fühlt sich belästigt, zeigt Mitleid; denkt: „Das Kind nimmt zu viel meiner Zeit in Anspruch." Fühlt Unwillen.
2. Macht	Das Kind ist stur, widerspricht häufig, muß gewinnen, muß der Boß sein, lügt häufig, ist ungehorsam; tut das Gegenteil von dem, was es soll; verweigert jede Arbeit; denkt: „Ich zähle nur, wenn andere tun, was ich will." Muß jede Situation kontrollieren.	Der Lehrer fühlt sich besiegt, fühlt sich in seiner Führungsrolle bedroht; ist besorgt, was andere von ihm denken; hat das Gefühl, das Kind zum Gehorsam zwingen zu müssen; wird ärgerlich; muß dem Kind zeigen, daß er die Leitung der Klasse hat; ist entschlossen, das Benehmen nicht durchgehen zu lassen.
3. Rache	Stiehlt, ist boshaft, gemein, verletzt Kinder und Tiere, ist destruktiv, lügt, schmollt häufig und beklagt sich über andere; glaubt, daß niemand es mag; möchte sich für Verletzungen rächen, die es glaubt von anderen erhalten zu haben.	Fühlt sich verletzt, wird wütend, möchte auch verletzen, lehnt das Kind ab, hält das Kind für undankbar, möchte dem Kind eine Lektion wegen seines gemeinen Verhaltens erteilen; bittet die anderen Kinder, dieses Kind zu meiden; berichtet den Eltern des Kindes, in der Hoffnung, daß diese es bestrafen werden.
4. Unfähigkeit	Fühlt sich hilflos, fühlt sich dumm im Vergleich mit anderen, gibt auf und nimmt an keiner Aktivität teil; fühlt sich am wohlsten, wenn es in Ruhe gelassen wird und nichts von ihm gefordert wird; setzt sich selbst zu hohe Ziele und fängt nichts an, dessen Ergebnis nicht seinen hohen Anforderungen entsprechen wird.	Versucht verschiedene Wege, das Kind zu erreichen, und wird entmutigt, wenn er versagt; hört auf, weiter zu versuchen.

Das Verhalten des Kindes kann den Umständen entsprechend variieren; es kann in einem Moment Aufmerksamkeit erregen und im nächsten Macht beanspruchen oder Vergeltung üben wollen. Es kann über eine Vielzahl von Verhaltensformen verfügen, mit denen es sein Ziel zu erreichen sucht. Dasselbe Verhalten kann aber auch verschiedenen Zielen dienen.

Ziel 1, *Aufmerksamkeit erlangen,* kann ein Kind durch eine der vier folgenden Verhaltensweisen zu erreichen suchen:

1. aktiv-konstruktiv,
2. aktiv-destruktiv,
3. passiv-konstruktiv,
4. passiv-destruktiv.

Ob das Kind konstruktiv oder destruktiv handelt, hängt davon ab, wie es seine Stellung in der Gruppe – Familie, Klasse, Freundeskreis – sieht. Wenn es seine Stellung als geringwertig deutet, wird es eine ablehnende Einstellung entwickeln und diese in destruktiven Handlungen zum Ausdruck bringen. Wieviel Mut und Selbstvertrauen ein Kind hat, zeigt sich darin, ob es aktives oder passives Verhalten wählt. Passivität ist immer Ausdruck von Entmutigung.

Die meisten jüngeren Kinder verfolgen mit unerwünschtem Verhalten das Ziel, Aufmerksamkeit zu erhalten. Das liegt sicher mit daran, daß wir unseren Kindern nur wenige Möglichkeiten bieten, ihre soziale Stellung durch nützliche Beiträge zu erreichen. Alles, was in der Familie getan werden muß, wird von den Eltern oder älteren Geschwistern erledigt. Da das Kind keine Chance sieht, durch konstruktive Beiträge, Geltung zu erlangen, sucht es den Beweis für sein Angenommensein durch übermäßige Aufmerksamkeit von seiten der Erwachsenen oder Gruppenmitglieder zu bekommen. Da diese aber sein Selbstvertrauen und Selbstbewußtsein nicht stärken, fordert es ständig neue Beweise heraus. Zuerst wird es versuchen, durch sozial anerkannte und erfreuliche Mittel Befriedigung zu erlangen. Wenn diese Methoden aber ihre Wirkung verlieren, wird das Kind jedes nur erdenkliche Mittel ausprobieren, um sich weiter die Aufmerksamkeit zu sichern. Demütigung, Strafe oder sogar Schläge nimmt es hin, solange es nur sein Ziel erreicht und nicht ignoriert wird.

Die *aktiv-konstruktive* Weise, Aufmerksamkeit zu erlangen, ähnelt einem kooperativen und angemessenen Verhalten. Dieses Kind ist äußerst ehrgeizig und möchte „Erster" oder „Bester" sein. Meistens hat es kaum soziale Beziehungen innerhalb seiner Altersgruppe. Wenn es nicht glänzen kann, fühlt es sich verloren. Sein Bestreben, perfekt, korrekt und überlegen zu sein, wird häufig von überehrgeizigen und perfektionistischen Eltern angespornt, und es wird seinen Geschwistern als Vorbild hingestellt. Um seine Überlegenheit aufrechtzuerhalten, bemüht es sich, gut, verläßlich, rücksichtsvoll, kooperativ und fleißig zu sein.

Die achtjährige Doris war ein besonders „gutes" Kind. Sie erledigte sorgfältig alle Arbeiten, die die Lehrerin ihr aufgab. Wenn sie fertig war, sagte sie entweder: „Sehen Sie, ich bin schon fertig." oder „Kann ich Ihnen helfen?" In den Pausen oder nach Schulschluß beschäftigte sie sich in der Klasse noch mit Extraarbeiten; aber immer zog sie die Aufmerksamkeit der Lehrerin auf sich. Diese war sehr mit Doris zufrieden und sagte oft: „Wenn nur alle in der Klasse so wie Doris wären."

Die meisten Erwachsenen würden Doris' Verhalten in diesem Beispiel nicht als unerwünscht ansehen. Wenn wir ihr Verhalten jedoch näher betrachten, sehen wir, daß sie immer die Aufmerksamkeit der Lehrerin für ihr „gutes" Verhalten forderte: „Schau, wie gut ich bin." Sie arbeitete nur um der Anerkennung der Lehrerin willen und nicht, weil sie wirklich lernen wollte. Sie tat das Richtige aber mit dem falschen Ziel.

Das *aktiv-destruktiv* handelnde Kind benimmt sich frech, trotzig, tölpelhaft oder tyrannisch. Diese Verhaltensweise gleicht der, die eingesetzt wird, um Ziel 2 (Macht) oder Ziel 3 (Vergeltung) zu erreichen. Sie unterscheidet sich aber dadurch, daß Gewalt und Feindseligkeit fehlen. Das Kind, das Aufmerksamkeit bekommen möchte, hört mit seiner Provokation auf, sobald es sein Ziel erreicht hat. Während das Kind, das seine Macht demonstrieren will, nicht mit Aufmerksamkeit zufrieden ist; es will seinen Willen haben. Das Kind, das mit aktiv-destruktiven Mitteln Aufmerksamkeit haben will, ist für seine Eltern und Lehrer ein Quälgeist, es gibt an, schwätzt, stellt unnötige Fragen und ähnliches.

Das *passiv-konstruktiv* handelnde Kind erreicht sein Ziel durch Charme und bringt damit die Leute dazu, es zu beachten. Es benutzt die Fassade der Hilflosigkeit, um andere in seinen Dienst zu stellen. Diese Kinder stören nie und zerstören nichts, denn dadurch würden sie ihren Charme verlieren und damit

Tabelle 2: Die vier Ziele unerwünschten gestörten Verhaltens

Das Gemeinschaftsgefühl nimmt ab. ——————→ ——————→ Die Entmutigung nimmt zu

| Nützliches Verhalten | | Unnützliches Verhalten | | |
aktiv-konstruktiv	passiv-konstruktiv	aktiv-destruktiv	passiv-destruktiv	Ziele
Erfolg Musterkind Liebling des Lehrers sehr fleißig handelt wegen des Lobes und der Beachtung	Charme „Klette" eitel schmeichelt empfindlich	Unfug angeben aufdringlich Störenfried frech	Faulheit scheu, abhängig ängstlich unordentlich Konzentrationsmangel	1 Aufmerksamkeit
		„Rebell" streitet widerspricht Wutausbrüche lügt dickköpfig	Sturheit vergeßlich Tagträumer trödelt faulenzt	2 Überlegenheit

Die häufigste Entwicklung zum Negativen hin führt vom aktiv-konstruktiven Verhalten bei Ziel 1 über aktiv-destruktives bei Ziel 3 (Linie a). Eine weitere häufige Entwicklung führt vom passiv-konstruktiven Verhalten über passiv-destruktives bei Ziel 1 zu Ziel 4 (Linie b). Manchmal fällt ein Kind auch von passiv-konstruktivem Verhalten bei Ziel 1 direkt in passiv-destruktives Verhalten bei Ziel 4 (Linie c). Entwicklung zum Positiven verlaufen nicht unbedingt in umgekehrter Reihenfolge.

Boshaftigkeit
Verachtung
stiehlt
unverschämt
roh

c

verbissene Passivität
störrisch
undankbar
erfreut sich an Gewalt
arglistig

3
Vergeltung

Hoffnungslosigkeit
teilnahmslos
gleichgültig
träge

4
Unzulänglichkeit,
Unfähigkeit

soziale Entmutigung

27

ihre Macht. Sie sind sehr auf sich konzentriert, während sie, oberflächlich betrachtet, an anderen interessiert scheinen. Manche hängen auch wie eine „Klette" an dem Erwachsenen oder sind sehr eitel.

Die sechsjährige Shirley war ein sehr hübsches Kind und sich ihres Aussehens durchaus bewußt. Sie hatte mehrere kleine Tricks, mit denen sie die Leute dazu brachte, sie zu bewundern. So stellte sie sich zum Beispiel hin und spielte mit ihren langen blonden Locken, und die Leute sagten dann immer: „Hat Shirley nicht wunderbares Haar?" und strichen ihr über den Kopf. Bei anderen Gelegenheiten blickte sie schüchtern auf ihre Fußspitzen und hob dann den Blick zum Erwachsenen hinauf, und dieser machte unweigerlich eine Bemerkung über ihre wunderschönen langen Wimpern. Wenn sie gebeten wurde, etwas zu tun, seufzte sie tief, klapperte mit den Augen, und die Erwachsenen sprangen hinzu, um ihr zu helfen.

Das *passiv-destruktiv* handelnde Kind wird als „träge", „faul" bezeichnet. Seine Trägheit oder Faulheit äußert sich in einer Breite, die von unbrauchbaren Antworten bis hin zu totaler Handlungsverweigerung reicht. Durch sein Verhalten zwingt es andere Menschen, sich mit ihm zu beschäftigen und ihm zu helfen. Dieses sind die „Hilf mir; es ist zu schwer; ich kann es nicht; ich versteh' das nicht" Kinder. Andere Verhaltensweisen dieser Kinder sind Schüchternheit, Abhängigkeit, Unordentlichkeit, Konzentrationsmangel und Sichgehenlassen.

In Gesprächen mit Lehrern fanden wir heraus, daß sie am besten mit den aktiv-konstruktiv handelnden Kindern zurechtkommen. Das ist verständlich; denn solch ein Kind ist nur schwer von einem Kind zu unterscheiden, das keine besondere Aufmerksamkeit fordert und Freude an seiner Arbeit hat, ohne ständig nach Lob Ausschau zu halten. Weiter stellten wir fest, daß viele Lehrer dazu neigen, das passiv-konstruktive Verhalten als das nächstbeste, das aktiv-destruktive als das schlimmste und das passiv-destruktive als dazwischenliegend zu betrachten. Im Hinblick auf eine Verhaltensänderung ist aber das aktiv-destruktive Verhalten als das nächstbeste anzusehen. Einem Kind, das diesen Weg gewählt hat, um Aufmerksamkeit zu erreichen, kann leichter geholfen werden, nützliche Mittel zu finden, um seine Bedeutung zu erlangen; denn seine Entmutigung ist noch nicht so weit fortgeschritten wie bei dem passiv-destruktiv handelnden Kind. Letzteres ist am schlechtesten angepaßt und steht in der Gefahr, direkt zu Ziel 4, das den höchsten Grad an Entmutigung zeigt, überzugehen (siehe Tabelle 2, S. 26f.).

Kinder, deren unerwünschtem Verhalten Ziel 2, *Überlegenheit demonstrieren,* zugrunde liegt, sollten nicht unter Druck gesetzt werden, weil dies zu einem Machtkampf führen würde, in dem für den Erwachsenen kein endgültiger „Sieg" möglich ist. In den meisten Fällen gewinnt das Kind, weil es sich in seinen „Kampfmethoden" durch kein Gefühl zur Verantwortung oder moralischer Verpflichtung eingeschränkt sieht. Sein Gewissen hält es nicht zurück. Es weiß, wo es den Erwachsenen „verletzen" kann, und es „schlägt" hart zu. Es verfolgt sein Ziel mit Argumentieren, Streiten, Schreien, Weinen, Widerspruch, Wutausbrüchen, Lügen, Sturheit oder Ungehorsam. Alles dies soll beweisen, daß das Kind bestimmt, was es tun will, daß es der Stärkere ist und das Recht hat, der „Chef" zu sein.

Kinder, die Ziel 3, *Vergeltung üben,* verfolgen, fühlen sich von anderen unfair behandelt, finden, daß ihre Gefühle mißachtet und verletzt werden. Sie wollen sich dafür rächen, und sie rächen sich an jedermann, nicht nur an denen, von denen sie sich verletzt fühlen. Sie werfen wahllos Dinge anderer Kinder auf den Boden, bekritzeln deren Hefte und Bücher, schlagen, treten und kratzen, zerstören Gegenstände, beschimpfen und beleidigen andere, auch mit übelsten Ausdrücken. Ihrem Verhalten liegt die Annahme zugrunde: „Wenn andere mich verletzen, habe ich das Recht, auch zu verletzen." Diese Kinder sind davon überzeugt, daß niemand sie mag, und sie provozieren andere bis zu dem Punkt, wo diese sich gegen sie wenden. Auf diese Weise bekommen sie den Beweis dafür, daß sie von Anfang an Recht hatten, daß niemand sie mag, daß sie nicht liebenswert sind.

Kinder, die Ziel 4, *Unfähigkeit zur Schau stellen,* verfolgen, haben erfolglose Versuche hinter sich, Bedeutung durch die Ziele Aufmerksamkeit, Überlegenheit oder Vergeltung zu erlangen. Sie sind so entmutigt, daß sie aufgeben und Unfähigkeit zeigen. Sie wollen nichts anderes als in Ruhe gelassen werden; denn solange nichts von ihnen verlangt wird, können sie immer noch als Gruppenmitglied erscheinen. Sie glauben, wenn sie jede Teilnahme und jeden Beitrag vermeiden, könnten sie weiteren Demütigungen und peinlichen Situationen aus dem Weg gehen. Dieses Verhalten kann für alle Handlungen des Kindes charakteristisch sein, kann aber auch nur in den Situationen auftreten, in denen es sich unterlegen fühlt.

Es gibt zwei verläßliche Wege festzustellen, welches der vier Ziele das Kind mit seinem störenden, unerwünschten Verhalten verfolgt.

1. Wir müssen auf unsere spontane Reaktion auf die kindliche Provokation achten.

   a) Wenn wir uns ärgern, weil das Kind auf unsere Ermahnung, Erklärung und unser gutes Zureden nicht reagiert, haben wir meist ein Kind vor uns, das Aufmerksamkeit will.

   b) Wenn wir uns bedroht oder in unserer Stellung herausgefordert fühlen, weil das Kind nicht zur Mitarbeit bereit ist, und uns genötigt fühlen, es zu dem zu zwingen, was wir von ihm wollen, haben wir es mit einem Kind zu tun, das Überlegenheit anstrebt.

   c) Wenn wir uns durch das Kind besiegt und verletzt fühlen und nicht länger daran denken, was für das Kind gut ist, sondern es am liebsten „umbringen würden", haben wir ein Kind vor uns, das Vergeltung will.

   d) Wenn wir alles ohne Erfolg versucht haben und in Hoffnungslosigkeit die Schultern zucken und sagen, „Ich geb's auf!", haben wir ein Kind vor uns, das Unfähigkeit zur Schau stellt.

2. Das Ziel des Kindes zeigt sich darin, wie es auf unsere Maßregelung reagiert.

   a) Wenn das Kind auf unsere Maßregeln hin mit seinem störenden Verhalten aufhört, dann wissen wir, daß es Aufmerksamkeit wollte. Es kann jedoch mit dem störenden Verhalten wieder anfangen, in der Hoffnung auf weitere Aufmerksamkeit.

   b) Wenn das Kind mit seinem störenden Verhalten fortfährt trotz Ermahnung oder Strafe, strebt es nach Überlegenheit. Es verstärkt unter Umständen sogar sein unerwünschtes Verhalten.

   c) Wenn ein Kind auf Maßnahmen hin wütend und beleidigend wird, fühlt es sich ungerecht behandelt und will Vergeltung.

   d) Wenn ein Kind nichts tut und einfach nur dasitzt, nachdem es aufgefordert und ermahnt worden ist, will es seine Unfähigkeit deutlich machen.

Die vier Ziele unerwünschten Verhaltens gelten nur für Kinder, die für uns, die Lehrer, und für sich selbst Probleme schaffen. Sie beziehen sich nicht auf Kinder, die kooperativ sind, gerne lernen, ihre Möglichkeiten angemessen nutzen und gute soziale Beziehungen haben. Es gibt viele solcher Kinder. Weil sie den Lehrern aber keine Schwierigkeiten verursachen, wollen wir in diesem Buch sie nur insoweit berücksichtigen, als daß sie für den Lehrer eine große Hilfe sein können im Umgang mit den „Problemkindern". Tabelle 2 (S. 26f.) zeigt, wie ein Kind sich von einem zu einem anderen Ziel bewegen kann.

1.4 Aufdeckung der vier Ziele unerwünschten Verhaltens

Das Kind ist sich beim Handeln seiner Ziele nicht bewußt. Es kann sein Ziel jedoch erkennen, wenn wir es ihm in geeigneter Weise aufdecken. Ob es sein Ziel erkannt und akzeptiert hat, können wir an dem „recognitiven reflex" (Wiedererkennungsreflex) ablesen.

Jüngere Kinder werden entweder zugeben, daß sie sich mit einem der Ziele, die wir ihnen genannt haben, unerwünscht verhalten haben, oder sie verraten sich durch ihre Mimik oder Gestik. Diesen mimischen oder gestischen Reflex nennen wir „recognition reflex". Er drückt sich in der Regel durch ein Lächeln, Schmunzeln, verlegenes Auflachen oder ein Augenzwinkern aus.

Ältere Kinder sind schon zu erfahren und geschickt, um noch offen zuzugeben, daß sie Aufmerksamkeit erzielen oder ihre Überlegenheit zeigen wollen. Infolge dessen sagen sie entweder „nein" auf unsere Fragen, die ihnen ihr Ziel erkennbar machen sollen, oder sie sitzen uns mit ausdrucksloser Miene gegenüber. Aber auch sie verraten sich durch ihre Körpersprache. Es kann sein, daß ihre Lippen zucken, ihre Augen aufblitzen oder der Lidschlag schneller wird, daß sie ihre Sitzhaltung ändern, ein Bein bewegen, mit den Fingern trommeln oder auch nur mit den Zehen wackeln. Es bedarf einer sorgfältigen Beobachtung ihrer Körpersprache, um zu wissen, ob wir das richtige Ziel erraten haben.

Wir halten ein spezifisches Verfahren für die Aufdeckung des unbewußten Ziels unerwünschten Verhaltens für erforderlich. Es ist wichtig, daß dieses Verfahren so genau wie möglich eingehalten wird; denn nach unserer Erfahrung erhalten wir nur dann einen verläßlichen „recognition reflex".

Wenn wir das Kind mit seinem Ziel, das es mit seinem unerwünschten Verhalten verfolgt, konfrontieren, bevorzugen wir folgendes Vorgehen:

1. „Weißt du, weshalb du ...?" Wir wissen, daß das Kind nicht weiß, weshalb es sich unerwünscht verhält. Dennoch stellen wir diese Frage, weil sie als Vorbereitung für den nächsten Schritt notwendig ist.
2. „Ich würde dir gerne sagen, was ich denke, möchtest du es hören?" In der Regel wird das Kind es hören wollen. Wenn es allerdings „nein" sagt, müssen wir das respektieren und eine andere Gelegenheit nutzen.

Zur Konfrontation benutzen wir eine oder mehrere der folgenden Fragen für jedes Ziel. Die Fragen sollen der Reihe nach für jedes der vier Ziele gestellt werden, auch dann, wenn das Kind bereits einen „recognition reflex" gezeigt hat; denn es kann sein, daß es mehr als ein Ziel verfolgt. Wir können z. B. einen „recognition reflex" bemerken, wenn wir nach dem Ziel „Aufmerksamkeit" fragen und uns damit zufriedengeben. Später finden wir dann heraus, daß das Kind auf der Grenze zwischen „Aufmerksamkeit" und „Überlegenheit" handelt, vielleicht sogar mehr in Richtung „Überlegenheit".
Wir benutzen die Frageform, um dem Kind sein Ziel bewußt zu machen. Dadurch sieht das Kind, daß wir nicht alles wissen. Nur es selbst weiß, wann die richtige Frage gestellt worden ist. Jede Frage beginnt mit „Könnte es sein, daß ...?"

Aufmerksamkeit

„Könnte es sein, daß du möchtest, daß
- ich mich mit dir beschäftige?
- ich mehr für dich tue?
- ich dich mehr beachte?
- ich dir mehr helfe?
- ich komme und bei dir bleibe?
- ich etwas Besonderes für dich tue?
- die ganze Gruppe (Klasse) sich mit dir beschäftigt?
- du im Mittelpunkt der Gruppe stehst?"

Überlegenheit (Macht)

„Könnte es sein, daß
- du der Tonangebende, der Verantwortliche sein willst?

- du der „Boß", der „King" sein willst?
- du mir zeigen willst, daß du tun kannst, was du willst?
- du mir zeigen willst, daß ich dich nicht aufhalten kann?
- du mir zeigen willst, daß ich dich nicht zwingen kann?
- du bestimmen willst, was du tust, wann du es tust und niemand dich davon abhalten kann, wenn du es tust?"

Vergeltung (Rache)

„Könnte es sein, daß
- du mich bestrafen willst?
- du dich rächen willst?
- du mich (ihn, sie) verletzen willst?
- du möchtest, daß ich mir schlecht, böse vorkomme?
- du mir zeigen willst, wie man sich fühlt, wenn man so behandelt wird?
- du möchtest, daß ich leide?
- du zeigen willst, wie sehr du das haßt, was ich getan habe?
- du mir zeigen willst, daß ich mir das nicht erlauben kann?
- du uns alle verletzen willst?"

Unfähigkeit zur Schau stellen

„Könnte es sein, daß
- du in Ruhe gelassen werden willst, weil du nichts kannst?
- du in Ruhe gelassen werden willst, weil du Angst hast zu versagen?
- du in Ruhe gelassen werden willst, weil du nicht der Erste, der Beste sein kannst?
- du möchtest, daß ich aufhöre, dich zu bitten, es zu tun?
- du meinst, die Antwort nicht zu wissen, und nicht möchtest, daß andere das wissen?
- du einfach keine Lust hast, etwas zu tun, ganz gleich, was es ist?"

Wir müssen vorsichtig sein und dem Kind keine Anklage entgegenhalten, wie z. B. „Du tust dies nur, um Aufmerksamkeit zu erhalten"; denn diese würde das Kind zurückweisen und verneinen. Die Frage „Könnte es sein, daß ...? ist keine Anklage; es ist nur ein Raten und kann falsch oder richtig sein. Haben wir falsch geraten, müssen wir es weiter versuchen.

Ein Weg, Kinder zu erreichen, die sich gegen die Aufdeckkung ihres Zieles sperren, führt über die „verborgenen Beweggründe". Wenn ein Kind etwas Unerwünschtes sagt oder tut, kann man erraten, was es denkt, und das ist sein „Beweggrund" für das, was es tut. Gemeint ist nicht die psychologische Erklärung seines Verhaltens, vielmehr ist das eigentliche Anliegen des Kindes gemeint, ausgedrückt mit seinen Worten. Diese Methode ist nicht leicht zu lernen; aber sie kann sehr wirkungsvoll sein und ist sehr zuverlässig. Wenn ein Kind eine der (unten folgenden) Fragen mit „nein" beantwortet, wurde falsch geraten. Wenn es antwortet „kann sein", wurde eine Annäherung erzielt. Wenn richtig geraten wurde, antwortet es spontan mit „ja". Es ist ungefährlich, einfach zu raten. Solange falsch geraten wird, weist das Kind einfach die Frage als falsch zurück. In dem Augenblick aber, in dem der richtige „verborgene Beweggrund" erraten wird, fühlt sich das Kind verstanden, legt seinen Widerstand und seine Ablehnung ab und beginnt kooperativ mitzuarbeiten. Auf dieser Basis kann das Kind Hilfe annehmen, um einige seiner irrtümlichen Ideen und Verhaltensmuster zu ändern.

Es ist wichtig, sich darüber im klaren zu sein, daß das Kind in der Regel sich seines „verborgenen Beweggrundes" nicht bewußt ist. Aber wenn wir richtig geraten haben, wird dem Kind plötzlich die Richtigkeit der Vermutung klar. Es ist eine freudvolle Erfahrung für einen Menschen, der sich bisher unverstanden und herumgestoßen fühlte und glaubte, kein anerkanntes Mitglied der Gemeinschaft zu sein, sich verstanden zu fühlen. Dies ist der Anfang von Vertrauen und Selbstvertrauen.

Der „verborgene Beweggrund" kann in ähnlicher Weise aufgedeckt werden wie die Ziele unerwünschten Verhaltens, aber mit anderen Fragen, wie sie nachfolgend aufgeführt sind:

Könnte es sein, daß
- du dich unbedeutend fühlst, wenn du nicht der Beste bei allem, was du tust, sein kannst?
- du dich zurückgewiesen fühlst, wenn dich nicht alle mögen?
- du glaubst, niemals einen Fehler machen zu dürfen?
- du glaubst, dein Bestes zu tun, und niemand erkennt das an?
- du besser sein möchtest als ...?
- du möchtest, daß ich mich schuldig fühle und daß mir leid tut, was ich dir getan habe?
- es dir egal ist, welchen Preis du dafür zahlen mußt, daß ich mich (er sich) so ... fühle (fühlt)?

- du mir zeigen willst, wieviel geschickter (klüger, raffinierter) du bist als ich?
- du dich mir überlegen fühlst, wenn du mich in eine Lage bringst, in der ich nicht mehr weiß, was ich mit dir tun soll, und mich hilflos fühle?
- du nicht reden willst, um mich (und andere) zu enttäuschen, damit ich mich hilflos und besiegt fühle?
- du bereit bist, alles zu tun, um dich als „großes Tier" (den großen Macker, den Star) zu fühlen?
- du möchtest, daß die anderen mit dir Mitleid haben und dir nachgeben?
- du das Kranksein brauchst, um eine Entschuldigung dafür zu haben, daß du deine Aufgaben, deine Pflichten nicht erfüllen kannst?
- du glaubst, daß du als junger Mensch nicht bestraft werden kannst, wenn du stiehlst oder das Eigentum anderer beschädigst?
- du sehr zufrieden mit dir bist, wenn es dir gelingt, daß andere leiden oder sich dumm, albern vorkommen?

Wir wollen im folgenden Beispiel zeigen, wie diese Methode angewandt werden kann:

Ona, neu in der Klasse, war eine sehr gute Schülerin; sie mußte sich allerdings sehr anstrengen und viel Zeit zum Lernen aufwenden, um immer die besten Zensuren zu bekommen. In einem Beratungsgespräch konfrontierte der Lehrer Ona mit einem möglichen „Grund" für ihre Überkompensation.

Lehrer: „Ona, könnte es sein, daß du die Klassenbeste sein möchtest?"
Ona: „Nun, das stimmt nicht ganz."
Lehrer: „Könnte es sein, daß du die erste sein willst oder immer rechthaben möchtest?"
Ona: „Nein, das stimmt nicht."
Lehrer: „Ona, wieviele Geschwister hast du und wie alt sind sie?"
Ona: „Ich habe zwei ältere Brüder; sie sind 16 und 18 Jahre alt."
Lehrer: „Könnte es sein, daß du besser sein möchtest als deine Brüder?"
An dieser Stelle strahlte Ona und sagte: „Ja, das stimmt."

Dies sind einige Vorschläge, und der Lehrer muß das Kind, sein Problem und seine Verhaltensmuster genau kennen, um entscheiden zu können, welche Fragen er stellen muß. In jedem Fall benötigt das Kind Hilfe, um seine große Abhängigkeit von den bisherigen irrtümlichen Zielen zu verstehen und zu erkennen, daß es sich auch anders entscheiden kann, daß es alternative Möglichkeiten zum Handeln gibt, um einen anerkannten Platz in der Gemeinschaft zu finden.

Auf jeden Fall gilt, wenn der Lehrer mit dem Kind dessen Ziel identifiziert und aufgedeckt hat, darf er das Kind niemals wegen seines Ziels tadeln oder während des normalen Unterrichts oder Tagesablaufs darauf Bezug nehmen. Über die Ziele soll nur während geeigneter Zeiten dazu gesprochen werden, entweder in einem persönlichen Gespräch zwischen Lehrer und Kind oder während der wöchentlich stattfindenden Gespräche im Rahmen des Klassenrates.

Um zu verstehen, wie das Kind zu seiner „privaten Logik" gekommen ist, aus der heraus es seine Handlungen entwirft, und um dem Kind zu helfen, diese zu erkennen, brauchen wir weitergehende Methoden, die schwieriger und komplizierter in ihrer Anwendung sind. Die Auswertung der Familienkonstellation (siehe Kapitel 1.7) und die Beachtung der Rolle der Eltern (siehe Kapitel 1.6) geben uns Anhaltspunkte, die uns erlauben herauszufinden, wie das Kind in seiner Einzigartigkeit das Leben sieht und auf die Anforderungen des Lebens antwortet.

1.5 Die Ziele des Kindes ändern

In diesem Kapitel wollen wir uns auf die Maßnahmen konzentrieren, die unmittelbar bei der Korrektur unerwünschten Verhaltens helfen, wenn es in der Klasse auftritt. Dabei müssen wir daran denken, daß die unmittelbare Antwort auf die Störung durch das Kind nur ein Teilaspekt der Bemühung zur Korrektur ist. Der Lehrer muß die Fähigkeit trainieren, auf das augenblickliche Problem in konstruktiver Weise zu antworten. Denn selbst der erfahrenste Lehrer fühlt sich häufig hilflos, wenn ein Kind den Unterricht stört, sich widersetzt, die Mitarbeit verweigert usw. Seine Maßnahmen richten oft mehr Schaden an als sie nutzen; denn wenn er das Ziel, das das Kind mit seinem unerwünschten Verhalten anstrebt, nicht kennt, kann er unwissentlich das falsche Verhalten des Kindes verstärken.

Weil Lehrer oft nicht wissen, was sie tun sollen, wenn ein Kind sie provoziert, übersehen sie entweder die Störung oder schimpfen und drohen. Dadurch kann das Problem aber nur für eine kurze Zeit erledigt werden; gelöst auf Dauer wird es nicht.

Anne-Marie Tausch führte eine interessante Studie durch. 44 Lehrer wurden in 51 Unterrichtsstunden beobachtet, während derer die Häufigkeit der Störungen gezählt wurden, die ein Eingreifen des Lehrers erforderlich machten, und die Art des Eingreifens festgehalten wurde. Dabei zeigte sich, daß jeder Lehrer den Unterricht im Durchschnitt alle zweieinhalb Minuten unterbrechen mußte, um eine Ermahnung, Drohung, Strafe oder ähnliches auszusprechen, und daß 94 Prozent dieser Interventionen autoritär und ineffektiv waren. Nur 6 Prozent der Interventionen trugen zur Besserung der Situation bei (Tausch, 1967). Aus dieser Studie können wir sehen, wie unnütz korrigierende Maßnahmen sind, wenn wir den Zweck, das Ziel des störenden Verhaltens nicht kennen.

Unerwünschtes Verhalten mit dem Ziel „Aufmerksamkeit erlangen"

Das Ignorieren eines störenden, unerwünschten Verhaltens mit dem Ziel „Aufmerksamkeit" ist eine Möglichkeit, die häufig das erwünschte Ergebnis bringt, nämlich das, daß das Kind mit der Störung aufhört. In einigen Fällen setzt das Kind seine Bemühungen fort, und an diesem Punkt wäre es unklug, das störende Verhalten nicht zu beachten; denn es stört die Klassenatmosphäre oder den Lernvorgang aller Kinder, und das störende Kind sieht in der Nichtbeachtung die Erlaubnis, sein Verhalten fortzusetzen. Wir sind nicht dagegen, dem Kind Aufmerksamkeit zu schenken; aber wir wenden uns dagegen, ihm Aufmerksamkeit für negatives Verhalten zu geben. Deshalb sollte der Lehrer Kind und Situation genau beobachten, um entscheiden zu können, wann er Aufmerksamkeit geben soll und welcher Art sie sein kann. Oft genügt es, den Namen des Kindes zu nennen und ohne weitere Ermahnung nur Blickkontakt herzustellen. Auch Humor kann helfen. Wenn ein Kind seinen Nachbarn in störender Weise etwas zuflüstert, könnte der Lehrer seine Neugierde äußern; aber er muß dies ohne Zorn und Ärger tun, weil dies das Gegenteil von dem ist, das das Kind erwartet. Unaufmerksamkeit ist eine passive Art,

Aufmerksamkeit zu fordern. Der Lehrer kann das Kind nach seiner Meinung zu dem Gesagten fragen. Dadurch lenkt er die Aufmerksamkeit des Kindes wieder auf den Unterricht, ohne es wegen seiner Unaufmerksamkeit gerügt zu haben. Wenn ein Kind den Clown spielt, kann der Lehrer den Unterricht abbrechen und die Kinder der Klasse einladen, der „Vorstellung" zuzuschauen. Das bedeutet nicht, daß der Lehrer das Kind in seinen Clownerien ermutigt; vielmehr entzieht er ihm den Erfolg, der für das Kind darin besteht, den Lehrer zu ärgern. Während der Gruppengespräche oder des Klassenrates sollte allerdings mit der ganzen Klasse darüber gesprochen werden, welcher Zweck und welches Ziel verfolgt werden, wenn ein Kind den Clown spielt und herumalbert.

Im folgenden Beispiel verweigert die Lehrerin dem Kind die Aufmerksamkeit für störendes Verhalten, gibt ihm dafür aber Aufmerksamkeit an anderer Stelle.

Als die Kinder aus der Pause wieder in die Klasse kamen, blieb Angela im Flur. Die Kinder machten die Lehrerin darauf aufmerksam. Diese sagte ihnen, das sei Angelas Entscheidung und sie sollten sich nicht weiter darum kümmern. Nach ein paar Minuten öffnete Angela die Tür, blieb solange im Türrahmen stehen, bis alle sie hätten sehen können, und ging dann wieder in den Flur zurück. Dies wiederholte sie mehrere Male. Die Lehrerin und die Kinder ließen sich während der ganzen Zeit nicht stören und schenkten Angela keine Aufmerksamkeit. Schließlich kam Angela herein, setzte sich auf ihren Platz und schrieb, wie die anderen Kinder auch, in ihrem Arbeitsheft weiter. Als die Lehrerin an ihrem Platz vorbeikam, sah sie, daß Angela sehr sauber schrieb und sagte leise zu Angela: „Du schreibst sehr sauber heute."

Der Lehrer hat viele Möglichkeiten, störendes Verhalten mit dem Ziel „Aufmerksamkeit" zu korrigieren. Welche Methode er jedoch wählt, hängt von dem Kind und der Situation ab. Was das eine Kind von seinem unerwünschten Verhalten abbringt, hilft manchmal nicht bei einem anderen. Jeder Lehrer sollte auch die Wege herausfinden, mit denen er am besten zurechtkommt. Wir schlagen folgende Möglichkeiten als Orientierungsmaßnahmen vor:

1. Der Lehrer sollte dem Kind helfen, sein Ziel für das störende Verhalten zu erkennen (siehe Kap. 1.4).
2. Er muß positives Verhalten bestärken und negatives ignorieren. Wenn er darin konsequent ist, wird das Kind nach

einigen vergeblichen Versuchen mit unerwünschtem Verhalten dazu übergehen zu merken, daß es mit sozial anerkanntem Verhalten auch Aufmerksamkeit erhält.

3. Wenn der Lehrer den Unterricht wegen des Störens unterbrechen muß, dann sollte er ruhig und entspannt warten und das störende Kind nicht anschauen. Wenn dieses dann mit der Störung aufhört, kann er ihm zunicken, „danke" sagen und mit dem Unterricht fortfahren. Auf diese Weise hat er das Kind nicht wegen seiner Störung getadelt, sondern den positiven Ansatz, die wiedergekehrte Bereitschaft zuzuhören, anerkannt.

4. In anderen Fällen ist es vielleicht der richtige Weg, das Kind zu fragen: „Können wir eine Lösung finden, mit der wir beide zufrieden sind? Wie oft möchtest du heute besonders beachtet werden?" (Es muß eine Einigung mit dem Kind erzielt werden.)

5. Ein Kind wird nicht ständig stören. Der Lehrer sollte die Gelegenheiten nutzen, in denen er dem Kind für positives Verhalten Aufmerksamkeit schenken kann. Solche Gelegenheiten könnten z. B. eine Antwort oder Frage, die das Unterrichtsgespräch belebt haben, sein oder eine ausgeführte Arbeit, wie Tafel reinigen, Kreide besorgen, Blumen gießen u. ä.

6. Manche Kinder haben die Angewohnheit aufzuzeigen und, wenn der Lehrer sie drannimmt, hat ihr Beitrag nichts mit dem Unterricht zu tun, oder sie wollen den Lehrer nur in ein Gespräch verwickeln. In solchen Fällen sollte der Lehrer einfach nicht darauf eingehen und im Unterricht fortfahren.

7. Manchmal können auch „logische Folgen" hilfreich sein, wie sie in Kapitel 2.5 erläutert werden.

8. Obwohl alle diese Vorschläge im Augenblick hilfreich sein können, helfen sie dem Kind jedoch nicht zu verstehen, warum dieses störende Verhalten für es so wichtig ist, und lassen keine Zeit, ihm Alternativen für sein Verhalten zu zeigen. Darüber kann im Klassenrat (siehe Kapitel 2.7) gesprochen werden. Es muß nicht unbedingt das Ziel des Verhaltens eines besonderen Kindes zum Thema gemacht werden, sondern im Gespräch kann es sich allgemein darum handeln: „Warum ist es für einige Kinder so wichtig, den Unterricht zu unterbrechen und zu stören?" Obwohl das Kind nicht persönlich angesprochen ist, wird es aus dem Gespräch das entnehmen, das für es wichtig ist.

Unerwünschtes Verhalten mit dem Ziel „Überlegenheit"

Ist es schon schwierig genug, den Provokationen des Kindes zu widerstehen, wenn es Aufmerksamkeit fordert, so ist es noch schwieriger, sich zurückzuhalten, wenn es seine Überlegenheit oder Macht demonstrieren will. Viele Lehrer sind weder von ihrer Persönlichkeit her noch emotional darauf vorbereitet, sich aus einem Machtkampf mit einem Kind, das ihre Autorität in Frage stellt, herauszuhalten. Sie sind noch zu sehr der autokratischen Erziehungstradition verhaftet, die vom Lehrer verlangt, den Kindern zu zeigen, daß ihr Benehmen nicht geduldet wird. Lehrer sollten sich weder in einen Machtkampf mit einem Kind einlassen noch ihm nachgeben. Manchmal ist es ratsam, dem Kind zuzugeben: „Du hast Recht, ich kann dich nicht zwingen." Der Lehrer, der ein solches Eingeständnis macht, braucht keine Angst zu haben, an Ansehen zu verlieren.

An folgendem Beispiel aus dem Musikunterricht, in dem eine Lehrerin sich auf einen Machtkampf mit einem Schüler eingelassen hat, wollen wir zeigen, welche Möglichkeiten sich angeboten hätten, diesen zu vermeiden:

In der Musikstunde spielte die Lehrerin den Begleitrhythmus zu einem Lied auf dem Klavier und versuchte, ihn den Schülern zu erläutern. Jan nahm zwei Bleistifte aus seiner Tasche und begann mit ihnen auf einem Buch zu trommeln. Die Lehrerin unterbrach ihr Spiel und wollte wissen, wer da trommelte. Es kam keine Antwort, also begann sie wieder zu spielen, und sogleich begann auch das Trommeln wieder. Die Lehrerin hatte diesmal die Klasse beobachtet und erwischte Jan. Sie schimpfte und befahl Jan, die Bleistifte einzustekken. Jan machte keine Anstalten zu gehorchen. Sie forderte ihn auf zu gehorchen. Jan stützte die Ellbogen auf den Tisch, grinste und hielt die Bleistifte hoch, so daß alle sie sehen konnten. Jetzt wurde die Lehrerin wütend, ergriff die Stifte, warf sie auf den Tisch und befahl Jan, mit dem Grinsen aufzuhören. Alle Schüler beobachteten dieses Spektakel mit Spannung. Jan grinste weiter. Noch einmal befahl die Lehrerin ihm, damit aufzuhören. Sie drohte, ihn zum Rektor zu bringen, wenn er weiter so ungehorsam sei. Da Jan keine Anzeichen machte, sein Verhalten zu ändern, ergriff sie ihn fest am Arm, versuchte, ihn von seinem Stuhl hochzuziehen und verlangte dabei, daß er mit ihr zum Schulleiter gehe. Jan machte sich steif und leistete Widerstand. Es begann ein Hin- und Hergezerre zwischen Lehrerin und Jan.

Mit dem Wissen darum, daß das Verhalten des Jungen auf seinem Ziel „Überlegenheit, Macht zeigen" beruht, hätte die Lehrerin andere Methoden anwenden können, um dem störenden Verhalten zu begegnen.

1. Sie hätte Jan fragen können, ob er den Rhythmus vormachen und die Bleistifte als Trommelstöcke benutzen wolle. Sie hätte ihm auch vorschlagen können, die Handtrommel aus dem Schrank zu benutzen.
2. Sie hätte ihn bitten können, den Rhythmus mit ihr gemeinsam zu schlagen – sie auf dem Klavier und er auf der Trommel oder mit seinen Bleistiften auf dem Buch.
3. Sie hätte ihm auch einen Wechsel vorschlagen können – er auf der Handtrommel, sie mit den Bleistiften.

Eine unerwartete und freundliche Reaktion hätte der Befriedigung, die Jan aus dem Widerstand gegen die Lehrerin zog, allen Reiz genommen. Er wäre vielleicht mit der Aufmerksamkeit der Lehrerin und der ganzen Klasse zufrieden gewesen. Was hätte die Lehrerin noch tun können? Wenn mit Jan eine Vereinbarung bezüglich seines störenden Verhaltens bestand, könnte sie ihn daran erinnern und ihn fragen, ob er seine Meinung geändert habe. Sie könnte auch den Unterricht unterbrechen und sich an alle Schüler wenden: „Es hängt von Jan ab, was wir weiter tun. Ich werde mit dem Unterricht nicht fortfahren, solange er die Klasse stört." Sie sollte dann warten, dabei ruhig bleiben und im Unterricht weitermachen, wenn alles wieder ruhig ist. Sie sollte Jan durch einen freundlichen Blick zu verstehen geben, daß sie sein Einlenken zur Kenntnis genommen hat. In den meisten Fällen hören Kinder mit ihren Provokationen auf, wenn der Lehrer sich auf keinen Machtkampf mit ihnen einläßt.

Wenn die Klasse schon darin geübt ist, Probleme im Gespräch zu lösen, hätte sie sich an alle Schüler wenden können:

„Ich bin machtlos. Ich würde gern mit dem Unterricht weitermachen, aber ich kann nicht. Vielleicht könnt ihr mit dieser Situation besser fertig werden als ich. Ich überlasse es euch, eine Lösung zu finden und werde warten, während ihr diskutiert. Wenn ihr soweit seid, daß ihr meint, der Unterricht solle weitergehen, dann sagt mir Bescheid."

Dadurch, daß sie sich von der Provokation zurückzieht, nimmt sie Jans Spiel allen Spaß, und dadurch, daß sie die Klasse an der Lösung des Problems beteiligt, merken die Kinder, daß das eine Sache ist, die alle angeht und daß alle gemeinsam dafür verantwortlich sind, eine Lösung zu finden.

Folgende Überlegungen helfen, störendes Verhalten mit dem Ziel „Überlegenheit, Macht" abzubauen:

1. Das Ziel des störenden Verhaltens aufdecken (s. Kap. 1.4).
2. Die Grundregel heißt: Vermeide einen Machtkampf. Der Lehrer kann sich geschlagen geben und sagen: „Könnte es sein, daß du mir beweisen willst, daß ich dich nicht zwingen kann, deine Aufgaben zu machen? Du hast recht, ich kann dich nicht zwingen." Dies ist eine weder vom Kind erwartete noch erwünschte Reaktion. Wenn es auch weiterhin stur bleibt, so nimmt diese Lehrerreaktion doch allen Spaß an dem Versuch „ihn zu zwingen". Es ergibt keinen Sinn, eine Autorität herauszufordern, die sich nicht herausgefordert fühlt!
3. Wenn das Kind sein störendes Verhalten fortsetzt, kann der Lehrer es an Gruppengespräche erinnern, bei denen es zugestimmt hat, daß jeder in der Klasse die gleichen Rechte haben soll: „Laß uns einen Weg suchen, damit jeder von uns zu seinem Recht kommt. Du möchtest summen, ich möchte unterrichten; die anderen möchten in Ruhe arbeiten. Ich habe kein Recht, dich zum Arbeiten zu zwingen, du hast kein Recht, uns von der Arbeit abzuhalten. Du kannst wählen, ob du auf deinem Platz bleiben willst, ohne zu stören, oder ob du dich hinten in die Ecke setzen willst, wo wir dich nicht stören. Du kannst auf deinen Platz zurückkommen, wenn du dich entschieden hast, unsere Rechte zu respektieren."
4. Genau so wie bei dem Kind, das Aufmerksamkeit fordert, muß der Lehrer nach Gelegenheiten Ausschau halten, in denen er das Kind zu mehr Kooperation ermutigen kann. Jedesmal, wenn das Kind in der Klasse mitarbeitet, ohne den Lehrer zu einem Machtkampf herauszufordern, sollte der Lehrer seine Anerkennung über den Fortschritt des Kindes zum Ausdruck bringen. „Du kannst zufrieden mit dir sein und stolz darauf, daß du dich so gut in die Gruppe eingefügt hast. Ich weiß, daß es dir schwergefallen ist, aber du hast es geschafft!"

5. Das Unerwartete tun ist oft besonders hilfreich, weil es „die Segel des Lehrers aus dem Wind des Kindes nimmt". Das heißt mit anderen Worten, das Kind kann blasen so viel es will, ohne Segel kann es nirgendwo hingelangen. Der Lehrer muß darauf achten, wie er am liebsten spontan reagieren würde, und dann genau das Gegenteil davon tun. Das läßt das Kind in seinem störenden Verhalten unsicher werden, weil es diese Reaktion nicht erwartet hat.
6. Logische Folgen können bei Kindern, die sich in einem Machtkampf befinden und sich auflehnen, nicht angewandt werden. Zu diesen Kindern muß der Lehrer erst ein neues Vertrauensverhältnis aufbauen, ehe logische Folgen Erfolg haben können (siehe Kap. 2.5).
7. Weitere Hilfe zum Verständnis für sein Handeln und bei der Suche nach neuem, positiven Verhalten kann dem Kind in den Gruppengesprächen geboten werden.

Unerwünschtes Verhalten mit dem Ziel „Vergeltung üben"

Das Verlangen nach Macht und nach Vergeltung können sich überschneiden. Wenn ein Kind überzeugt ist, daß es das Recht hat zu tun, was ihm gefällt, und daß jeder, der es daran zu hindern sucht, sein Feind ist, kann es sich zur Vergeltung entscheiden. Das wird um so eher der Fall sein, wenn der Lehrer seine Versuche, Macht und Überlegenheit zu zeigen, mit Strafen beantwortet hat. Das Kind benutzt dann ebenfalls Strafe als Vergeltung. Ein Kind, das mit Vergeltung beschäftigt ist, kann nicht mit Vernunftgründen erreicht werden. Es ist überzeugt, daß es hoffnungslos ungeliebt ist und in der Gruppe keine Chance hat, und reagiert deshalb mit tiefem Mißtrauen auf jede Bemühung, ihm das Gegenteil zu beweisen. Der Lehrer sieht sich den ausgeklügelten Provokationen gegenüber, was es ihm erschwert, das Kind zu überzeugen, daß es etwas wert ist und geliebt werden kann.

In einem solchen Fall können die Mitschüler als Gruppe eine große Hilfe sein, aber auch gefährliche Komplizen. Einige Schüler identifizieren sich mit dem Lehrer und bilden eine Front gegen den Störenfried. Auf diese Weise verschärfen sie das Problem, anstatt zu seiner Lösung beizutragen; denn sie bestärken das Kind in seinem Gefühl der Isolation und seinem Verlangen, sich zu rächen.

Lehrer haben häufig Schwierigkeiten damit, ein rachsüchtiges Kind mit Achtung zu behandeln. Wenn der Lehrer jedoch die Voraussetzung akzeptiert, daß Probleme auf der Grundlage gegenseitigen Respekts zu lösen sind und danach handelt, wird er bessere Ergebnisse erzielen. Die Chance, das Kind zu gewinnen und auch seine Achtung zu erhalten, ist wesentlich größer, wenn der Lehrer sich jeder Vergeltungsmaßnahme enthält. Das folgende Beispiel soll dies näher erläutern:

Der elfjährige Dieter lieferte seine Hausaufgaben ab. Das Blatt, auf dem er geschrieben hatte, war schmutzig und fettig. Die Lehrerin sagte ihm, daß sie gerne bereit sei, seine Aufgaben nachzusehen, wenn er bereit sei, sie auf ein sauberes Blatt zu schreiben. Dieter wurde sehr wütend und sagte, daß er das nicht tun würde. Das sei seiner Entscheidung überlassen, erwiderte sie ihm. Daraufhin nannte er sie eine „gemeine, alte Hexe" und rannte aus der Klasse. Alle Kinder beobachteten gespannt die Lehrerin und wollten wissen, was sie tun würde. Sie aber setzte einfach den Unterricht fort. Alle paar Minuten steckte Dieter den Kopf zur Tür herein und schrie provokative Bemerkungen. Die Lehrerin ignorierte sie. Nach dem Unterricht, als die Kinder schon nach Hause gegangen waren, saß sie noch am Pult und korrigierte Hefte. Plötzlich merkte sie, daß jemand neben ihr stand. Es war Dieter. Sie wandte sich ihm zu: „Oh, Dieter, du bist noch da, magst du nicht nach Hause gehen?" Dieter warf sich ihr regelrecht in die Arme und schluchzte: „Es tut mir leid, es tut mir leid!" Die Lehrerin schlug ihm vor zu vergessen, was vorgefallen war, und sagte ihm, daß sie sich freue, daß sie Freunde seien und sie hoffe, ihn morgen im Unterricht wiederzusehen. Dieter schrieb seine Aufgaben sauber neu und gab sie gleich am nächsten Tag der Lehrerin zum Nachsehen.

In diesem Beispiel sehen wir, wie ein Kind reagiert, wenn wir seine Provokationen ignorieren. In Dieters Fall ist es der Lehrerin gelungen, das Kind zu gewinnen. Wie anders könnte sich dieser Vorfall und damit die Beziehung zwischen Schüler und Lehrerin entwickelt haben, wenn die Lehrerin übermäßig auf ihr Prestige bedacht gewesen wäre, den Vorfall hochgespielt und Dieter bestraft hätte.

Für den wohlmeinenden Lehrer liegt eine Falle darin, das rachsüchtige Kind vorzuziehen, um ihm zu zeigen, daß es liebenswert und angenommen ist. Auf diese Weise übt er zwar einen guten Einfluß auf das Kind aus, aber zu einem ungeheuren Preis. Er verstärkt die Kluft zwischen diesem und den anderen Kindern, die solche Bevorzugung ablehnen, und das Kind wird andere Lehrer nur dann akzeptieren, wenn sie ihm die gleiche besondere Aufmerksamkeit geben. Der Lehrer kann aber ein anderes Kind helfen lassen, möglichst eines, das von der ganzen Klasse besonders geschätzt wird. Er kann es bitten, sich um den Außenseiter zu kümmern und ihn in die Gruppe einzubeziehen. Auf diese Weise kann oft die Barriere aus Haß und Furcht, die das Kind zwischen sich und der Gemeinschaft errichtet hat, überwunden werden. Lehrer und Schüler müssen sich gegenseitig bei ihren Bemühungen unterstützen, damit sie nicht entmutigt werden. Denn es verlangt Mut und Ausdauer, ein Kind davon zu überzeugen, daß man sein Freund sein möchte, wenn dieses davon überzeugt ist, daß es niemandem vertrauen kann. Häufig stellt das Kind den Lehrer gerade dann auf eine harte Probe, wenn er glaubt, das Vertrauen des Kindes gewonnen zu haben.

Während Kinder, die die Ziele „Aufmerksamkeit" und „Überlegenheit" verfolgen, sich meistens des Zwecks ihres Verhaltens nicht bewußt sind, wissen die Kinder, die sich verletzt und ungeliebt fühlen, häufig sehr wohl um ihre Ziele. Sie wissen jedoch nicht, daß sie fast jede Situation mit Argwohn betrachten und der Überzeugung, daß sie – wieder einmal – das Opfer sein werden. Sie finden sich ständig unfair behandelt und nehmen die Erlebnisse, die das Gegenteil beweisen, nicht zur Kenntnis. Sie wissen nicht, daß sie die Situationen, auf die sie mit Feindseligkeit reagieren, selbst hervorrufen, indem sie andere Menschen provozieren. Sie kommen zu der festen Überzeugung, daß sie falsch behandelt werden und daß sie deshalb das Recht haben, sich zu rächen. Diese psychologischen Faktoren sollte der Lehrer mit seiner Klasse besprechen.

Um einem Kind zu helfen, das Ziel 3 „Vergeltung üben" verfolgt, schlagen wir folgendes vor:

1. Der Lehrer muß dem Kind sein Ziel aufdecken (s. Kapitel 1.4).
2. Er muß mit ihm über eine Reihe von Situationen sprechen, in denen es andere provoziert hat, um zu prüfen, ob es von ihnen akzeptiert wird. Er muß ihm zeigen, daß es viele gute Seiten hat, die es übersieht und selten nutzt, um sich liebenswert zu machen.

3. Er kann ihm vorschlagen, ein Experiment zu wagen und zuzustimmen, für einen bestimmten Zeitraum niemanden zu provozieren, um herauszufinden, ob andere es mögen oder nicht.
4. Er kann ihm versichern, daß er seine Gefühle nachvollziehen kann und daß er sich ernsthafte Sorgen um es macht und bereit ist, ihm, wo es möglich ist, zu helfen.
5. Der Lehrer selbst muß sich jeder Form von Rache enthalten, auch wenn er sich selbst durch das Kind besiegt fühlt.
6. Wie in allen anderen Fällen auch, kann dem Kind am besten durch die Gespräche im Klassenrat, durch Ermutigung und Annahme durch die Gruppe der Mitschüler geholfen werden.

Unerwünschtes Verhalten mit dem Ziel „Unfähigkeit zur Schau stellen"

Die Entmutigung eines Kindes zu überwinden, ist die häufigste und dringendste Aufgabe des Lehrers. Fast immer, wenn ein Kind nur wenig Erfolg hat, sei es im schulischen oder sozialen Bereich, drückt sich darin Entmutigung aus.

Die zur Schau gestellte Unfähigkeit benutzt das Kind, um sich vor den Anforderungen des Lebens zu schützen. Unter dem Deckmantel der Unfähigkeit möchte es in Ruhe gelassen werden. Dieses Verhalten kann für alle Handlungen des Kindes gelten, oder es erscheint nur in den Situationen, denen das Kind sich nicht gewachsen fühlt und in denen es bestimmte Tätigkeiten zu vermeiden sucht. Kinder, die besonders entmutigt sind und die Rolle, ein Versager zu sein, angenommen haben, gehen gewöhnlich von einer der vier folgenden Voraussetzungen aus:

1. Übermäßiger Ehrgeiz	– Ich kann es nicht so gut, wie ich möchte.
2. Wettbewerb	– Ich kann es nicht so gut wie die anderen.
3. Druck	– Ich mache nichts so gut, wie ich sollte.
4. Versagen	– Ich bin überzeugt davon, daß ich es nicht schaffen werde.

Zu 1.

Übermäßiger Ehrgeiz ist vielleicht die häufigste Ursache für das Aufgeben. Der Wunsch nach Überlegenheit bringt eine Menge Verzweiflung mit sich, wenn das Kind keine Chance sieht, so gut zu sein wie es möchte. Das Gefühl der persönlichen Überlegenheit führt früher oder später zu Mutlosigkeit. Wenn das Kind nicht Erster sein kann, die besten Zensuren hat, Mutters Liebling, der Anführer der Gruppe, die Prinzessin oder der Fußballheld ist, gelangt es an den Punkt, wo es aufgibt und sich weigert, noch weitere Anstrengungen zu unternehmen. Das überehrgeizige Kind wird an keiner Aktivität teilnehmen, die ihm nicht Gelegenheit bietet, seine Überlegenheit zu zeigen. Es fällt Lehrern meist schwer, an übermäßigen Ehrgeiz bei Kindern zu glauben, die überhaupt nichts versuchen. Der einzige Weg, solchen Kindern zu helfen, ist der, ihnen bewußt zu machen, wie sehr sie sich selbst schaden.

Zu 2.

Das Kind, das sich im Wettbewerb sieht, ist überzeugt davon, daß es keine Chance hat, so gut zu sein wie andere. Es hat immer den Eindruck erhalten, daß es nicht gut genug ist, und ist immer gedrängt worden, es besser zu machen. Bei dem Versuch, das Kind zu motivieren, machen Lehrer und Eltern immer wieder Bemerkungen wie: „Deine Schwester war bei mir immer Klassenbeste" oder „Warum bekommst du keine besseren Zensuren, so wie Maria?".

Einige Kinder mögen tatsächlich nicht so viel leisten können wie andere; aber das sollte nicht zum Rückzug und zur Aufgabe führen. Das Gefühl, anderen unterlegen zu sein, und die Überzeugung, nicht gut genug zu sein, haben nichts mit der tatsächlichen Fähigkeit des Kindes zu tun.

Zu 3.

Das Kind, das sich unter Druck gesetzt fühlt, findet, daß es ständig von Eltern und Lehrern kritisiert wird, daß alles, was es tut, nicht so gut ist, wie andere denken, daß es sein sollte. Die Versetzung von einer Klasse in die nächste zu schaffen oder nur ein „Gut" zu erreichen, ist manchen Lehrern und Eltern nicht genug. Sie zeigen dem Kind auf verbale oder nonverbale Art ihre Enttäuschung; denn ein entsprechender Gesichtsausdruck oder ein Schulterzucken können genau so entmutigend sein wie Worte.

Lehrer müssen das Kind überzeugen, daß es gut genug ist, so wie es ist. Sie müssen den Druck von ihm nehmen, indem sie weniger kritisch sind, weniger nach Fehlern suchen, weniger am Kind herummäkeln und mehr das Positive hervorheben. Sie müssen ihm Zeit lassen, Aufgaben zu lösen und in seinem eigenen Tempo zu arbeiten. Nur so kann es eine Fertigkeit lernen und dadurch schrittweise seine Leistungsfähigkeit steigern.

In unserem gegenwärtigen Schulsystem, das Fehler hervorhebt und Kinder durch Kritik und Wettbewerb zu motivieren sucht, ist es schwierig, gerade die Kinder zu ermutigen, die es am dringendsten brauchen. Mit der Ermutigung, die einen wichtigen Aspekt in der Erziehung darstellt, beschäftigen wir uns ausführlich in Kapitel 2.4.

Zu 4.

Für jeden Menschen gehört das Versagen wohl zu den entmutigendsten Erfahrungen. In den meisten Fällen erlebt ein Kind die Bedeutung des Versagens erst am Ende der Kindergartenzeit, nämlich dann, wenn alle Kinder eingeschult werden und nur es allein zurückgestellt wird. Bis dahin hat das Kind vielleicht bemerkt, daß es manches nicht so gut kann wie andere, aber es hat dies nicht mit Versagen in Verbindung gebracht. Wenn ein Kind einmal versagt hat, beginnt es fast immer an seinen Fähigkeiten zu zweifeln. Außerdem ruft ein Schüler, der versagt hat, bei Lehrern die Erwartung hervor, daß er wieder versagen wird, was wiederum den Schüler in seinen Zweifeln an seinen Fähigkeiten bestärkt und jeden Fortschritt verhindert.

Weitere Möglichkeiten, Kindern, die Ziel 4 verfolgen, zu helfen, sind:

1. Der Lehrer deckt das Ziel des Kindes auf (siehe Kapitel 1.4).
2. Der Lehrer hilft dem Kind zu sehen, daß es ohne Versuch nie seine wahren Fähigkeiten kennenlernen wird.
3. Der Lehrer verspricht ihm, daß, wenn es eine Aufgabe zu lösen versucht und wirklich nicht weiterkommt, er und die Mitschüler ihm zeigen werden, an welcher Stelle es Hilfe braucht, und ihm dann auch helfen.
4. Der Lehrer gibt dem Kind Aufgaben, die es erfüllen kann. Er sollte ihm keine Arbeit zuweisen, bei der das Versagen des Kindes schon vorher feststeht.

5. Weil ein solches Kind gewöhnlich von den anderen übersehen und vergessen wird, braucht der Lehrer die Unterstützung der Mitschüler, um das Kind zu ermutigen.
6. Durch die Gespräche im Klassenrat werden die Kinder Verständnis, Einfühlung und Verantwortungsbewußtsein für diese entmutigten Kinder entwickeln.

1.6 Die Rolle der Eltern

Die Eltern sind für die Kinder die ersten und wichtigsten Vorbilder für die Geschlechterrolle. Sie beeinflussen die Haltung ihrer Kinder gegenüber der Gemeinschaft, Nationalität, Hautfarbe, Religion, Politik und materiellen Gütern, sie vermitteln ein Wertsystem, das die ganze Familie beeinflußt. Wenn die Eltern miteinander konkurrieren, wird auch das Kind in jeder Situation in einen Wettbewerb treten. Kinder, die sich immer messen müssen, sind sich im Grunde ihres Platzes nicht sicher und sind besorgt darüber, daß jemand sie überholen und von ihrer bevorzugten Position vertreiben könnte. Sie leben in ständiger Furcht.

Wenn Eltern offen ein Kind vorziehen und ein anderes spüren lassen, daß es eine Enttäuschung für sie ist, kann das dauerhafte Narben bei dem Kind hinterlassen. Es gibt nichts Schmerzhafteres für ein Kind als die Überzeugung, daß ein Geschwister vorgezogen und mehr geliebt wird.

In der heutigen Zeit brauchen Eltern Anleitung, um zu verstehen, weshalb sie so häufig mit ihren Kindern Schwierigkeiten haben, und wie sie ihre Kinder für sich gewinnen und lenken können. Ohne diese Hilfe erkennen nur wenige Eltern, daß die Art der Beziehung, die sie zu ihren Kindern haben und die heimische Atmosphäre, die sie schaffen, einen starken Einfluß auf die kindliche Persönlichkeitsentwicklung ausüben. Ohne diese Hilfe merken die Eltern nicht, wie sie unwissentlich und mit den besten Absichten dazu beigetragen haben, daß das Kind so geworden ist wie es ist.

Wir müssen aber nicht nur berücksichtigen, was die Eltern tun, sondern auch, was das Kind tut, um die Interaktion zwischen Eltern und Kind und ihre Beziehung zu verstehen. Aufgrund von irrtümlichen Schlüssen fordert das Kind häufig die Reaktionen der Eltern heraus und ist überzeugt, daß es mit diesem Verhalten sein Ziel erreichen kann. Was Eltern und Kind auch immer tun, basiert auf perfekter Verständigung.

Kinder brauchen Liebe

Viele Eltern glauben, daß es ein Zeichen von Liebe ist, wenn sie ihrem Kind nachgeben, und daß das Gefühl des Geliebtwerdens ihrem Kind Sicherheit für das Leben gibt. Niemand bestreitet, daß es wichtig ist, ein Kind zu lieben; aber wir müssen darüber nachdenken, worin sich wirkliche Liebe zeigt. Wenn wir jemanden wirklich lieben, müssen wir bereit sein, emotionale Opfer zu bringen, wenn sie zum Wohle des anderen sind. Wenn wir ein Kind lieben, müssen wir das Kind schreien lassen, wenn es ungerechtfertigte Bedienung oder unnütze Dinge fordert, oder müssen auf den Besuch bei Freunden verzichten und umkehren, wenn das Kind sich im Auto auf der Hinfahrt nicht ordentlich aufführt.

Kinder erspüren die Abhängigkeit der Eltern von ihrer Liebe und nutzen dies gnadenlos aus. Häufig fordern sie wieder und wieder: „Liebst du mich?" oder sie drohen mit: „Ich hab dich nicht mehr lieb", wenn sie nicht bekommen, was sie wollen. Wenn Eltern so viel Zeit darauf verwenden müssen, ihrem Kind zu versichern, daß sie es lieben, und wenn sie so viel Angst davor haben, daß ihr Kind sich ungeliebt fühlen könnte, wenn sie ihm nicht nachgeben, dann stellen wir ihre Liebe zu dem Kind in Frage. Diese Eltern bestärken ihr Kind darin, emotionale Erpressung zu benutzen, um zu bekommen, was es möchte.

In Familien, in denen gegenseitige Rücksichtnahme und Respekt herrschen, fühlen Kinder sich in der Liebe ihrer Eltern sicher und greifen nur selten zu Drohungen und emotionaler Erpressung.

Verwöhnung durch die Eltern

Verwöhnte Kinder sind weniger auf die Forderungen des Lebens vorbereitet. Es lassen sich vier verschiedene Tendenzen in der Verwöhnung unterscheiden:

1. Den Kindern alles geben, was sie haben wollen; ihnen jeden Wunsch erfüllen.
   In diesem Fall braucht das Kind nur zu fordern oder, wenn die Eltern seinen Wünschen nicht nachkommen, einen

Wutanfall zu bekommen, und es bekommt, was es will. Das Kind verlangt, der Mittelpunkt der Familie zu sein.

Es liegen Gefahren darin, Kindern zu viele Dinge zu geben. Das Kind könnte beginnen, seinen Wert an der Anzahl der Dinge zu messen, die es geschenkt bekommt; oder es verbindet Geschenkebekommen mit Geliebtwerden und Wichtigsein. Wenn das Kind erst einmal das Gefühl bekommen hat, berechtigt zu sein, alles zu erhalten, was es wünscht, kann es sich in seiner Beziehung zu den Eltern bedroht fühlen, wenn sie ihm einmal etwas versagen. Aber noch verheerender ist die „Gib mir"-Haltung des Kindes und seine Erwartung, daß Erwachsenen ihm immer etwas geben müssen, ohne daß es etwas als Gegenleistung zu erbringen hätte. Nach unseren Erfahrungen zeigt das allzu nachsichtig behandelte Kind Symptome wie Wut, Unzufriedenheit, Widerwillen gegen die Schule, Unordnung und in manchen Fällen auch Bettnässen.

2. Den Kindern alles erlauben, was sie tun wollen; ihnen jede Frustration ersparen.

Das Kind darf tun und lassen, was ihm gefällt, ohne jegliche Rücksicht darauf, wie sein Handeln andere betrifft. Dies ist das Ergebnis einer Psychologie, die dafür plädiert, wie wichtig es ist, Kinder sich frei ausleben zu lassen und sie keinen Frustrationen auszusetzen. Diese Kinder interessieren sich nicht dafür, ob andere Zeit oder Unannehmlichkeiten haben; sie stellen Eltern, Lehrer und häufig auch ihre älteren Geschwister in ihren Dienst. Sie lassen ihre Sachen überall herumliegen und erwarten, daß schon irgendwer sie aufräumen wird. Das geschieht in der Regel auch, vielleicht gibt es manchmal Streit deshalb; aber ein anderer tut es.

Viele Kinder haben in einem solchen Elternhaus gelernt, wie sie unangenehme Situationen umgehen können und wie sie sich durch Entschuldigungen im voraus schützen können: „Mein Lehrer kann mich nicht leiden; deshalb habe ich schlechte Zensuren." „Ich kann nichts dafür, ich hab' nicht gehört, was meine Mutter gesagt hat, weil ich in einem anderen Zimmer war." „Ich habe gefehlt, als der Lehrer das im Unterricht erklärt hat." Alles, was ihnen geschieht, ist nie ihr Fehler, immer ist ein anderer schuld. Sie sind häufig tyrannische Kinder. Sie tyrannisieren durch Charme oder Einschüchterung und sind überwiegend am „jetzt" interessiert und kümmern sich nicht um die Folgen.

3. Den Kindern jede Entscheidung abnehmen; ihnen jeden Schritt des Lebens vormachen.

Diese Eltern geben ihrem Kind keine Gelegenheit, Fehler zu machen und aus diesen zu lernen. Sie treffen alle Entscheidungen für das Kind in der Annahme, daß dies zu seinem Besten sei: „Lies in deinem Geschichtsbuch, anstatt deine Zeit mit Comic-Heften zu vertrödeln." „Spiel nicht mit Susanne, spiel lieber mit Helen, sie paßt besser zu dir." Sie sagen dem Kind, was es mit seinem Taschengeld tun soll, wieviel es ausgeben darf und wieviel es sparen muß, was es kaufen darf und für was es sparen soll. Das Kind kann keinen Schritt ohne Anweisung eines Erwachsenen tun. Es entwickelt kein Vertrauen in die eigene Urteilsfähigkeit und wenn es selbständig wird, kann es sich nicht entscheiden, was es will. Sogar in Prüfungen bringen solche Kinder oft nur schwache Leistungen, weil sie sich fürchten, eine Entscheidung zu treffen, sich festzulegen. Kinder aus einem solchen Elternhaus können auch zu Rebellen werden und sich offen oder verdeckt ihren Eltern widersetzen.

4. Die Kinder vor jedem Unglück bewahren; ihnen das Ertragen der Folgen ihres Handelns abnehmen.

Diese übermäßig behütenden Eltern flößen dem Kind Furcht vor dem Leben ein. Sie überbewerten mögliche Gefahren und weisen deshalb ihr Kind ständig darauf hin: „Lauf nicht so schnell, du könntest fallen; geh nicht weiter als bis zur nächsten Straßenecke von zu Hause weg, du könntest dich sonst verlaufen; kau dein Essen gründlich, sonst könntest du ersticken; spiel nicht mit den großen Kindern, sie sind zu rauh und könnten dir wehtun." Sie erlauben ihrem Kind nicht, an Schulfahrten teilzunehmen, weil sie befürchten, daß der Bus verunglücken könnte. Sie halten ihr Kind beim leichtesten Schnupfen zu Hause. Einige lassen ihr Kind (vor allem, wenn es ein Mädchen ist) vom Sportunterricht befreien, weil die Übungen zu anstrengend sind. Diese Kinder finden häufig keinen normalen sozialen Kontakt zu anderen Kindern. Sie spielen meist allein und sind besonders von der Gesellschaft der Eltern abhängig.

Autoritäre Eltern

Diese Eltern greifen in der Erziehung zu Druck und autoritären Mitteln wie Lob und Strafe. Sie fordern: „Tu, was ich sage, sonst …". Wenn das Kind nach einem Grund für eine Anordnung fragt, erhält es meist die Antwort: „weil ich es sage". Einige Leute machen geltend, daß Kinder, die autoritär erzogen werden, tun, was die Eltern von ihnen erwarten. Das stimmt sehr oft; aber dieser Gehorsam entsteht aus Furcht und nicht aufgrund von Kooperationsbereitschaft, und manchen Eltern ist es egal, warum die Kinder gehorchen, wenn sie nur gehorchen. Sie geben manchmal offen zu, daß sie sich nicht darum kümmern, wie das Kind sich fühlt, und daß die Gefühle der Kinder nicht ernstgenommen zu werden brauchen.

Die autoritäre Erziehung bereitet Kinder nur mangelhaft auf ein Leben in einer demokratischen Gesellschaft vor. Sie entwickeln kaum Selbstvertrauen; sie müssen ständig kontrolliert und überwacht werden. Wenn sie sich selbst überlassen sind, geraten sie außer Rand und Band. Obwohl einige Kinder an der Oberfläche gehorchen, gibt es andere, die sich den Anstrengungen der Eltern und Lehrer, sie zu kontrollieren, widersetzen. Sie weigern sich, den Forderungen nachzukommen. Sie lehnen sich auf und werden häufig sogar straffällig. Das ist ihr Weg, sich an den Erwachsenen, die sie beherrschen wollen, zu rächen.

Kinder sind besser auf das Leben vorbereitet, wenn sie im Elternhaus gegenseitige Achtung und Rücksichtnahme erfahren und dadurch lernen, wenn sie angeleitet werden, sich um andere zu kümmern und zu beachten, was die Situation erfordert.

1.7 Familienkonstellation

In der Familienkonstellation finden wir eine andere Möglichkeit zum Verständnis des kindlichen Verhaltens in der Klasse. Die Beziehungen, die das Kind innerhalb der Familie eingeht, tragen entscheidend zur Entwicklung seiner Persönlichkeit bei und sind Vorbild dafür, wie es sich außerhalb der Familie in seiner Umwelt bewegt. In der Familie entwickelt jedes Kind seinen Bezugsrahmen, mit dessen Hilfe es die Umwelt wahrnimmt, interpretiert und einschätzt. Wissen, Kenntnisse, Gewohnheiten und Fertigkeiten, die es zu Hause erwirbt, bestimmen seine Fähigkeit, mit allen Lebenssituationen umzugehen. Wir werden uns hier damit beschäftigen, was mit dem Kind in der Familie geschieht, welche Möglichkeiten und Grenzen sich für es ergeben, welchen Herausforderungen und Erwartungen es sich gegenübersieht, die sowohl von seiner Stellung in der Geschwisterreihe als auch von seinen individuellen Beziehungen zu allen Familienmitgliedern beeinflußt werden.

Persönlichkeit und Charakterzüge sind Ausdruck der Bewegung innerhalb der Familie; sie zeigen, wie ein Kind seinen Platz in der Familie zu finden sucht. Sie können weder durch Vererbung, durch psychosexuelle Entwicklung, frühe traumatische Erlebnisse noch durch Umwelteinflüsse völlig erklärt werden. Das Konzept der Familienkonstellation als einer dynamischen Kraft, die die kindliche Entwicklung beeinflußt, muß nicht so sehr als Ergebnis der Faktoren verstanden werden, die auf das Kind einwirken, sondern als Ergebnis seiner eigenen Interaktion. Es beeinflußt andere Familienmitglieder genauso, wie es von ihnen beeinflußt wird, in mancher Hinsicht sogar mehr; denn sein eigenes Konzept zwingt sie, es so zu behandeln, wie es erwartet, behandelt zu werden. Jedes Kind festigt in seiner frühen Beziehung mit anderen Familienmitgliedern seinen eigenen Zugang zu anderen in seiner Bemühung, einen Platz in der Gruppe zu erringen. All sein Streben ist darauf gerichtet, ein Gefühl der Sicherheit und des Dazugehörens zu erlangen oder aufrechtzuerhalten und die Sicherheit zu gewinnen, daß die Schwierigkeiten des Lebens gemeistert werden können und es unversehrt und siegreich aus ihnen hervorgeht. Es pflegt die Eigenschaften, durch die es hofft, Bedeutung oder einen gewissen Grad von Macht und Überlegenheit in der Familienkonstellation zu erlangen.

Menschen reagieren oft unterschiedlich in der gleichen Situation. Das liegt daran, daß z. B. zwei Kinder, die in einer Familie geboren werden, nie in der gleichen Umgebung aufwachsen. Die Situation verändert sich mit der Geburt jedes Kindes. Die Eltern sind älter und erfahrener oder entmutigter, wenn sie mit ihrem ersten Kind Schwierigkeiten hatten. Während der prägenden Jahre eines Kindes kann sich die finanzielle Situation geändert haben, die Eltern können umgezogen sein oder ihr Familienstand hat sich geändert, weil durch Scheidung oder Tod eines Elternteils eine Stiefmutter oder ein Stiefvater da ist. Ein krankes oder körperbehindertes Kind, ein Kind, das vor oder nach dem Tod eines anderen Geschwisterteils geboren wird, der einzige Junge unter Mädchen, das einzige Mädchen unter lauter Jungen, eine physische Auffälligkeit, ein älterer Mensch, der mit in der Familie lebt, oder die Bevorzugung eines Kindes durch die Eltern sind alles Faktoren, die auf die Umgebung des Kindes starken Einfluß ausüben.

Es gibt Kinder, die sich in ihrer Stellung in der Geschwisterreihe wohlfühlen und andere, die das nicht tun. Wie sie sich jeweils fühlen, hängt von den Schlußfolgerungen ab, die sie aus ihren Erfahrungen und deren Interpretationen ziehen.

Im Lebensmuster eines jeden Kindes findet sich der Stempelabdruck seiner Position innerhalb der Familie, der ganz bestimmte Merkmale aufweist. Von dieser Tatsache – dem subjektiven Eindruck des Kindes von seinem Platz in der Familienkonstellation – hängt viel für seine zukünftige Haltung zum Leben ab.

Das Einzelkind

Das Einzelkind hat einen ausgesprochen schwierigen Start im Leben, da es seine ganze Kindheit unter Personen verbringt, die mehr können. Es kann versuchen, Fertigkeiten zu entwickeln, die von den Erwachsenen anerkannt werden, oder es kann ihre Sympathie dadurch zu gewinnen suchen, daß es schüchtern, furchtsam oder hilflos ist. Gewöhnlich mißt es sich aber an den Standards der Erwachsenen und setzt sich hohe Ziele.

Eltern, die mehr als ein Kind wollten, aber nur eines haben konnten, entwickeln häufig eine überbehütende, einengende Beziehung zu ihrem Kind, während Eltern, die ihr Kind ablehnen, weil sie es gar nicht wollten, sich ihm gegenüber kalt und gefühlsarm verhalten können oder, weil sie sich schuldig fühlen, übermäßig besorgt handeln, um ihre wahren Gefühle zu verbergen. Ein Einzelkind kann Schwierigkeiten in der Beziehung zu Gleichaltrigen haben und dadurch Probleme im späteren Leben. Folgende Merkmale können wir häufig bei Einzelkindern finden:

1. Das Kind ist verwöhnt und genießt es, im Mittelpunkt zu stehen.

2. Das Kind ist nur an sich interessiert.
3. Wenn das Kind eine zu enge Beziehung zu dem Elternteil des anderen Geschlechts hat, kann dies zu Disharmonie in der Familienbeziehung führen.
4. Das Kind fühlt sich unsicher aufgrund der Ängstlichkeit seiner Eltern, die ihm häufig sagen: „Du bist alles, was wir haben".
5. Wenn die Eltern zu nachsichtig sind, fühlt es sich unfair behandelt und verweigert die Zusammenarbeit, wenn seine Forderungen nicht erfüllt werden.
6. Das Kind richtet sich zu stark auf Erwachsene aus und hat dadurch Schwierigkeiten in der Beziehung zu Gleichaltrigen.
7. Das Kind übernimmt gewöhnlich das Wertsystem der Eltern.
8. Das Kind ist oft konservativ in seiner Einstellung und ernsthaft.
9. Das Kind ist oft ehrgeizig und erfolgsorientiert.

Das erste Kind

Das erste Kind hat eine schwierige Stellung im Leben. Da es das älteste ist, sollte es einen bevorzugten Platz einnehmen, was auch häufig der Fall ist. Das erste Kind ist sehr oft auch das am meisten gewünschte Kind der Eltern. Es repräsentiert ihre Träume und Ambitionen. Durch die Geburt des zweiten Kindes kann es entmutigt werden und es ablehnen, Verantwortung zu übernehmen, aber im allgemeinen neigt es dazu, verantwortlich zu sein. Dem erstgeborenen Kind kann es an persönlicher Sicherheit mangeln, weil es sich im Erfolg an den Erwachsenen mißt. Wie das Einzelkind, kann es das ernsthaftere, konservativere Kind sein und dasjenige, das Änderungen am meisten fürchtet. Um das erste Kind zu verstehen, helfen uns folgende Punkte:

1. Dieses Kind war für einige Zeit ein Einzelkind und hatte während dieser Zeit die ungeteilte Aufmerksamkeit seiner Eltern.
2. Als erstgeborenes fühlt sich dieses Kind durch die Fortschritte des ihm folgenden Geschwisters bedroht. Es muß die Position „erster" zu sein durch Überlegenheit über andere Kinder aufrechterhalten.

3. Durch die Geburt eines zweiten Kindes wird aus dem erstgeborenen, das ein Einzelkind war, ein „entthrontes" Kind. Es kann den Schluß ziehen, daß seine Eltern es nun nicht mehr so sehr lieben wie vorher und daß sie es vernachlässigen, weil sie sich so sehr um das neugeborene Baby kümmern.

4. In seinem Bemühen, die Oberhand zu behalten, beschützt es andere oder hilft ihnen als großer Bruder oder große Schwester.

5. Es äußert manchmal Todeswünsche oder Haß gegen das zweite Kind.

6. Wenn das zweite Kind sich besonders schnell entwickelt und das erste einholt, dann bedroht es die Stellung des erstgeborenen. Dies würde noch verstärkt, wenn das zweite Kind ein Mädchen ist und das erste ein Junge in einer männlich orientierten Familie, denn dort wird von ihm mehr erwartet, nicht nur, weil er älter ist, sondern vor allem, weil er ein Junge ist.

7. Wenn das erste Kind ein Mädchen ist und das zweite ein Junge, um den die Familie besonders viel Aufhebens macht, und wenn das Mädchen den Schluß zieht, daß Jungen bevorzugt werden, dann kann es ein Gefühl der Minderwertigkeit entwickeln und dies durch Erfolg, Charme, Kooperation usw. überkompensieren oder ein Wildfang werden und hoffen, dadurch Anerkennung zu finden.

Das zweite Kind

Das zweite Kind hat eine unbequeme Stellung im Leben. Häufig kann man seine Haltung mit einer Lokomotive vergleichen, die unter Dampf steht. Das Kind versucht, das erste zu erreichen und fühlt sich ständig unter Druck. Es ist nicht ungewöhnlich, daß diese Kinder ihre älteren und mehr perfektionistisch orientierten Geschwister überholen. Die Eltern sind allerdings ruhiger und gelassener mit dem zweiten Kind, sie sind nicht so streng und weniger mit der Erziehung beschäftigt. Das zweite Kind ist gewöhnlich mehr sozial ausgerichtet. Es ist wahrscheinlich auch aggressiver und wettbewerbsbetonter und wendet sich ziemlich oft gegen Ordnungen und Regeln. Folgende Merkmale gelten für das zweite Kind:

1. Das Kind erhält nie die ungeteilte Aufmerksamkeit der Eltern.
2. Das Kind hat immer ein anderes vor sich, das ihm voraus ist.
3. Das Kind fühlt, daß es das erste Kind nicht erreichen kann, und dies stellt seinen Anspruch auf Gleichwertigkeit in Frage.
4. Das Kind benimmt sich oft wie in einem Wettrennen – es ist übermäßig aktiv und draufgängerisch.
5. Wenn das erste Kind erfolgreich ist, fühlt sich das zweite häufig unsicher in bezug auf sich selbst und seine Fähigkeiten.
6. Das zweite Kind ist oft das Gegenteil des ersten Kindes. Wenn das erste Kind z.B. zuverlässig und „gut" ist, kann das zweite unzuverlässig und „schlecht" werden.
7. Das zweite Kind kann weniger darauf ausgerichtet sein, die Anerkennung der Erwachsenen zu gewinnen. Es legt mehr Wert auf Anerkennung durch die Gleichaltrigen.
8. Das Kind kann häufig ein Rebell sein.

Das mittlere Kind (von drei Kindern)

Das mittlere Kind in einer Familie mit drei Kindern hat einen unsicheren Platz und kann sich vernachlässigt fühlen. Für dieses Kind, das auch „eingequetschtes" oder „Sandwich"-Kind genannt wird, gilt folgendes:

1. Das Kind kann fühlen, daß es weder die Vorteile des jüngsten noch die Rechte des ältesten Kindes hat.
2. Das Kind kann der Überzeugung sein, daß die Menschen unfair zu ihm sind.
3. Das Kind kann sich ungeliebt fühlen.
4. Das Kind kann stark entmutigt und zu einem Problemkind werden.
5. Wenn das Kind sich in der Familie nicht zugehörig fühlt, kann es die Familie durch starkes Engagement in einer Gruppe Gleichaltriger ersetzen.

Das jüngste Kind

Das jüngste Kind hat einen ganz besonderen Platz in der Familienkonstellation. Es kann sein, daß es sich besonders schnell entwickelt, weil es seinen Rückstand aufholen möchte und dann das erfolgreichste Kind werden, oder es wird das am meisten entmutigte und fühlt sich den anderen unterlegen. Die besonderen Merkmale für das jüngste, das letzte Kind der Familie sind:

1. Es kann mehr Aufmerksamkeit von der Familie erhalten.
2. Es bekommt nicht so viel Druck von den Eltern zu spüren wie seine älteren Geschwister.
3. Es wird weniger bestraft.
4. Es kann die Babyrolle behalten und andere in seinen Dienst stellen.
5. Es fühlt oft wie ein Einzelkind.
6. Alle Dinge werden meistens für es erledigt.
7. Die meisten Entscheidungen werden von anderen für es getroffen und Verantwortung wird ihm abgenommen.
8. Es wird nicht ernstgenommen.
9. Es kann zum „Boß" der Familie werden.
10. Oft verbündet es sich mit dem ersten Kind.
11. Es versucht, seine älteren Geschwister zu überholen und zu übertreffen.

Das mittlere Kind (in einer größeren Familie)

Die mittleren Kinder in einer großen Familie entwickeln meist einen stabileren Charakter. Konflikte zwischen den einzelnen Kindern sind nicht so stark ausgeprägt. Nach unserer Erfahrung sind in großen Familien Konflikte und Konkurrenzstreben zwischen den Kindern geringer. Wir schreiben das der Tatsache zu, daß die Eltern weniger Zeit haben, sich einzumischen, zu verwöhnen und die Kinder zu bedienen. In großen Familien sind die Kinder voneinander abhängig. Sie sind dadurch gezwungen, zusammenzuarbeiten und Verantwortung für sich selbst zu übernehmen.

Allgemeines

Wenn zwischen den Kindern ein Abstand von 5 bis 6 Jahren liegt, kann jedes Kind einige Merkmale eines Einzelkindes annehmen. In diesem Fall gibt es dann mehr als eine Familienkonstellation. Die Richtung, die das Kind verfolgt, hängt von den Familienwerten ab. Wenn ein Junge in einer stark männlich orientierten Familie aufwächst und sich als Junge unterlegen fühlt, kann er weibliche Züge annehmen. Im Gegensatz dazu kann ein Mädchen in solch einer Familie das Verhalten eines Jungen annehmen. Beiden Kindern mangelt es an Vertrauen zu sich selbst in bezug auf ihre Geschlechterrolle. Dieses Gefühl der Unzulänglichkeit kann sich durch ihr ganzes Leben ziehen, wenn sie nicht zu Einsicht in ihr falsches Verständnis, was es heißt, ein Junge oder ein Mädchen zu sein, kommen und wenn sie nicht ermutigt werden, ihre Rollen zu akzeptieren.

Familiennormen entwickeln sich aus Werten, die beide Elternteile für wichtig erachten. Solche Werte betreffen die Einstellung zu Erziehung, Geld, Gesundheit, Erfolg, Ehrlichkeit, Religion, Arbeit, Gehorsam usw. Wenn ein Wert von beiden Elternteilen anerkannt wird, dann muß jedes Kind in der Familie dazu seinen Standpunkt einnehmen. Angepaßte Kinder akzeptieren für gewöhnlich diese Werte und machen sie zu ihren eigenen; aber einige Kinder rebellieren auch. Rebellische Kinder kehren den Familiennormen den Rücken, weil sie entdecken, daß das ein Weg ist, ihre Eltern zu besiegen. Es kann vorkommen, daß sich ein Kind auf die Seite eines Elternteils stellt gegen das andere, wenn die Eltern verschiedener Ansicht sind. Aber eines ist sicher: Kein Kind kann neutral bleiben.

Wettbewerb

Wettbewerb ist für den Unterschied zwischen den Kindern in einer Familie verantwortlich. Wir haben zwei unterschiedliche Arten davon gefunden: einen quantitativen und einen qualitativen Wettbewerb.

1. Quantitativen Wettbewerb finden wir bei Kindern derselben Familie, wenn sie die gleichen Ziele verfolgen, aber jedes das andere übertreffen will.
2. Qualitativen Wettbewerb finden wir bei Kindern, die sich aus den Gebieten heraushalten, auf denen ihre Geschwister erfolgreich sind. Jedes Kind neigt dazu, aus dem Gebiet des anderen herauszubleiben, aber es strebt danach, auf seinem eigenen Feld erfolgreich zu sein.

Jedes Geschwister hegt für das andere sowohl freundliche als auch einige unfreundliche Gefühle. Ihre Beziehung zueinander wird dann am angenehmsten sein, wenn eines die Bedürfnisse des anderen erfüllt. Da jedes Kind zu jedem anderen Geschwister anders fühlt, entsteht immer zwischen zwei von ihnen eine ganz besonders geartete Beziehung. Die im Wettstreit Stehenden beobachten einander sehr genau, um zu sehen, auf welche Weise der Gegner Erfolg oder Mißerfolg hat. Wo einer Erfolg hat, gibt der andere auf, wo einer Schwächen oder Mängel zeigt, steigt der andere ein. Wettbewerb zwischen zwei Familienmitgliedern erkennen wir an Unterschieden im Charakter und Temperament, von Interessen und Fähigkeiten. Ähnlichkeiten weisen immer auf Bündnisse hin. Manchmal zeigen die ärgsten Rivalen kein Zeichen von offenem Wettbewerb, sondern erscheinen als eng verbundenes Paar. Ihr Wettbewerb drückt sich dann in Persönlichkeitsunterschieden aus: Einer ist vielleicht der Führer, der aktive und mächtige Beschützer, während der andere sich abhängig zeigt und durch Schwäche und Hilfsbedürftigkeit Unterstützung sucht.

Jedes Geschwister entwickelt seinen Bereich, in dem es Erfolg hat, und übt sich darin, während es sich in den Bereichen, in denen es nicht erfolgreich ist, für einen Versager hält und diese zu vermeiden sucht. Bemerkenswert ist, daß ein Kind, das auf einem Gebiet sehr erfolgreich ist, häufig in dem Augenblick aufgibt, in dem ein Geschwister daran Interesse findet, und besonders dann, wenn dieses mit Erfolg dazu Zugang findet. Das kommt besonders bei den beiden ersten Kindern vor.

Bei den jüngeren Kindern von zweien haben wir oft beobachtet, daß sie ihre Interessen in eine ganz andere Richtung wenden, wenn sie sich unfähig fühlen, mit dem älteren und erfolgreichen Geschwister in einen Wettbewerb zu treten; denn ein Wettbewerb mit dem älteren Geschwister im gleichen Bereich würde bedeuten, im Schatten des älteren zu stehen. Wenn das ältere Kind z. B. ein erfolgreicher Schüler ist, sucht das jüngere Kind Erfolg auf Gebieten, die das ältere noch nicht erprobt oder in denen es versagt hat. Solch ein jüngeres Kind versucht seinen Platz vielleicht durch Leistungen im Sport oder durch charmantes Auftreten und soziales Engagement zu gewinnen.

Wir möchten darauf hinweisen, daß die in diesem Kapitel genannten Merkmale zur Familienkonstellation nicht in jedem

Einzelfall anwendbar sind, da sie aber nach unserer Erfahrung sehr häufig zutreffen, lohnt es sich für den Lehrer, sie zu kennen und auf sie zu achten.

2. Effektive demokratische Methoden

2.1 Wege zum „demokratischen Klassenzimmer"

Der Hauptgrund für Konflikte in der Klasse liegt in der sozialen Ungleichwertigkeit, die sowohl zwischen einzelnen Personen als auch zwischen verschiedenen Gruppen herrscht. Wenn die soziale Beziehung zwischen Menschen unsicher, unbeständig ist, führt das unweigerlich zu Konflikten und Disharmonie. Gleichwertigkeit allein, die Grundlage der Demokratie, kann zu sozialer Harmonie, Frieden und stabilen sozialen Beziehungen führen. Eine demokratische Atmosphäre schließt Anarchie und Laissez-faire aus, und Ordnung kann nicht durch Herrschaft erreicht werden. In einer demokratischen Gesellschaft sind sowohl Freiheit als auch Ordnung und Grenzen notwendig, anders als in einer autokratischen Gesellschaft, wo diese sich gegenseitig ausschließen. Laissez-faire führt zu Anarchie, Zwang und Macht rufen meist Auflehnung hervor. Zwang ist autokratisch, Zustimmung herbeiführen ist demokratisch.

Gleichwertigkeit

Gleichwertigkeit beinhaltet nicht nur Chancengleichheit, gleiches Wahlrecht für alle, sondern in unserem Verständnis vor allem soziale Gleichwertigkeit, in der jeder Mensch ungeachtet seiner Religion, Bildung, Herkunft, seines Besitzes, Äußeren oder Alters dieselbe Würde und dasselbe Ansehen genießt. Obwohl viele Erwachsene diesem Gedanken zustimmen, haben sie Schwierigkeiten damit, ein Kind als gleichwertig zu akzeptieren. Es erscheint ihnen geradezu widersinnig, das Kind als gleichwertig anzusehen; denn aus der Sicht des Erwachsenen ist das Kind klein an Körpergröße, begrenzt in seinen physischen Kräften, begrenzt in der Fähigkeit zur Verantwortung und zu ungeübt und unerfahren, um den Status dessen zu haben, dem man Gleichwertigkeit zugestehen kann. Nur wenige Erwachsene gehen mit einem Kind so um, wie sie es auch mit einem anderen Erwachsenen tun würden, und nur die Vorstellung allein, ein Kind wie ihresgleichen zu behandeln, erscheint ihnen absurd.

Die gemeinsame Arbeit in einer demokratischen Klasse gründet auf Beachtung der Rechte und Interessen der anderen und dem Eintreten für seine eigenen Rechte. In solch einer Atmosphäre beschäftigt man sich nicht damit, was andere tun sollten, sondern übernimmt die Verantwortung für das, was man selbst tut. Weder andere zwingen noch sich selbst zwingen lassen ist die Formel für Gleichwertigkeit.

Gegenseitige Achtung

Im demokratischen Klassenzimmer sollte gegenseitige Achtung herrschen – Achtung vor der Würde des anderen und Selbstachtung. Das bedeutet, daß jeder Person mit Respekt begegnet wird, daß ihre Ideen, ihre Vorschläge und Beiträge angenommen, und ebenso, daß ihre Beiträge zurückgewiesen werden, wenn sie für eine bestimmte Situation nicht brauchbar sind, aber gleichzeitig nicht der Mensch zurückgewiesen wird. Respekt beinhaltet die Erkenntnis, daß der andere sowohl etwas anzubieten hat als auch das Recht hat, es anzubieten. Gegenseitige Achtung basiert auf der Annahme der Gleichwertigkeit der Menschen, unabhängig von individuellen Unterschieden, Wissen, Kenntnissen, Fähigkeiten und Stellung. Selbstachtung besagt, daß man sich nicht durch Zwang in den Dienst anderer stellen läßt, daß man zu seiner Meinung steht, ohne sich in Machtkämpfe verwickeln zu lassen, daß man schwächere oder jüngere Menschen nicht ausnutzt oder andere bestraft, weil sie die eigenen Vorstellungen nicht akzeptieren.

Zur Voraussetzung für eine gute Beziehung gehört es, die Achtung in Wort und Tat zum Ausdruck zu bringen, in der Art zu sprechen, in der Bereitschaft zum Zuhören und in dem Verständnis für die Gefühle der anderen. Wir können andere nur achten, wenn wir uns selbst achten. Jeder hat das Recht und die Pflicht zu sagen, was er denkt, und ebenso die Pflicht zuzuhören, was andere sagen, und zu versuchen, die Gedanken und Gefühle der anderen zu verstehen.

Was sind die Merkmale einer demokratischen Klasse?

In einer demokratischen Klasse sind Schüler und Lehrer gemeinsam an der Planung, Organisation und Ausführung ihrer gemeinsamen Aktivitäten beteiligt. Der Lehrer stellt als Fachmann eine breite Basis zur Verfügung. Er hat die Aufgabe und Verantwortung, die Richtung zu weisen, jedem Kind zu helfen, seine Fähigkeiten zu entwickeln, sich effektiv in der Gruppe zu beteiligen und dort Entscheidungen fällen und sie ausführen zu können.

Wesentlich für die demokratische Klasse ist eine Kombination von Festigkeit und Freundlichkeit, die der Lehrer in seiner Haltung den Kindern gegenüber ausdrückt. Festigkeit ist Teil der Selbstachtung; Freundlichkeit gehört zur Achtung vor dem anderen. Nur beide zusammen führen zu einer harmonischen Beziehung zwischen gleichwertigen Partnern. Konflikte können ohne Kampf oder Nachgeben gelöst werden, indem jeder sich selbst und den anderen achtet. Darauf gründet sich eine zufriedenstellende Beziehung zwischen Schülern und Lehrer und den Schülern untereinander.

Wenn Kinder wirkungsvoll in einer demokratischen Ordnung mitarbeiten sollen, müssen sie darin eingeübt werden. Zu Beginn des Schuljahres sollte der Lehrer sich Zeit nehmen, um mit seinen Schülern über demokratische Methoden zu reden und in Erfahrung zu bringen, wie sie denken und welche Wertvorstellungen sie haben. Mit einem Gespräch darüber, was Demokratie bedeutet, kann er beginnen. Er läßt die Schüler erkennen, daß es zur Demokratie gehört, Verantwortung zu teilen, Entscheidungen gemeinsam zu treffen und zusammenzuarbeiten. Ein Lehrer, der sich am Anfang des Jahres Zeit nimmt, seine Schüler einzuüben und sie an der Planung beteiligt, wird feststellen, daß er im weiteren Verlauf des Jahres immer weniger Zeit für Auseinandersetzungen mit seinen Kindern aufwenden muß. Weiter wird er merken, daß die meisten Kinder sehr lernwillig und mehr von sich aus motiviert sind. Obwohl also das Einüben am Anfang Zeit kostet, spart es auf lange Sicht Zeit.

Häufig wird die Frage gestellt, ob eine demokratische Klasse in einem Schulsystem möglich ist, das im wesentlichen undemokratisch ist. Die Antwort heißt eindeutig ja. Voraussetzung ist allerdings, daß der Lehrer von der Demokratie im Klassenzimmer überzeugt ist und die Fertigkeiten beherrscht, sie einzuführen.

Eine weitere Frage bezieht sich darauf, ob den Schülern das Recht eingeräumt werden soll zu entscheiden, ob sie lernen wollen und was sie lernen wollen. Dies steht gar nicht mehr zur Debatte, denn die Kinder haben diese Entscheidung bereits für sich getroffen, und kein Lehrer ist in der Lage, einen widerstrebenden Schüler zum Lernen zu zwingen.

In einer demokratisch geführten Klasse wird die Verantwortung geteilt.

Wenn der Lehrer erst einmal den Grundsatz, Verantwortung zu teilen, verstanden hat, wird es ihm auch nicht schwerfallen, ihn anzuwenden. Zur Zeit schwanken die Lehrer zwischen zwei Extremen, entweder zwingen sie den Schülern ihren Willen auf oder sie lassen sich beherrschen. Einige Lehrer sagen, es sollte nur das unterrichtet werden, was die Kinder lernen mögen. Dies kommt aber einer Abdankung des Lehrers gleich. Andere versuchen die Kinder zu zwingen, das zu lernen, was von ihnen erwartet und gefordert wird. Das bedeutet autoritären Unterricht. Keiner der beiden Wege wird zu befriedigenden Ergebnissen führen. Der Lehrer sollte die Kinder motivieren, damit sie gern lernen. Kinder nehmen bereitwillig die Führung von Erwachsenen an, wenn ihnen Ideen nicht aufgezwungen werden und sie merken, daß ihre Meinungen und Vorschläge ernstgenommen werden. Das bedeutet nicht unbedingt, daß der Lehrer verpflichtet ist, immer zu tun, was sie vorschlagen. Es bedeutet, daß Lehrer und Schüler zu einem Beschluß kommen, indem sie das Problem von allen Seiten betrachten. Der Lehrplan sollte flexibel genug sein, um Lehrern und Schülern die Möglichkeit zu geben, auch die Neigungen und Interessen der Klasse zu berücksichtigen. Derzeit ist der Lehrplan gewöhnlich für jeden Lehrer verbindlich. Auch unter diesen Umständen kann er seine Klasse demokratisch führen, wenn er seine Verpflichtungen und Frustrationen mit seinen Schülern teilt, wenn er sie an den Entscheidungen beteiligt, die ihm im Rahmen des Lehrplans möglich sind.

Mancher Lehrer findet es schwierig, seine Schüler zu gleichwertigen Partnern bei allen Tätigkeiten zu machen, weil er die Fähigkeiten der Kinder, ihre Intelligenz und ihre Bereitschaft zur Übernahme von Verantwortung unterschätzt. Planung und Entscheidungen dürfen nicht dem Lehrer allein überlassen bleiben. Alle Schüler können an dem Planungsprozeß für den Unterricht beteiligt werden, der sowohl die Gegebenheiten des Lehrplans als auch die Bedürfnisse der Schüler und des Lehrers berücksichtigt. Sie können unter der Voraussetzung, daß sie wissen, daß sie die Achtung, Kooperationsbereitschaft und Unterstützung ihrer Lehrer haben, kreativ an allen Problemen, die die Schule betreffen, arbeiten.

Der Lehrer kann seine Schüler auch beteiligen, wenn er sich Forderungen der Schulverwaltung gegenübersieht, die seinem demokratischen Vorgehen widersprechen. In der Regel neigen Lehrer dazu, den Druck, der auf sie von der Schulleitung oder -verwaltung ausgeübt wird, an die Kinder weiterzugeben. Er kann aber die Kinder bitten, ihm bei der Ausführung der Anordnung zu helfen, indem sie die Realität als gegeben akzeptieren. Immer, wenn er seine Schüler um Hilfe bittet, wird die Wahrscheinlichkeit, sie zu erhalten, groß sein, besonders wenn er ihnen gezeigt und bewiesen hat, daß er vertrauenswürdig und kein Feind ist.

Auch wenn manche Lehrer für sich in Anspruch nehmen, daß sie mit ihren Schülern nach demokratischen Prinzipien umgehen und sie mit Achtung behandeln, merken sie häufig nicht, wie sie diesen Grundsatz verletzen, wenn ihr Prestige auf dem Spiel steht. Das nächste Beispiel veranschaulicht dies.

Der Schulleiter einer Grundschule, Herr X, und ein Kollege, der ihn zu einem Gespräch aufgesucht hatte, sprachen über die Schwierigkeiten, die es zur Zeit in den Schulen gab. Herr X machte einen sehr aufgeschlossenen Eindruck. Er schlug vor, daß die Schüler ein größeres Mitbestimmungsrecht haben sollten, die Lehrer sollten den Kindern mehr zuhören usw.

Die Schulglocke läutete zum Unterrichtsschluß. Herr X entschuldigte sich und erklärte, daß er immer gern am Fuß der Treppe stünde, wenn die Kinder herunterkämen. Der Kollege begleitete ihn. Die Kinder kamen sehr ordentlich die Treppe herunter, eines hinter dem anderen, die Arme vor der Brust verschränkt. Plötzlich zog Herr X einen etwa 9 Jahre alten Jungen aus der Reihe heraus und hielt ihn am Arm fest, bis alle Kinder vorbeigegangen waren. Dann drehte er sich zu dem Jungen um und fragte: „Wieviele Schritte mußt du hinter dem

Kind vor dir gehen?" Der Junge antwortete mit den Händen in den Taschen und ohne aufzusehen: „Drei." Herr X fuhr fort: „Hände aus den Taschen, wenn ich mit dir rede! Hast du verstanden?" Das Kind brummelte: „O. k." Herr X wurde immer ärgerlicher und schrie den Jungen an: „Wenn du mit mir sprichst, heißt das ‚Ja, Herr X‘ und nicht ‚o. k.‘. Verstanden?"

Wir wollen unhöfliches Benehmen bei Kindern nicht entschuldigen, können aber auch die Art, wie der Schulleiter sich in dieser Situation verhielt, nicht gutheißen. Wenn er überhaupt etwas erreicht hat, dann hat er wahrscheinlich diesen nicht kooperationsbereiten Jungen dazu gebracht, nur noch mehr Vorbehalte gegen ihn zu entwickeln.

Im traditionellen Schulunterricht merken Kinder, daß sie nur wenig an Entscheidungen beteiligt sind, und lernen sehr schnell, daß originelles und kreatives Denken sie in Schwierigkeiten bringt, wie das folgende Beispiel zeigt.

Im Sachkundeunterricht eines vierten Schuljahres fragte der Lehrer seine Schüler nach zwei Faktoren, die zur Entwicklung der Stadt beigetragen haben. Ein Mädchen meldete sich und sagte: „Der See und die Kuh, die den Eimer umgestoßen hat und dadurch das große Feuer ausgelöst hat." Der Lehrer schaute das Mädchen spöttisch an, als ob er nicht glauben könnte, was er gerade gehört hatte. „Und was hat die Kuh damit zu tun?" fragte er. Das Mädchen erklärte: „Nun, als die Stadt niedergebrannt war, mußten sie sie doch wieder aufbauen, und sie machten sie größer und schöner." Der Lehrer fragte: „Wo hast du denn diesen Unsinn gelesen?" „Das hab ich nicht gelesen, das habe ich mir ausgedacht", antwortete das Mädchen. Darauf gab der Lehrer ihm den Rat: „Beim nächsten Mal denk nicht, sondern lies im Buch nach!" Der nächste Schüler gab dann die gewünschte Antwort, die im Buch nachzulesen war.

Ein Lehrer, dem es nicht nur darum geht, die richtige Antwort zu bekommen, hätte sicher die Gelegenheit genutzt, das Mädchen in seinem unabhängigen Denken zu ermutigen. Er hätte sagen können: „Daran habe ich noch nie gedacht, aber es ist einleuchtend. Fällt dir noch etwas ein, was für die Entwicklung der Stadt wichtig war?" Lehrer, die genau auf der Antwort bestehen, die sie in ihrer Unterrichtsvorbereitung vorgesehen haben oder die im Buch vorgegeben ist, sind sehr ungeschickt. Sie sind nicht nur für das Gelangweiltsein ihrer Schüler verantwortlich, sondern auch für viele Disziplinschwierigkeiten, die als Folge ihrer starren und antiquierten Lehrmethode auftauchen. Es ist auch nicht ungewöhnlich, daß sich Kinder wegen eines solchen Unterrichtsstils entschieden haben, bestimmte Fächer nicht zu mögen.

Demokratischer oder autokratischer Führungsstil in der Klasse

Kurt Lewin (1948) untersuchte in seinem Iowa-Experiment in Jugendgruppen die Auswirkung von drei unterschiedlichen Arten von „sozialem Klima". Lewin wies die Gruppenleiter in drei Führungsstile ein und zwar: den autokratischen, den demokratischen und den laissez-faire. Der autokratische Leiter sagte den Jungen, was sie zu tun hatten, und die Jungen taten es; der demokratische Leiter half den Jungen, Projekte zu entwickeln und auszuführen, und die Jungen wurden selbständig und unabhängig; der laissez-faire-Leiter ließ die Jungen tun, was sie wollten, und Chaos brach aus.

Die Ergebnisse sind auch für uns heute noch von Bedeutung. Als erstes zeigte es sich, daß Demokratie nicht mit Laissez-faire bzw. Anarchie verwechselt werden darf. Das zweite wichtige Ergebnis betrifft den Unterschied zwischen der demokratisch und der autokratisch geleiteten Gruppe. Die Mitglieder der letzteren konnten nur arbeiten, wenn der Leiter dabei war. Ohne ihn wurden sie undiszipliniert; sie konnten nur unter Kontrolle arbeiten. Im Gegensatz dazu setzten die Mitglieder der demokratisch geleiteten Gruppe ihre Arbeit auch ohne Leiter fort und kamen miteinander zurecht. Sie arbeiteten aus eigener Entscheidung. Als die Leiter ihren Führungsstil wechselten, konnte folgendes beobachtet werden. Der Wechsel von demokratischer zu autokratischer Leitung ließ äußerlich keine Veränderung erkennen. Die Kinder hatten gelernt, selbständig zu arbeiten und konnten mit der veränderten Situation umgehen. Als der autokratische Leiter jedoch zu demokratischer Führung überging, wurde die Gruppe zu einem Tollhaus. Woran lag das? Die Jungen waren nicht daran gewöhnt, selbstverantwortlich zu arbeiten. Der Leiter brauchte einige Zeit, um die Jungen an die neue demokratische Weise zu gewöhnen.

Für das „demokratische Klassenzimmer" können wir daraus folgenden Schluß ziehen. Wenn der Lehrer von bisher autokratischem Unterrichts- und Führungsstil zu demokratischem wechseln will, muß er daran denken, die Schüler schrittweise in demokratisches Miteinander einzuführen. Denn die Kinder wissen sonst mit ihrer neuen Freiheit nichts anzufangen. Sie sind nicht an selbständiges Handeln, an Entscheidungen treffen, an Übernahme von Verantwortung und Rücksicht auf andere gewöhnt. Bisher geschah alles unter dem autoritären Druck von außen. Jetzt muß die Bereitschaft zur Kooperation geweckt und entwickelt werden.

In folgender Liste sind einige Unterschiede zwischen einem autokratischen und einem demokratischen Leiter/Lehrer aufgeführt.

Autokratisch	Demokratisch
Boß	Leiter
scharfe Stimme	freundliche Stimme
Befehl	Einladung, Bitte
Macht	Einfluß
Druck	Anregung
Mitarbeit fordern	Mitarbeit gewinnen
„Ich sage dir, was du tun sollst"	„Ich sage dir, was ich tun möchte"
Ideen aufzwingen	Ideen anbieten
herrscht	leitet
kritisiert	ermutigt
sucht nach Fehlern	erkennt Fortschritte an
bestraft	hilft
„Ich sage dir"	„Laß uns darüber sprechen"
„Ich entscheide, du gehorchst"	„Ich schlage vor und helfe dir zu entscheiden"
alleinige Verantwortung für die Gruppe	geteilte Verantwortung mit und in der Gruppe

Diese Liste der demokratischen und autokratischen Haltungen kann sicher noch erweitert werden. Jeder Lehrer mag sie als seinen persönlichen „demokratischen Index" benützen, wenn er herausfinden will, inwieweit er bereits demokratisch in seiner Klasse vorgeht.

Ein Lehrer, der die Verantwortung für die Klassenführung mit seinen Schülern teilt, hat es nicht nötig, seine Amtsautorität zur Schau zu stellen. Nur wenn es ihm gelingt, Teamgeist zu wecken, kann er die einzelnen Mitglieder der Klasse zu einer kooperativen Einheit werden lassen. Nur wenn alle integriert sind, können alle beeinflußt und gefördert werden, und deshalb muß der Wettbewerbsgeist durch Kooperation, die dem allgemeinen Interesse dient, ersetzt werden. Jedes Kind ist dabei wichtig; das ist eine Vorbedingung für ein harmonisches Miteinanderarbeiten in der Gruppe. Wettbewerb sorgt dafür, daß ein Schüler sich überlegen und ein anderer unterlegen fühlt. In solcher Atmosphäre sind Kooperation und Teamarbeit nicht möglich.

Zensurengebung

Wir wollen uns nun der Frage der Leistungsbewertung zuwenden. Zensuren sind ein typisches System von Belohnung und Strafe und passen in den autokratischen Unterricht. Die meisten Kinder lernen heutzutage wegen der Zensuren und nicht aus dem Wunsch heraus, mehr zu wissen. Das ist deutlich daran zu erkennen, daß die Frage immer lautet: „Welche Zensur hast du?" und nicht: „Was hast du gelernt?". Die einzigen Kinder, die auf Zensuren positiv reagieren, sind die guten Schüler, die auch ohne Notensystem lernen würden. Die schwachen Schüler sehen sie nur als weiteren Beweis ihrer hoffnungslosen Lage. Was kann der einzelne Lehrer tun, um die schädliche und entmutigende Wirkung schlechter Zensuren auszugleichen? Er kann es unterlassen, sie als seinen „Urteilsspruch" zu vergeben. Er kann aus der Notengebung, die so unerfreulich und oft demütigend ist, eine gemeinsame Aufgabe machen. Alle können nicht nur gemeinsam daran arbeiten, welche Zensuren jedes Kind bekommen soll, denn der Lehrer ist ja zur Notengebung verpflichtet, sondern auch, wie sie den schwachen Schülern helfen können, schlechte Zensuren zu vermeiden.

Eine Woche vor den Zeugniskonferenzen wurden die Schüler von ihrem Lehrer gebeten, ihm eine schriftliche Beurteilung ihrer Arbeit zu geben. Während der folgenden Woche wurden die Vorschläge mit jedem Schüler besprochen, wobei in der Regel Übereinstimmung über eine gerechte Zensur erreicht wurde.

Während der vorhergehenden Unterrichtswochen waren die langsamen oder schwachen Schüler von den Mitschülern und dem Lehrer ermutigt worden. Die schneller lernenden Schüler waren als Tutoren für die langsamer lernenden eingesetzt. Alle Schüler hatten davon Vorteile. Die langsamen Schüler lernten schneller, und die schnelleren Schüler festigten und vertieften ihr Gelerntes.

Ein solches Vorgehen steht in scharfem Gegensatz zu den Klassen, in denen die guten Schüler sich gegenüber den schwachen aufspielen und sie in Achtung, Status und Leistung noch weiter drücken. In einer kooperativen Atmosphäre bringt es keinen „Ruhm" ein, ein guter Schüler, sehr klug und allen voraus zu sein, sondern es bringt die Verantwortung mit sich, anderen zu helfen und sich nützlich zu machen.

In diesem Kapitel haben wir auf verschiedene wichtige Elemente hingewiesen, die für ein demokratisches Klassenzimmer unverzichtbar sind. Als Grundregeln für eine Demokratisierung können folgende gelten:

1. Ordnung ist unter allen Umständen notwendig. Eine Gruppe kann ohne Ordnung und Grundregeln nicht demokratisch sein.
2. Grenzen sind notwendig. Schulregeln und -verwaltungsvorschriften können falsch oder unangemessen sein und der Revision bedürfen; aber solange sie bestehen, müssen sie befolgt werden. Sie sind Realität.
3. Kinder sollten an der Aufstellung und Durchführung der Regeln beteiligt sein, die für eine ordentliche, funktionsfähige Gruppe notwendig sind.
4. Der Lehrer muß wissen, wie er eine demokratische Führung ausüben kann.
5. Ohne Vertrauen und gegenseitige Achtung kann eine Klasse nicht demokratisch funktionieren. Es kann Anstrengungen erfordern, dieses gegenseitige Vertrauen zwischen Lehrer und Schülern herzustellen.
6. Der Lehrer muß es verstehen, die Mithilfe der Schüler zu erbitten. Er kann sie nicht fordern.
7. Teamgeist muß den Wettbewerb im Klassenzimmer ersetzen.
8. Eine freundliche Klassenatmosphäre ist als Voraussetzung unentbehrlich, um Probleme lösen zu können.
9. Der Lehrer muß die Klasse auf ein gemeinsames Ziel hin einen können.
10. Die Beziehungsstruktur einer Klasse bildet sich in der Regel in den ersten Tagen. Es erfordert die volle Aufmerksamkeit des Lehrers, jedem Kind das Gefühl der Zugehörigkeit zu geben.
11. Das Gruppengespräch ist wesentlicher Bestandteil einer demokratisch geführten Klasse.

12. Die demokratische Schule braucht ein Gremium, in dem alle an der Schule beteiligten Gruppen vertreten sind.
13. Der Lehrer muß Grenzen setzen und den Kindern innerhalb dieser Grenzen Freiheit zugestehen.
14. Zur Gleichwertigkeit gehören gleiche Rechte und gegenseitige Achtung.
15. Kinder sollten ermutigt werden, Neues auszuprobieren und aus Fehlern zu lernen.

2.2 Disziplin und Ordnung

Disziplin ist ohne Frage einer der wichtigsten und schwierigsten Aspekte der Erziehung, denn ohne Disziplin ist effektives Lehren unmöglich. Wie Liebe, Achtung oder Übernahme von Verantwortung so ist auch Disziplin kein Schulfach, das aus Büchern gelehrt werden kann. Sie läßt sich auch nicht durch einfaches Fordern erreichen. Disziplin erwächst aus sozialen Beziehungen, aus gegenseitiger Achtung und Kooperationsbereitschaft. Das Vermitteln von Disziplin ist ein fortlaufender Prozeß und nicht etwas, dem man sich nur in Zeiten von Streß oder bei schlechtem Benehmen zuwendet.

Einer der Gründe, weshalb wir mit dem Bereich der Disziplin so viel Schwierigkeiten haben, liegt darin, daß die meisten Menschen, Erzieher ebenso wie Eltern, das Wort Disziplin benützen und damit Kontrolle und Besserung durch Strafmaßnahmen meinen. Für einige bedeutet es körperliche Strafe, für andere strikte Unterwerfung unter Regeln, Reglementierungen und autokratische Autorität. Die, die diszipliniert werden sollen, werden beim Aufstellen dieser Regeln überhaupt nicht beteiligt und niemals dazu gehört, wenn sie ihnen auferlegt werden. In der Schule verhängen der Lehrer oder Schulleiter die Folgen bzw. Strafen, die sie für richtig halten, für Fehlverhalten, ohne Rücksicht darauf, ob sie für das Kind einen Sinn ergeben oder nicht. Einige Lehrer sind der Ansicht, daß das Kind schon weiß, wofür es bestraft wird, und sie halten in der Regel die Strafen für fair, trotz der Proteste des Kindes. Widerstand, Trotz und versteckter Groll entwickeln sich beim Kind, wenn es die Entscheidung des Erwachsenen nicht versteht oder ihr nicht zustimmt. Sie übersehen die Tatsache, daß das Kind Autorität zu hassen beginnt. Es kommt zu dem Schluß, daß bestraft zu werden ihm das Recht gibt, auch zu strafen. Seine Vergeltung wird häufig auf andere Kinder zielen; denn da ist sie wirkungsvoller, als wenn sie auf Erwachsene gerichtet ist.

In diesem Kapitel soll Disziplin in dem Sinne betrachtet werden, daß sie nicht vom Lehrer angeordnet ist, sondern sich von jedem Einzelnen selbst oder von der Gruppe auferlegt wird, daß sie Entwicklung von Selbstkontrolle ist und nicht reiner Gehorsam aus Angst vor Strafe. Selbstkontrolle ist die wirksamste Form von Kontrolle. In diesem Sinne gehört Disziplin zu der Art von Verhalten, durch die das Kind Angenommensein durch andere erfährt und infolgedessen ein größeres Selbstwertgefühl entwickelt.

Wenn man es so betrachtet, hört Disziplin auf, eine Einschränkung zu sein. Als Lehrer sollten wir Disziplin nicht mehr als Autorität betrachten, die mit eiserner Faust regiert, sondern als einen Führer, der Freiheit innerhalb bestimmter Grenzen zuläßt.

Das Training in früher Kindheit zu Hause beeinflußt die Einstellung des Kindes zu Disziplin und seiner Bereitschaft, Verantwortung dafür zu übernehmen. Je besser die Beziehung zwischen den Familienmitgliedern und je größer die Kooperation zwischen den Eltern ist, um so eher wird das Kind die Grenzen akzeptieren, die die Eltern ihm setzen, und um so mehr wird es sich bemühen, ihre Anerkennung durch Einhaltung zu bekommen. Wenn das Kind älter wird, begegnet es mehr Situationen, in denen Disziplin notwendig ist und in denen eine gewisse Führung da sein sollte, um es anzuleiten.

Wenn das Kind in die Schule kommt, erweitert sich sein sozialer Gesichtskreis in der Begegnung mit Lehrern und Mitschülern. Neue Formen der Disziplin werden von ihm verlangt wie Stillsein und Zuhören, Lernen, Aufgaben in vorgegebener Zeit erledigen usw. Je kooperativer das Kind zu Hause ist, um so mehr wird es auch in der Klasse zur Mitarbeit bereit sein. Das setzt allerdings voraus, daß die Klassenatmosphäre eine erweiterte Fortsetzung der häuslichen Atmosphäre ist. Wenn das Kind in der Schule mit einem anderen Wertsystem und anderen disziplinarischen Maßnahmen konfrontiert wird, als es sie von zu Hause kennt, kann es zu Schwierigkeiten bei der Anpassung kommen. Das gilt sowohl für Kinder aus demokratischen wie auch für Kinder aus autokratischen Elternhäusern. Der Lehrer kann diesen Kindern besser helfen, wenn er sich über die Erfahrungen, die die Kinder mitbringen, informiert. Der Lehrer sollte solche Schritte in seinen Unterricht einfügen, die es dem Kind ermöglichen, Selbstdisziplin zu entwickeln. Welche Lernschritte nötig sind, ergibt sich aus dem Entwicklungsstand des einzelnen Kindes und dem Verhalten, das es lernen muß.

Das folgende Beispiel zeigt, wie es sehr einfach ist zu lernen, in vorgegebenen Grenzen gemeinsam zu planen.

Zu Beginn des Schulhalbjahres stellt der Lehrer eine Liste der Themen auf, die laut Lehrplan vorgeschrieben sind. Kinder und Lehrer überlegen gemeinsam, welches Thema zuerst behandelt werden soll und in welcher Reihenfolge die anderen bearbeitet werden sollen. Bei diesem Vorgehen sind den Kindern die Grenzen gesetzt, innerhalb derer sie Entscheidungen fällen und Auswahlen treffen können.

Im nächsten Beispiel sehen wir, wie Kinder Erfahrungen beim Erlernen von Selbstdisziplin machen können.

Lehrer und Schüler sprechen über das Arbeitspensum, das die Klasse in Mathematik während der Woche zu erledigen hat. Die Kinder haben die Wahl: Sie können eine Seite nach der anderen bearbeiten und die Arbeit jeden Tag abgeben. Sie können auch mit den Seiten anfangen, die ihnen zunächst mehr zusagen und nicht systematisch Seite für Seite vorgehen. Sie können sich entscheiden, alle Arbeit an einem Tag zu erledigen, um dadurch an den anderen Tagen mehr freie Zeit zu haben. Nur, jedes Kind ist selbst verantwortlich dafür, das vorgegebene Arbeitspensum für die Woche in seinem eigenen Tempo und gemäß seiner eigenen Entscheidung zu erfüllen.

Am Ende der Woche sollte eine Überprüfung durch den Lehrer und die ganze Klasse stattfinden. Kinder, die sich zum Beispiel entscheiden, einen Großteil oder gar die ganze Arbeit für den letzten Tag aufzuheben, und die dann nicht fertig werden, könnten folgende logische Folge auf sich nehmen müssen: Sie müssen jeden Tag eine bestimmte Anzahl von Seiten bearbeiten, solange, bis sie bereit sind, sich die Arbeit selbst einzuteilen und das Pensum bis zum Ende der Woche zu erledigen.

Disziplin im Klassenzimmer bedeutet, das Kind eine Reihe von inneren Kontrollmöglichkeiten zu lehren, die ihm Verhaltensmuster verfügbar machen, die von der Gesellschaft anerkannt werden und zu seinem eigenen Wohl und Fortschritt beitragen.

Wenn der Lehrer merkt, daß er einen Lernschritt mehr als einmal erklären muß oder auf eine frühere Unterrichtseinheit zurückgreifen und sie neu erklären muß, dann sollte er unterscheiden, ob die mehrfache Erklärung deshalb nötig ist, weil Schüler unaufmerksam sind (und dadurch zusätzliche Bedienung vom Lehrer fordern), oder ob tatsächlich eine Unfähigkeit vorliegt, einen neuen Lernschritt bei der ersten Erklärung zu verstehen. Diese Differenzierung wird ihm die Planung weiteren Trainings in Disziplin erleichtern. In Gruppengesprächen im Klassenrat oder im Einzelgespräch mit dem Kind sollte über die negative Einstellung des Kindes und seine Forderung nach zusätzlicher Aufmerksamkeit gesprochen werden. Ständiges Nörgeln und Ermahnen werden das Kind nicht bessern, denn es betrachtet dieses als Kritik und Demütigung. Es ist Aufgabe des Lehrers, Kinder so zu fördern und zu leiten, daß sie Verantwortungsgefühl und Rücksichtnahme für andere entwickeln.

Wenn Kooperation stattfinden soll, muß das erzieherische Umfeld positiv, akzeptierend und nicht bedrohlich sein. Der Lehrer muß bedenken, daß die Richtung, die die Entwicklung eines Kindes nimmt, davon abhängt, ob es als Erziehungsobjekt behandelt wird oder ob es verantwortlich in den Erziehungsprozeß einbezogen wird. Die förderliche Klassenatmosphäre verlangt nach der gemeinsamen Planung von Lehrer und Schülern. Die Kinder werden sich der Unterrichtsaufgabe mit einer ganz anderen Haltung zuwenden, wenn sie bei der Planung beteiligt waren. Sie fühlen sich persönlich engagiert und verantwortlich für Erfolg oder Mißerfolg des Unternehmens. Der Lehrer muß nur bereit sein, bei der Entwicklung von Projekten die Verantwortung mit der Klasse zu teilen und bei der Ausführung Unterstützung und Anerkennung zu geben.

In so einer Atmosphäre werden die Kinder die Notwendigkeit von Einschränkungen, die ihnen und dem Lehrer von der Schulbehörde auferlegt werden, erkennen und akzeptieren lernen. Da die jungen Menschen in einer Gemeinschaft aufwachsen, müssen sie viele ihrer persönlichen Wünsche und Impulse zugunsten der im Gruppenleben notwendigen Regelungen einschränken. Jede Schule hat Regeln und Verordnungen, die befolgt werden müssen, und die Kinder werden eher bereit sein, sie zu beachten, wenn sie mit ihnen besprochen werden und sie sie verstehen. Manchmal muß der Lehrer auch Entscheidungen treffen, ohne die Schüler beteiligen zu können. Das werden die Kinder verstehen, wenn sie aus Erfahrung wissen, daß sie, wo immer möglich, beteiligt werden.

Ein Disziplintraining findet jedesmal dann statt, wenn der Lehrer die Kinder dazu anleitet, daß sie z. B. eine zugewiesene Aufgabe in der vorgesehenen Zeit beenden, um Erlaubnis bitten, wenn sie etwas von einem anderen benutzen wollen, oder daß sie erkennen, daß es zur Verantwortung eines Kindes gehört, rechtzeitig morgens für die Schule fertig zu sein. Disziplin in diesem Sinne heißt, dem Kind beizubringen, daß es im Leben bestimmte Regeln für das Zusammenleben von Menschen gibt und daß von ihm erwartet wird, daß es mit diesen Regeln vertraut wird und sie für sich selbst akzeptiert. Das Ziel, das man beim täglichen Unterricht im Auge behalten sollte, heißt Fortschritt auf dem Weg zur Selbstdisziplin.

Das folgende Beispiel zeigt, wie ein Kind aktiv auf dieses Ziel hinarbeitete.

Martin, ein zehnjähriger Junge, war kooperativ und lernwillig, daß es eine reine Freude war. Sein Problem war jedoch, daß er ständig in die Klasse rief, ohne sich zu melden. Die Lehrerin ertappte sich dabei, daß sie ihm immer antwortete, obwohl sie ihn ja nicht drangenommen hatte. Sie sagte zu Martin, daß er die Sache selbst in die Hand nehmen müsse, da sie nicht in der Lage sei, ihm zu helfen. Sie fragte: „Was schlägst du vor?" Er meinte: „Jedesmal, wenn ich in die Klasse rufe, werde ich für zwei Minuten in den Nebenraum gehen und später nachholen, was ich versäumt habe." Lehrer und Schüler einigten sich auf dieses Vorgehen, und innerhalb einer Woche schaffte Martin es, nicht mehr in die Klasse zu rufen.

Manche Lehrer werden sagen, daß es sinnlos ist, mit Kindern solche Fragen zu diskutieren. „Kinder sollen gehorchen, ohne lange zu fragen" oder „Sie lernen nur nutzloses Diskutieren" lauten die Einwände. Wir wollen jedoch, daß aus unseren Kindern eigenverantwortliche, denkende Erwachsene werden. Der Weg, Lösungen für Probleme im Gespräch und der Diskussion zu finden, lehrt sie nicht nur Fairneß, sondern auch bei verschiedenen Fragen und Situationen die Alternativen zu erwägen.

Lehrer, die von der Grundannahme ausgehen, daß Kinder vertrauenswürdig sind, sind eher in der Lage, sie zu lehren, sich zuverlässig und verantwortlich zu verhalten. Wenn Regeln beachtet werden müssen, sollte das Kind angeregt werden, aus eigener Entscheidung sich danach zu richten. Wenn die Kinder mit dem Lehrer darin übereinstimmen, was sie als wünschenswertes Verhalten ansehen und was unangebracht ist, und wenn die Reaktionen des Lehrers danach folgerichtig sind, werden sie den Lehrer für gerecht halten. Kinder reagieren positiv auf diejenigen, die freundlich, aber entschlossen, fair und konsequent Disziplin und Ordnung aufrechterhalten.

Die Regeln für das Verhalten im Klassenzimmer, die gemeinsam aufgestellt worden sind, geben den Kindern nicht nur Gelegenheit, ihr Verständnis für einige Regeln unserer Gesellschaft zu erweitern, sondern tragen auch dazu bei, diese zu respektieren und ihnen Folge zu leisten.

Einer der besten Wege sicherzustellen, daß die Klasse kooperativ arbeitet, ist, den Schülern zu helfen, gegenseitige Interessen und Anliegen zu entdecken und zu teilen. Sich miteinander vertraut machen während der ersten Schultage trägt dazu bei zu verhindern, daß Feindschaften entstehen und bringt die Klasse enger zusammen. Wenn ein Kind weiß, daß seine Klassenkameraden Freunde sind, die um seiner selbst willen an ihm interessiert sind, dann braucht es sich nicht aufzuspielen oder zu prahlen, um Aufmerksamkeit zu erringen. Kinder haben einen weitreichenden Einfluß aufeinander, und die Anerkennung oder das Mißfallen der Mitschüler kann eine Hauptrolle dabei spielen, ein Kind zu positivem Verhalten zu veranlassen. Der Lehrer, der sich auf Kooperation innerhalb seiner Klasse verlassen kann, hat seine Schüler zu „Bundesgenossen", wenn einzelne Fälle von störendem Verhalten auftreten. Nicht selten üben die Kinder selbst die Kontrolle aus, ohne Eingreifen des Lehrers, wie in folgendem Fall.

Rolf kam nach einigen Monaten wieder in die Klasse. (Er war mit seinen Eltern im Ausland gewesen.) Er saß auf seinem Platz, summte vor sich hin und starrte aus dem Fenster. Dennis lehnte sich zu ihm hinüber und sagte: „Wir arbeiten in diesem Raum und machen keinen Lärm, weil uns der stört." Rolf schaute ihn verwundert an, hörte auf zu summen und begann zu arbeiten.

In vielen Kapiteln dieses Buches beschäftigen wir uns mit der Frage, wie man Disziplinprobleme verhindern kann, stellen wir Möglichkeiten vor, Verständnis für das Kind hinsichtlich seiner Ziele, seines Bedürfnisses nach Anerkennung in der Gruppe, seiner Reaktion auf Ermutigung und auf natürliche und logische Folgen im Vergleich zu Strafe zu entwickeln. Doch trotz sorgfältiger Planung kann es vorkommen, daß wir bei einigen Kindern auf Verhaltensschwierigkeiten stoßen.

Hier sind einige Grundsätze, die die individuelle Entwicklung von Disziplin und Verantwortung fördern.

1. Die Struktur des Unterrichts sollte dem Kind Raum lassen, sich zu entwickeln. Es braucht Zeit, Fehler zu korrigieren, nachzudenken und zu verstehen. Das bedeutet, daß die Kinder in ihrem eigenen Tempo lernen dürfen.
2. Die Lernatmosphäre sollte positiv, akzeptierend und nicht bedrohlich sein.
3. Kinder sollten feststellen, daß mit ihren Erfahrungen Spontaneität und Begeisterung verbunden sind.
4. Kinder brauchen Grenzen, die ihnen helfen, ihre eigenen Fähigkeiten zu entwickeln und ihre Impulse zu zügeln; aber sie brauchen auch Freiheit, um zu erforschen und zu entdecken und ihre Initiative und Phantasie zu gebrauchen.
5. Kinder und Lehrer sollten gemeinsam planen.
6. Das Kind braucht Hilfe, um Interesse und Bewußtsein für alle Menschen zu entwickeln.
7. Kinder müssen lernen, daß es bestimmte Regeln gibt, die weder von ihnen noch vom Lehrer geändert werden können.
8. Kinder müssen die Verantwortung und die Konsequenzen für ihr eigenes Verhalten tragen.

Wenn Kinder selbständige, eigenverantwortliche Erwachsene werden sollen, müssen sie Unabhängigkeit gewinnen. Diese erlangen sie, wenn sie ermutigt sind, ihre eigenen Lösungen zu finden, kreative Ideen und unabhängige Ansichten zu haben und übertragene Aufgaben auszuführen. Auf diese Weise läßt sich Selbstbestimmung mit den Bedürfnissen des Einzelnen und denen der Situation vereinbaren.

Kinder und Lehrer sollten als Ergebnis ihrer positiven freiwilligen Kooperation zu innerer Freiheit kommen. Diese Freiheit erlaubt es ihnen, für ihre Entscheidungen und ihr Verhalten verantwortlich zu sein, zu sagen, was sie denken, voreinander Achtung und Vertrauen zueinander zu haben, genau zu untersuchen und Entscheidungen zu treffen, die sich vom Muster traditioneller Schulen abheben. Immer müssen folgende Punkte berücksichtigt werden:

1. Verantwortung für das eigene Handeln
2. Achtung vor sich selbst und seiner Arbeit

3. Achtung vor anderen und ihrer Arbeit
4. Toleranz für das Verhalten anderer
5. Verantwortung dafür, das Verhalten anderer zu beeinflussen
6. Verständnis dafür, was um einen herum vorgeht
7. Entwicklung eines „Wir"-Gefühls.

Was kann ein Lehrer tun, um in seiner Klasse die Disziplin und Ordnung zu haben, die ihn und seine Schüler zufriedenstellen? Ist beides gleichzeitig möglich? Es ist möglich, wenn Disziplin und Ordnung als kooperatives Gemeinschaftsunternehmen, das Verständnis von beiden Seiten und Teamgeist erfordert, angesehen werden. Um dieses Ergebnis zu erreichen, muß der Lehrer sehr genau wissen, was er in einer gegebenen Situation zu tun hat und was er nicht tun darf. Zuerst wollen wir einiges nennen, was Disziplin und Ordnung nicht förderlich ist:

1. Betont autoritäres Verhalten ruft eher Trotz und Widerstand gegen Disziplin hervor, als daß es sie unterdrückt. Der Lehrer sollte nicht um sein Prestige besorgt sein.
2. Kritisieren und Schimpfen bestärken das Kind in seiner falsch gewählten Annahme, wie es Aufmerksamkeit erlangen kann.
3. Von einem Kind ein Versprechen fordern ist vergeudete Zeit. Die meisten Kinder werden versprechen, sich zu ändern, nur um einer unangenehmen Situation zu entkommen.
4. Belohnung für gutes Verhalten führt meist nicht zu anhaltendem Erfolg. Das Kind könnte sich nur der Belohnung wegen anstrengen und mit seinen Bemühungen sofort aufhören, sobald es sein Ziel, die Belohnung, erreicht hat. Darüber hinaus könnte es in seiner Annahme bestärkt werden, daß ihm jedesmal eine Belohnung zusteht, wenn es sich ordentlich benommen oder einen Beitrag geleistet hat.
5. Ständig etwas an einem Kind auszusetzen haben, verletzt dessen Selbstwertgefühl und entmutigt es. Mit entmutigten Kindern gibt es meist Schwierigkeiten.
6. „Doppelte Moral" – eine für Lehrer, eine andere für Schüler – ist zu vermeiden. In einer demokratischen Atmosphäre muß jeder die gleichen Rechte und Pflichten haben. Das gilt z.B. für Bonbons lutschen, Kaugummi kauen, fluchen, Unpünktlichkeit, unnötige Besuche, Unterhaltung

mit Kollegen in der Klasse, während die Kinder arbeiten, Arbeiten durchsehen oder jede andere Art von Beschäftigung, die den Lehrer davon abhält, das Kind anzusehen, wenn es mit ihm spricht.

7. Drohungen sind keine wirksame Methode zur Disziplinierung. Obwohl manche Kinder eingeschüchtert werden und sich für den Augenblick fügen, hat das keinen bleibenden Wert, weil durch Drohungen ihre Grundeinstellungen nicht geändert werden können.

8. Nachtragend sein führt nur zu Unwillen und unfreundlichen Gefühlen.

Nun wollen wir einige konstruktive Möglichkeiten vorstellen, die der Lehrer anwenden kann, wenn er Disziplin erreichen will.

1. Störendes Verhalten hängt in der Regel eng mit der falschen Einschätzung des Kindes zusammen, die es bezüglich seiner sozialen Stellung hat, und der Vorstellung davon, wie es sich verhalten muß, um in der Klassengemeinschaft einen Platz zu finden. Deshalb sollte es die erste Sorge des Lehrers sein, den Zweck des kindlichen Verhaltens zu verstehen (s. Kapitel 1.3). Nur dann wird er in der Lage sein, wirkungsvoller für ein solches Kind zu planen.

2. Die Schüler brauchen eindeutige Handlungsanweisungen. Der Lehrer sollte warten, bis er die Aufmerksamkeit aller Kinder hat, ehe er Anweisungen gibt.

3. Der Lehrer sollte mehr an dem zukünftigen Verhalten des Kindes interessiert sein als an dem vergangenen. Das Kind sollte nicht ständig daran erinnert werden, wie es bisher war oder was es getan hat.

4. Sobald ein Kind stört und dadurch die gesamte Klassenatmosphäre zu beeinträchtigen droht, soll der Lehrer ihm die Wahl lassen, entweder mit dem Stören aufzuhören oder, wenn möglich, die Klasse zu verlassen oder sich an einen Einzelplatz hinten im Klassenraum zu setzen.

5. Positives beim Kind ist zu verstärken, Negatives sollte eher bagatellisiert werden. Jedes Kind hat gute Seiten, wenn man aber nur auf schulischen Erfolg achtet, sieht man sie womöglich nie.

6. Der Lehrer sollte mit dem Kind eine Beziehung herstellen, die auf Vertrauen und gegenseitige Achtung gründet.

7. Probleme mit einem Kind sollten dann besprochen werden, wenn keiner der Beteiligten emotionell belastet ist, am besten in einem regulären Klassenrat.

8. Natürliche und logische Folgen sollten an die Stelle der traditionellen Strafe treten. Die Folgen müssen in einer direkten Beziehung zu dem Fehlverhalten stehen und für das Kind einsichtig sein.

9. Konsequenz in Entscheidungen ist wichtig. Eine Entscheidung darf nicht willkürlich abgeändert werden, nur weil es im Augenblick besser paßt. Unbeständigkeit verwirrt das Kind; es kann nicht lernen, was in einem bestimmten Zusammenhang von ihm erwartet wird.

10. Verhalten soll in angemessener Weise betrachtet werden. Auf diese Weise vermeidet der Lehrer, eine ernste Sache aus einem belanglosen Vorfall zu machen.

11. Der Lehrer sollte kooperatives Planen einführen, damit zukünftige Ziele gemeinsam festgesetzt und Probleme gemeinsam gelöst werden können.

12. Kinder sollten mehr Verantwortung für ihr eigenes Verhalten und Lernen übernehmen. Sie können das nur lernen, wenn der Lehrer es ermöglicht. Lehrer, die Angst haben, den Raum zu verlassen, weil dies und das geschehen könnte, nehmen den Kindern die Möglichkeit, Verantwortung zu übernehmen. Verantwortung wird gelehrt, indem sie übertragen wird. Es ist zuerst mit Unruhe zu rechnen. Ein solches Training nimmt Zeit in Anspruch.

13. Die Klassengemeinschaft sollte miteinbezogen werden, um Mißfallen auszudrücken, wenn ein Kind sich unsozial verhält.

14. Jedes Kind ist sozial gleichwertig und muß danach behandelt werden.

15. Freundlichkeit ist mit Festigkeit zu verbinden. Das Kind muß immer spüren, daß der Lehrer sein Freund ist, aber daß er bestimmte Arten von Verhalten nicht akzeptiert.

16. Es muß immer zwischen Tat und Täter unterschieden werden. Das läßt Achtung vor dem Kind zu, auch wenn es etwas Falsches getan hat.

17. Jedes Kind sollte dazu angeleitet werden, unabhängig zu werden und über sich selbst bestimmen zu können.

18. Der Lehrer sollte von Anfang an Grenzen setzen, in denen er auf gegenseitiges Verständnis, auf Verantwortungsgefühl und Rücksichtnahme auf andere hinarbeitet.

19. Der Lehrer sollte eigene Fehler zugeben – die Kinder werden solche Aufrichtigkeit achten. Nichts ist so kläglich wie ein autoritärer Lehrer, der offensichtlich Fehler gemacht hat und diese nicht eingestehen will.
20. Der Lehrer sollte klar sagen, was er will, seine Forderungen einfach halten und darauf achten, daß sie ausgeführt werden.
21. Kinder erwarten vom Lehrer Hilfe und Führung. Er sollte diese geben, aber Kooperation und schließlich Selbstkontrolle der Kinder als Ziel im Auge behalten.
22. Das Fernziel sollte für den Lehrer sein, den Kindern zu ermöglichen, unabhängige, verantwortungsbewußte Erwachsene zu werden.
23. Ein unliebsamer Vorfall sollte rasch abgeschlossen und ein gutes Arbeitsklima wieder hergestellt werden. Kinder sollen wissen, daß Fehler berichtigt und dann vergessen werden können.
24. Der Lehrer sollte es erwähnen, wenn ein Kind sein Verhalten in einer bestimmten Situation verbessert hat.
25. Der Lehrer sollte mit den Kindern gemeinsam erarbeiten, was bei Verstößen gegen die Regeln geschehen soll.
26. Für Lehrer und Schüler gilt der Satz: Behandele andere so, wie du von ihnen behandelt werden möchtest.

Als Lehrer müssen wir Freundlichkeit, aber auch Festigkeit zeigen, damit die Schüler wissen, was sie von uns zu erwarten haben. Wenn die Schüler verstehen, was von ihnen erwartet wird, wenn sie als gleichwertige Partner anerkannt und geachtet werden, wenn Lehrer sich nicht durch Schüler bedroht fühlen, dann und nur dann sind sie bereit, sich gemeinsam dem Lernen zuzuwenden.

2.3 Das Kind gewinnen

Die Art und Weise, wie man ein Kind gewinnen kann, erfordert ein beträchtliches Maß an Überlegung und Einfühlung. Es gibt keinen Kurzlehrgang und keine Rezepte dafür. Zu viel hängt von der Persönlichkeit des einzelnen Lehrers ab, von Nichtgreifbarem, von feinen Nuancen in der Ausdrucksweise, von emotionaler Dynamik und von Werten, die der einzelne für wichtig und richtig hält. Jeder muß seinen eigenen persönlichen Weg finden. Aufrichtigkeit ist sicher die grundlegende Voraussetzung dafür, ein Kind zu gewinnen. Kinder sind gute Beobachter, sie erkennen, wer aufrichtig ist und wer nicht. Wenn jemand versucht, eine Fassade zu errichten, werden die meisten Kinder das merken und es übelnehmen oder sich darüber lustig machen.

Warmherzigkeit, Güte und Freundlichkeit sind sehr wichtig, aber diese Eigenschaften können nicht erlernt werden. Sie müssen aus dem Innern kommen. Dazu gehört auch ein fester Glaube an den anderen Menschen und Verständnis für ihn. Auf dieser Basis kann eine geeignete Beziehung mit gegenseitiger Achtung, einem Gefühl für Gleichwertigkeit trotz aller Unterschiede in Wissensstand, Macht und Stellung entstehen. Jede Handlung, die eine Geringschätzung des Kindes erkennen läßt, stört diese Beziehung außerordentlich. Der Lehrer, der wahre Achtung vor dem Kind hat und seine Würde beachtet, kann es veranlassen, die Ordnung und Regeln anzunehmen, die für soziales Zusammenleben notwendig sind.

Der erste Kontakt, den der Lehrer mit seinen Schülern hat, ist sehr wichtig; denn er ist die Grundlage für ihre zukünftige Beziehung. Es kann dem Lehrer gelingen, einen Schüler sofort zu gewinnen oder wenigstens in den ersten Tagen. Manchmal kommt es auch vor, daß er bei der ersten Begegnung sich einen Schüler zum Gegner macht, ohne es zu bemerken. Dann dauert es Wochen oder gar Monate, bis eine tragfähige Beziehung aufgebaut ist.

Wenn der Lehrer einiges über das Kind weiß, kann er die erste Begegnung persönlicher machen. Er kann bei der Begrüßung sagen:

„Ich erinnere mich an dich. Ich habe dich auf dem Schulhof gesehen und beobachtet, wie du mit anderen Kindern Ball gespielt hast."

„Ich habe gehört, daß dein Hund weggelaufen ist. Ist er inzwischen wieder da?"

„Ich heiße Robert Holz und werde bei euch Physik unterrichten. Darf ich deinen Namen wissen?"

„Ich kenne dich, du bist Maria Berg, die für unsere Schulzeitung schreibt. Ich habe deine Artikel gelesen und freue mich, dich in meiner Klasse zu haben."

Leichte, freundliche, aber ehrliche Worte, die Interesse am Kind zeigen, geben dem Schüler das Gefühl, daß er willkommen ist.

Um das ganze Vertrauen eines Kindes zu gewinnen und zu behalten, muß der Lehrer sich ständig intensiv Gedanken darüber machen. Das Kind beurteilt meist bei der ersten Begegnung seinen neuen Lehrer und bildet sich aufgrund des ersten Eindrucks eine Meinung. Wenn diese negativ ist, kann es Monate dauern, bis es dem Lehrer gelingt, das Kind zu einer Revision zu veranlassen und eine gute Beziehung aufzubauen. Wenn andererseits die erste Begegnung günstig verläuft, hat der Lehrer „den Fuß in der Tür". Seine Chancen für weitere Erfolge sind viel größer, und die Chancen des Kindes, etwas zu lernen, haben zugenommen.

Es erfordert viele Überlegungen, wenn man ein Kind gewinnen will: das Alter des Kindes, die allgemeine Klassenatmosphäre, frühere direkte oder indirekte Begegnungen des Lehrers mit dem Kind, die Zeit, die er dem Kind während des ersten Schultages widmen kann, jegliches Wissen, das er bezüglich der Einstellung des Kindes zur Schule hat – um nur ein paar zu nennen. Allgemein gesehen gibt es jedoch keine bestimmte Technik, ein Kind zu gewinnen. Jeder Lehrer muß seinen eigenen Weg finden. Was für einen Lehrer oder ein Kind richtig ist, kann bei einem anderen unwirksam sein. Ob es gelingt, ein Kind zu gewinnen, hängt nicht allein von Worten ab, sondern ebenso vom Tonfall, vom Gesichtsausdruck, von der physischen Nähe des Lehrers, von der Wahl des richtigen Zeitpunktes, von anderen, die in der Klasse anwesend sind und von seiner Persönlichkeit.

Der erste Schultag

Der erste Schultag kann für den neuen Lehrer genauso mit Ängsten verbunden sein wie für die Schüler. Lehrer und Kinder brauchen Zeit, sich an die neue Situation zu gewöhnen, und eine der wichtigsten ersten Aufgaben ist für den Lehrer, den Kindern dabei zu helfen, eine zufriedenstellende zwischenmenschliche Beziehung mit den anderen und auch mit ihm herzustellen.

Da der Lehrer seine Schüler und ihre augenblicklichen Interessen noch nicht kennt, ist es eine Hilfe, wenn er einige Aktivitäten, die interessant, aber nicht zu schwierig sind, für die ersten Stunden vorbereitet. Es könnte den Schülern erlaubt werden, sich erst einmal im Klassenzimmer umzusehen, die

Bücher im Regal und Arbeitsmaterialien anzuschauen. Der Lehrer könnte sich dabei zwanglos mit einigen Kindern unterhalten und Fragen beantworten. Wenn alle sich dann an einen Platz gesetzt haben, kann der Unterricht beginnen. Zu keiner Zeit sollte der Lehrer die Kontrolle über das, was im Raum geschieht, verlieren; denn das könnte für einige Schüler „grünes Licht" bedeuten, das ihnen erlaubt zu stören und zu tun, was sie wollen. Die ersten Stunden sollten auch dazu genutzt werden, einen gewissen Tagesablauf festzulegen. In dem Maße, wie die Kinder mit dem Lehrer planen, lernen sie, Verantwortung für ihr eigenes Verhalten zu übernehmen; der Lehrer kann sich entlastet fühlen und sich über seine Schüler freuen.

Manche Lehrer glauben, daß sie Schwierigkeiten vermeiden können, wenn sie einem Problemkind sagen, daß sie wissen, welchen Ärger es in der Vergangenheit bereitet hat, und daß es sich jetzt in acht nehmen soll. Damit wird der Lehrer meist nur Widerstand und Trotz beim Kind hervorrufen. Wenn es sich gedemütigt fühlt, kann es entschlossen sein, ihn zu besiegen. Das wird vor allem dann eintreten, wenn das Kind aus seinem unsozialen Verhalten seinen Status in der Klasse bezieht. Mit der Warnung an das Kind fordert er es heraus, wie das Erlebnis einer Lehrerin zeigt:

Zu Beginn meines dritten Jahres als Lehrerin dachte ich, daß ich mir eine Menge Schwierigkeiten ersparen könnte, wenn ich den Stier bei den Hörnern packte. So sagte ich Anton, daß es in meiner Klasse kein Affentheater gäbe und daß er gut daran täte, sich vorzusehen. Wie sich herausstellte, hatte ich mich nicht vorgesehen; denn einige Minuten später stellte er mir ein Bein, als ich an seinem Platz vorbeiging, und ich fiel hin. Die ganze Klasse lachte. Ich schickte Anton zum Schulleiter, und der ließ die Eltern kommen. So hatte ich mir gleich am ersten Schultag Anton, seine Eltern und den Schulleiter zu Gegnern gemacht.

Der Lehrer sollte nicht entmutigt sein, wenn es ihm nicht gelingt, alle Kinder in den ersten Tagen zu gewinnen. Kinder, die bereits unangenehme Erfahrungen mit Erwachsenen hatten, werden sehr mißtrauisch sein. Das sind die Kinder, die in der Regel in der ganzen Schule wegen ihres unerwünschten Verhaltens bekannt sind. Wenn ein Lehrer ein solches Kind in seine Klasse bekommt, kann er sich zusammennehmen und seine Ablehnung in positive Handlung umsetzen. Dazu das folgende Beispiel:

Ich wußte seit zweieinhalb Monaten, daß ich im nächsten Jahr Lars in meine Klasse bekommen würde. Ich dachte daran, krank zu werden, wegzuziehen oder gar den Beruf zu wechseln. Dann dachte ich an Lars. Wie fühlte er sich? Er mußte wirklich unglücklich sein, um sich das Leben so schwer zu machen. Wie konnte ich ihm helfen, so daß wir beide überleben konnten und vielleicht sogar ein bißchen Freude zusammen erleben konnten? Ich stellte einen Plan auf:
1. Stelle sicher, daß er einige Erfolge erzielt.
2. Laß ihn wissen, daß du ihn magst durch Handlungen, Haltung und Worte.
3. Gib ihm eine verantwortungsvolle Aufgabe in sachlich nüchterner Weise.
4. Erwarte etwas von Lars und dir selbst.
5. Sorge für wöchentliche Gespräche mit Lars.
Lars und ich lernten beide langsam, Schritt für Schritt, gemeinsam auf unseren Erfolg zu bauen. Es war eine schwierige, aber lohnende Aufgabe.

Eine gute Beziehung zwischen Lehrer und Schüler erfordert gegenseitige Achtung und Vertrauen. Kinder, deren Würde man beachtet und die man mit Freundlichkeit behandelt, nicht nur ab und zu, sondern immer, reagieren früher oder später darauf und akzeptieren Ordnung und Kooperation, die für soziales Leben notwendig sind.

Jugendliche zu gewinnen ist manchmal schwieriger als jüngere Kinder, weil ihre Denkweisen und Anschauungen schon gefestigter sind. Außerdem sind sie weit mehr als jüngere Kinder von der Meinung und Akzeptanz ihrer Altersgenossen abhängig. Wenn ein Jugendlicher sich den Ruf erworben hat, ein Rowdy zu sein und keine Angst vor Lehrern zu haben, dann kann er sich in seinem Ansehen bedroht fühlen, wenn er sich auf einen freundlichen Lehrer einlassen würde, ganz gleich, wie gern er es tun würde. Er wird den Lehrer schon beim ersten Zusammentreffen provozieren, um die Gruppe durch seine unnachgiebige Haltung und seinen Mut zu beeindrucken. Der verständnisvolle Lehrer wird diesen Schüler nicht „in seine Schranken" weisen oder großes Aufheben von der Situation machen, sondern mit wenigen Sätzen die Lage entspannen.

„Ich denke, du hast deinen Auftritt gehabt, Rainer. Die Klasse ist beeindruckt, und ich bin es auch. Du hast viel Mut."

„Versuchst du, mich zu schockieren, Rainer? Ich bin von deinem Mut beeindruckt. Was erwartest du jetzt von mir?"

Kinder und Jugendliche akzeptieren die größeren Erfahrungen und Kenntnisse des Erwachsenen, vorausgesetzt, dieser stellt seine Überlegenheit nicht zur Schau oder beansprucht besondere Privilegien für sich, die ihnen versagt sind. Ein Lehrer, der sich Sonderrechte herausnimmt, hat wenig Chancen, das Vertrauen der Kinder und ihre Achtung zu gewinnen.

Trotz aller Aufmerksamkeit, die der Lehrer darauf verwendet, eine gute Beziehung in der Klasse herzustellen, kann es zu Mißverständnissen und Rückschlägen kommen. Er sollte sich davon nicht entmutigen lassen. Das folgende Beispiel zeigt, wie leicht es zu einer Verschlechterung in einer Beziehung kommen kann.

Mitzi war sehr schüchtern, als sie in meine Klasse kam. Es dauerte Monate, bis ich ihr Vertrauen gewonnen hatte, und dann zerstörte ich alles mit einem Satz. Eines Tages fragte sie mich, warum ich nie etwas Braunes trüge. Ich antwortete, daß Braun nicht „meine Farbe" sei, und wollte damit sagen, daß Braun mir nicht steht. Mitzi verstand es aber so, daß ich Braun nicht leiden könne. Als dies geschah, hatte sie ein neues braunes Kleid an, was ich nicht bemerkt hatte. Mitzi weinte bitterlich und stieß mich beiseite, als ich sie trösten wollte. Es dauerte Wochen, bis ich wieder Zugang zu ihr fand.

Es reicht nicht aus, nur gelegentlich Interesse an einem Kind zu zeigen. Die Bedürfnisse der Kinder sind ständig vorhanden, und der Lehrer muß sich ihrer bewußt sein. Wenn die Lehrerin im letzten Beispiel Mitzis neues braunes Kleid bemerkt hätte, hätte sie nicht ihre Anstrengungen erneuern und so viel Zeit darauf verwenden müssen, Mitzi wieder zu gewinnen.

2.4 Ermutigung

Der Ermutigungsprozeß steht bei der Entwicklung der kindlichen Lernfähigkeit und beim Lernprozeß an erster Stelle. Alle Kinder brauchen Anerkennung und suchen Beifall unabhängig von der Stellung, die sie in der Gruppe einnehmen. Mangel an Anerkennung entmutigt leicht sogar sehr begabte Kinder, und sie ziehen sich von der Mitarbeit zurück.

Wenn der Lehrer Versagen erwartet und überzeugt ist, daß das Kind zum Lernen überredet werden muß oder sogar Strafen nötig sind, werden sich diese Erwartungen meist erfüllen, und er findet sich in seinem ersten Urteil bestätigt.

Wenn andererseits das Kind dazu angeleitet worden ist, Mut zu haben und Chancen, selbst auf die Gefahr des Versagens hin, zu nutzen, wird es wahrscheinlich besser zurechtkommen als es selbst erwartet. Für ein entmutigtes Kind ist selbst der kleinste Beweis eines Erfolgs ein großer Ansporn, denn es hat vielleicht noch niemals Erfolg gehabt und ist überzeugt, daß es nie einen haben werde. Der kleinste Erfolg ist eine große Hilfe für den Lehrer und die Gruppe, denn er ist die Grundlage, auf der die Anerkennung gründet, ohne daß ein Gefühl des Unechten aufkommt.

Lehrer, die dies nicht verstehen, neigen dazu, Kinder durch Worte und Gesten zu entmutigen, von denen sie meinen, sie seien ermutigend.

„Jedes Kind, daß sich schlecht benimmt oder nicht gern arbeitet, ist ein entmutigtes Kind. Solange es Vertrauen in seine Fähigkeiten hat, nutzt es konstruktive Mittel, um zu Hause oder in der Schule seinen Platz zu finden. Es greift nur zu negativen Mitteln, wenn es sich in seinen Bemühungen zurückgewiesen fühlt. Der Wahl falscher Mittel liegt Entmutigung zugrunde. Jedes Kind möchte gut sein und ist nur dann ,schlecht', wenn es keinen Erfolg bei seinem Bemühen, gut zu sein, sieht. Eltern und Lehrer merken nicht, wie sie unwissentlich ständig Kinder entmutigen. Sie glauben ernsthaft, daß sie ein Kind zu besserer Leistung anspornen können, wenn sie es demütigen, blamieren und bestrafen, wenn es ungehorsam war oder eine Arbeit nicht den Erwartungen der Erwachsenen gemäß ausgeführt hat. Sie sehen nicht, daß Kritisieren und Demütigen nicht das Selbstvertrauen und den Mut des Kindes stärken, obwohl diese zwei Faktoren die Basis für soziales Einfügen und Lernfortschritt bilden. Sie allein geben ein Gefühl der Sicherheit.

Viele Lehrer haben Kinder in ihren Klassen, die schon im Elternhaus entmutigt worden sind. Wenn der Lehrer von solch einem Kind provoziert wird, reagiert er oft mit den gleichen entmutigenden Methoden wie die Eltern. Es gehört viel Verständnis und Geduld dazu, den unbewußten Verhaltensmustern des Kindes zu widerstehen.

Der Lehrer spielt im Leben des Kindes eine wichtige Rolle. Er ist oft neben den Eltern derjenige, der als erster einen bewußten erzieherischen Einfluß auf das Kind ausübt und Arbeit, Pflicht und Verantwortung dem Kind nahebringt. Wenn sein Einfluß entmutigend ist, kann er das Kind ständig in seinen sozialen Beziehungen und anderen Gebieten, in denen es sich bemüht, behindern. Viele Leute leiden unter einem unnötigen Mangel, der aufgrund ihrer ersten Schulerfahrungen entstanden ist, weil ihre Lehrer von ihrer Unfähigkeit auf gewissen Gebieten überzeugt waren.

Viele Menschen behalten ihr Leben lang eine starke Abneigung gegen jede Art von Unterricht wegen der entmutigenden Erfahrungen ihrer ersten Schuljahre. Zweifellos hatten ihre Lehrer die besten Absichten, den Schülern Wissen zu vermitteln und ihre intellektuellen Fähigkeiten zu entwickeln, aber sie gingen von falschen Voraussetzungen aus.

Für jeden Lehrer, der konstruktiven Einfluß auf seine Schüler ausüben will, ist es unverzichtbar, sich der Wichtigkeit der Ermutigung bewußt zu sein und sich ein Wissen über die Methoden zur Durchführung anzueignen. Leider haben Lehrer falsche Vorstellungen davon, wie sie Kinder ermutigen können" (Dreikurs 1951).

Ein Lehrer, der nicht weiß, wie er auf ein Kind einwirken soll, neigt dazu, das Kind für seine eigene Erfolglosigkeit verantwortlich zu machen. Selbst wenn er versucht, eine ermutigende Haltung einzunehmen, tut er das in entmutigender Weise. Es soll ermutigend sein, wenn er einem Kind sagt, daß es viel mehr leisten könnte und so ein nettes Kind sein könnte, wenn es es nur versuchen würde. In Wirklichkeit werden solche Sätze ein Kind, das sich bereits bemüht hat, entmutigen, denn es könnte denken, daß der Lehrer seine Anstrengungen gar nicht bemerkt hat und den Schluß ziehen „Warum soll ich mich also anstrengen?" und alles aufgeben. Die Worte des Lehrers sagen dem Kind: „So wie du bist, bist du nicht gut". Das faßt das Kind als Anklage auf und wird ärgerlich oder fühlt sich verletzt.

Was ist Ermutigung?

Ermutigung ist ein komplexer Vorgang; seine Entwicklung hängt von vielen Umständen ab, die ständig wechseln. Deshalb ist eine präzise Definition unmöglich. Die treffendste Erläuterung ist, daß Ermutigung eine Handlung und eine Haltung ist, die dem Kind vermittelt, daß der Erwachsene es achtet, ihm vertraut, an es glaubt und überzeugt ist, daß sein gegenwärtiger Mangel an Fertigkeiten in keiner Weise seinen Wert als Person beeinträchtigt.

Ein wirkungsvoller Ermutigungsprozeß fordert ständige Wachsamkeit für den richtigen Augenblick, für Tonfall und Wortwahl. Gelegenheiten zur Ermutigung gibt es auf vielen Gebieten, wo Schüler sich bemühen – ganz gleich, ob die Anstrengungen erfolgreich sind oder nicht. Der ernsthafte Versuch muß anerkannt werden, auch wenn er zu keinem sichtbaren Erfolg führt. Ein Lehrer könnte sagen: „Du warst heute morgen beim Rechtschreiben sehr fleißig. Ich habe dich beobachtet und bin froh, deine Zielstrebigkeit gesehn zu haben." Oder er könnte sagen: „Möchtest du eine kleine Pause machen? Du hast so fleißig gearbeitet, daß du sie verdient hast." Anerkennung sollte nie übertrieben werden. Ein paar Worte reichen aus.

Ein Lehrer kann ein Kind auch ohne Worte ermutigen. Zum Beispiel wird die Arbeit eines Kindes sofort durchgesehen, sobald es die Aufgabe gelöst hat. Jede richtige Antwort wird mit einem „r" (richtig) versehen. Jede falsche Lösung wird nicht gekennzeichnet. Das Blatt wird dem Kind dann sofort zurückgegeben, das dann die falsch gelösten Aufgaben über-arbeitet. Die nun richtigen Antworten erhalten auch ein „r". Auf diese Weise trägt das Arbeitsblatt am Ende nur posi-tive Bemerkungen, was für das Kind ermutigend ist, und das bedeutet einen weiteren Schritt auf dem Wege, die schuli-schen Leistungen zu voller Stärke zu entwickeln. Fehler als geringfügig darstellen, wird für das Kind, das sich noch ab-müht, eine ermutigende Wirkung haben. Das heißt nicht, daß der Lehrer sie übersehen soll oder bestreiten, daß das Kind Fehler gemacht hat. Im folgenden wollen wir das erläutern.

Eine Mathematikarbeit bestand aus 10 Aufgaben. Ein Schüler löste 6 Aufgaben fehlerlos. Der Lehrer schrieb unter die Arbeit −4 und zensierte sie mit „mangelhaft".

Dieser Lehrer verpaßte eine gute Gelegenheit, den Schüler ehrlich und überzeugend zu ermutigen. Der Lehrer hätte auch +6 unter die Arbeit schreiben können, was allein schon ermutigend gewesen wäre, und er könnte dazu gefragt haben: „Daran, daß du 6 Aufgaben fehlerlos gelöst hast, sehe ich, daß du die Aufgaben verstanden hast. Es muß einen Grund geben, weshalb du die anderen nicht gelöst hast. Kannst du mir sagen, woran es lag? Du siehst, daß ich die Arbeit noch nicht zensiert habe, weil ich erst mit dir sprechen wollte. Möchtest du Gelegenheit haben, die Aufgaben zu beenden?"

Der Lehrer würde dieses Kind gewonnen haben, weil er an dem Punkt Ermutigung gegeben hat, wo das Kind sich entmutigt fühlte. Ermutigung baut auf den Stärken des Kindes auf.

Ermutigung kann systematisch bei einem langsam lernenden und arbeitenden Kind angewandt werden, indem man die Aufgaben in kleine Schritte aufteilt. Diese Art von Programmierung verhilft dem Kind zu positiven Erfahrungen, schrittweise wird seine Konzentrationsspanne verlängert, seine Freude an der Arbeit wächst und seine Selbstachtung wird gesteigert. Diese Ergebnisse beseitigen viele Formen seines früheren störenden Verhaltens.

Wann soll man mit dem Ermutigen beginnen?

Ermutigung ist am wirkungsvollsten, wenn sie gleich zu Beginn des Schuljahres einsetzt. Zweifellos wird auch eine spätere Änderung im Lehrerverhalten eine Auswirkung auf das Verhalten des Kindes haben, vor allem, wenn der Lehrer dann beständig im Geben von Anerkennung bleibt. Er kann jedoch viel Zeit und Kraft sparen, wenn er sein Vertrauen in das Kind schon beim ersten Zusammentreffen zeigt.

Da kein Kind wie das andere ist, muß der Lehrer für die Gefühle jedes Schülers seiner Klasse sensitiv sein, um zu wissen, wann und wie der einzelne ermutigt werden kann. Die Wirkung seiner Ermutigung hängt auch von der Beziehung des Kindes innerhalb der Gruppe ab.

Einige Lehrer beginnen während des Schuljahres mit der Ermutigung, wenn sie aber nicht sofort Resultate sehen, werden sie selbst entmutigt und kehren entweder zu autoritären Disziplinierungsmaßnahmen zurück oder verlieren das Vertrauen in ihre eigene Fähigkeit, einen Einfluß auf das Kind auszuüben, und lassen daher das Kind tun, was es will. Wie oft hören wir Lehrer sagen: „Ich hab' alles versucht, aber alles war vergebens. Ich gebe auf, weil ich nicht weiß, wie ich an dieses Kind herankommen soll." Eine solche Reaktion ist für Lehrer und Kind bedauerlich. Ein Lehrer muß mit Geduld und Selbstvertrauen Techniken und Fähigkeiten entwickeln, um dem Kind bei der Überwindung seiner Schwierigkeiten zu helfen. Das kann unter Umständen dazu führen, daß der Lehrer seine eigene Sichtweise ändern muß. Anstatt nach zensierbaren Schulleistungen zu suchen, könnte er auf das

Verhalten des Kindes im Tagesablauf achten und so Ansätze zur Ermutigung finden. Zum Beispiel könnte er entdecken, daß das Kind ein guter Ballspieler ist oder Bleistifte besonders gut anspitzen kann.

Durch seine Handlung entmutigt ein Lehrer ein Kind oft mehr als durch Worte. Er handelt dann so, als sei das Kind unwissend, dumm oder unfähig.

Miki, 6. Schuljahr, arbeitete an der Lösung einer Aufgabe in Gemeinschaftskunde. Er bat seine Lehrerin, ihm zu helfen, wo er die Antwort auf eine bestimmte Frage finden könne. Die Lehrerin half ihm, die Textstelle zu finden, und beugte sich über ihn, bis er die Antwort aufgeschrieben hatte. Dann las sie die nächste Frage laut vor und suchte selbst im Buch nach der Antwort. Da sagte Miki ärgerlich: „Gehen Sie weg, ich kann das allein. Meinen Sie denn, ich wäre dumm?"

Das Darüberbeugen wirkt entmutigend, weil es dem Kind sagt, daß der Lehrer es nicht für fähig hält, allein in der Arbeit fortzufahren. Ein anderes Kind hat vielleicht den Eindruck, daß der Lehrer seinem Urteils- und Denkvermögen nicht traut, oder glaubt, es könne seine Arbeit nicht der Anweisung gemäß ausführen.

Einer der häufigsten und sichersten Wege, ein Kind zu entmutigen, ist der, es darauf hinzuweisen, wieviel besser es sein könnte. Anstatt es damit zu größeren Anstrengungen anzuspornen, hört das Kind meist sogar auf, es überhaupt noch zu versuchen.

Die Art, in der ein Lehrer ein Kind auffordert, etwas zu tun, kann ermutigend oder entmutigend wirken. Im allgemeinen wird der Lehrer eine bessere Mitarbeit erreichen, wenn er negative Aufforderungen vermeidet. „Versuche einmal, den Bleistift so zu halten, dann wird deine Hand nicht so müde", wird mehr Erfolg haben als: „Faß den Bleistift nicht oben an. Wer schreibt denn schon so?"; „Meinst du nicht, es ist besser, erst im Arbeitsheft zu arbeiten, weil deine Gruppe es bald durchsehen wird?" anstatt „Ich hab dir gesagt, du sollst zuerst im Arbeitsheft arbeiten. Warum tust du nicht, was ich dir sage?" „Bitte" und „Danke" sind immer hilfreich.

Der Lehrer sollte vorsichtig sein mit dem Ausdruck „besser als andere". Viele Kinder bekommen den Eindruck, daß sie nur dann etwas wert sind, wenn sie besser als andere sind.

Solche Mißverständnisse werden oft durch Lehrer und Eltern gefördert. Es empfiehlt sich eher zu sagen: „Es gefällt mir, wie du meine Bleistifte anspitzt" als „Du bist der beste Bleistiftanspitzer, den ich je hatte".

Zur Ermutigung gehört untrennbar das Konzept, ein grundlegendes gegenseitiges Vertrauen zwischen Lehrer und Kind zu entwickeln, weil gegenseitiges Vertrauen die Grundlage ist, auf der gute zwischenmenschliche Beziehungen aufgebaut werden. Vertrauen des Kindes in eine andere Person geht oft der Entwicklung des Selbstvertrauens voraus. Vertrauen schließt ein, daß das Kind gelernt hat, sich auf die Beständigkeit und Berechenbarkeit des Lehrers zu verlassen und an sich selbst in seinen Interaktionen mit dem Lehrer zu glauben.

Die Fähigkeiten eines Kindes können sich in unterschiedlichem Maße entwickeln. Seine Lernerfahrungen ändern sich mit der Zeit ebenso wie seine Meinung über seine Beziehung zum Lehrer. Aus diesem Grunde stellen manche Kinder die Beziehung ständig auf die Probe, während andere es nur gelegentlich tun. Ein Kind, das nicht gelernt hat, anderen zu vertrauen, wird häufig auch sich selbst in seinen Beziehungen nichts zutrauen. Es wird nur zu sehr wenigen Menschen eine Beziehung aufnehmen und sein Lernfortschritt wird dadurch behindert.

Der elfjährige Barry traute niemandem, konnte sich selbst nicht leiden und verweigerte in der Schule jegliches Lernen. Er durfte nicht allein durch das Schulgebäude gehen, weil er ständig die Schüler in den anderen Klassen störte. Seit einigen Tagen war Barry in meiner Klasse, und ich hatte die Anweisung erhalten, ihn durch das Schulgebäude zu begleiten, was ich auch tat. Eines Tages wollte Barry zur Toilette gehen, und ich sagte ihm, daß ich ihm zutraue, allein gehen und zurückkommen zu können, und ich ihm einen Zettel mitgeben würde, damit andere Lehrer ihn nicht aufhalten sollten. Dicke Tränen rollten ihm über die Wangen, während er mir sagte, daß noch nie jemand ihm vertraut habe. Er fragte, ob ich an der Tür stehen würde, um ihn zu beobachten. „Nein", sagte ich, „du kannst allein zur Toilette gehen und allein zurückkommen. Ich vertraue dir, daß du das kannst".

Barry verhielt sich meinen Erwartungen gemäß. Danach suchten Barry und ich nach anderen Gelegenheiten, wo man sich auf ihn verlassen könnte. Ich wies ihn darauf hin, daß ich keine Versprechen gäbe und auch von ihm keine verlangen würde, denn es könnte sein, daß der eine oder andere von uns eines vergessen und dann brechen würde. Das war für Barry wichtig; denn viele Leute hatten ihm schon

Versprechen abverlangt, und er hatte sie meistens nicht gehalten. Zum ersten Mal hatte Barry einen Erwachsenen gefunden, der dieselbe Art der Beziehung aufrechterhielt sowohl während seiner guten wie auch seiner schlechten Phasen – einen Menschen, der ihn so akzeptierte, wie er war, und ihn wachsen und sich in seinem eigenen Tempo entwickeln ließ.

Von jeder Regel gibt es Ausnahmen. Es ist oft weniger wichtig, was gesagt wird, als wie es gesagt wird. Alles, was den Glauben des Kindes an sich selbst stärkt, ohne seiner Beziehung zu anderen zu schaden, ist hilfreich. Wir wollen das genauer betrachten. Es ist völlig in Ordnung, ein Kind besonders hervorzuheben, das endlich genug Mut aufgebracht hat, um bei einigen Aktivitäten, seien es intellektuelle oder andere, teilzunehmen. Wenn z. B. ein Kind Angst hatte, Ball zu spielen, weil es sich beim Fangen verletzten könnte, und schließlich den Entschluß gefaßt hat mitzuspielen, dann könnte es für dieses Kind sehr ermutigend sein, wenn alle, nicht nur der Lehrer, Anerkennung zeigen würden. Es kann allerdings sein, daß der Lehrer die Situation nutzen muß, um die Gruppe der Mitschüler dazu zu bringen, daß sie durch ihre Anerkennung das Kind ermutigt. Der Lehrer könnte sagen: „Seht, Kinder, Sally spielt heute mit. Ich bin froh darüber, ihr auch? Wir wollen es ihr zeigen." Die Kinder könnten applaudieren oder ihr den Ball zum ersten Wurf geben. Es gibt zahlreiche andere Wege, wie andere Kinder ihr Zutrauen und ihre Freude ausdrücken können. Die meisten Kinder haben Mitgefühl mit denen, die nicht so erfolgreich sind, wenn in der Klasse ein kooperativer Stil vorherrscht und nicht Wettstreit. In den Kindern muß die Fähigkeit entwickelt werden, die Bedürfnisse anderer wahrzunehmen und die Kraft in sich zu entdecken, mit der sie anderen helfen können.

Kinder müssen lernen, daß die Menschen verschieden sind und daß das gut ist. Dann kann der Lehrer ihnen helfen, ihre persönlichen Fähigkeiten und Schwierigkeiten anzunehmen und zu verstehen, daß andere ebenso gute Seiten wie auch Mühen haben. Der Vergleich eines Kindes mit einem anderen trägt nicht zur Ermutigung bei. Wenn ein anderes Kind auch vor dem Ballspielen Angst hat, wie Sally, aber noch keinen Entschluß zum Mitspielen gefaßt hat, wäre es für dieses Kind entmutigend, wenn dere Lehrer ihm Sally als Vorbild nennen würde.

Was kann ein Lehrer tun, wenn er bemerkt, daß ein Kind entmutigt ist, weil es Geschwister hat, die bessere Schüler sind? Er kann dem Kind durch Klassengespräche über Unterschiede zwischen den Menschen helfen. Er kann betonen, daß jeder Probleme hat und daß keiner mit seinen Schwierigkeiten und Minderwertigkeitsgefühlen allein ist. Er kann auch mit den Eltern sprechen und ihnen zeigen, daß es zur Entmutigung führt, wenn sie Geschwister miteinander vergleichen. Am wichtigsten ist die ständige Wachsamkeit des Lehrers für Situationen, die ihm eine Chance geben, das Selbstwertgefühl des Kindes zu heben. Er muß Gelegenheiten nutzen oder schaffen, in denen das Kind sich wichtig und von der Gruppe anerkannt fühlen kann.

Michael war das zweite Kind in einer Familie von vier Kindern. Seine ältere Schwester, wie auch sein jüngerer Bruder waren ausgezeichnete Schüler. Die Eltern, die selbst wenig Bildung hatten, gaben schulischen Leistungen einen großen Stellenwert und waren fest entschlossen, ihren Kindern eine gute Ausbildung zu geben. Sie waren auf die ältere Tochter angewiesen, die alle Schreibarbeiten für sie erledigte, und versprachen ihr, sie auf die Universität zu schicken, da sie so eine gute Schülerin sei. Sie liebten Michael, fühlten sich aber wegen seiner schlechten Schulleistungen enttäuscht und verletzt. Ständig hielten sie ihm seine Schwester als Beispiel vor. Trotz aller Zuneigung, die Michael von seinen Eltern bekam, war er davon überzeugt, daß sie ihn nicht wirklich liebten. Es war schwierig für die Eltern zu verstehen, was sie tun sollten, besonders wie sie ihn ermutigen sollten. Michael hatte nie einen Erwachsenen erlebt, der echtes Interesse an ihm gezeigt hatte. Er hatte sich in der Klasse zurückgezogen und zeigte keinerlei Interesse an irgendwelchen Tätigkeiten, außer an Musik. Er hatte eine sehr gute Stimme, hielt sich aber immer zurück und sang nur in der Gruppe. Das erste Mal gelang es mir, ihm näherzukommen, als wir über die verschiedenen Namen sprachen, die Menschen haben. Jemand fragte mich, welchen Namen ich am liebsten hätte. Ich antwortete, daß mein Lieblingsname Michael sei. Er klinge so musikalisch und sehe geschrieben sehr interessant aus. Alle Augen wandten sich Michael zu. Der wurde rot; aber zum ersten Mal sah er mich direkt an. Beiläufig fügte ich hinzu: „Manchmal mögen wir bestimmte Namen, weil sie uns an Leute erinnern, die wir mögen. Vielleicht ist das ein weiterer Grund dafür, daß ich den Namen Michael mag." Als er aus der Schule ging, sagte er „Auf Wiedersehen", was er nie zuvor getan hatte.

Bald darauf fragte ich ihn, ob er im Kirchenchor singe. Als er verneinte, sagte ich ihm, daß man im Chor froh wäre, jemanden mit einer so guten Stimme zu haben, und daß er doch eintreten sollte. Als ich ihn fragte, ob er Lust dazu hätte, zuckte er mit den Schultern, als ob er es nicht recht wüßte; aber seine Augen leuchteten. Ich fragte weiter, ob er etwas dagegen hätte, wenn ich herausfände, wie und wann er in den Chor eintreten könnte. Es war ihm egal. Wenigstens hatte er nicht nein gesagt.

Michaels Eltern hatten keine Ahnung von seiner guten Stimme. Ich war sehr froh zu hören, daß keiner sonst in der Familie gut singen konnte. Die Eltern waren weniger von der Stimme ihres Sohnes beeindruckt als von der Aussicht, daß er im Kirchenchor singen könnte. Sie verstanden, daß dies Michael Achtung einbringen könnte und daß sie sein Talent wichtig nehmen müßten. Bald darauf sang Michael im Chor mit. Dies war der Anfang einer allgemeinen Veränderung zu besseren Leistungen und besserem Einfügen zu Hause und in der Schule.

Michael war nun auch bereit, in der Klasse vorzusingen und sang schließlich auch allein bei einer Schulfeier, bei er die Eltern anwesend waren. Wenn wir in der Klasse sangen, bat ich ihn, sich neben Kinder zu setzen, die Schwierigkeiten hatten, den Ton zu halten. Er war sofort bereit. Es wurde auch leichter, mit ihm zu sprechen, denn er ließ seinen Kopf nicht mehr wie früher hängen. Er war auch bereit, seine Aufsätze vorzulesen. Oft stellt er sich freiwillig zur Verfügung, etwas zu organisieren. Als Michael in der Schule Fortschritte machte, war es auch leichter, den Eltern zu sagen, wie sie den Jungen behandeln sollten, da auch ihr Glaube an ihn gewachsen war. Auf diese Weise gelang es, daß Michael eine engere Beziehung zu seinem Lehrer, seinen Mitschülern und Eltern aufbaute.

Die Wirkung von Ermutigung und Lob

Es ist wichtig, daß der Lehrer den Unterschied zwischen Lob und Ermutigung versteht. Lob wird in der Regel dann ausgesprochen, wenn ein Kind eine Aufgabe oder Arbeit gut gemacht und zu Ende gebracht hat. Ermutigung ist vor allem dann notwendig, wenn ein Kind versagt hat. Es ist genau so wichtig, das Kind während des Arbeitsprozesses oder wegen seiner Versuche zu ermutigen, wie die Vollendung der Aufgabe zur Kenntnis zu nehmen. Wenn das Kind einmal mit Lob belohnt worden ist, dann glaubt es, versagt zu haben, wenn Lob ausbleibt oder vorenthalten wird. Lob kann beim Kind Unsicherheit hervorrufen, weil es sich vor der Möglichkeit fürchtet, den Erwartungen nicht zu entsprechen, oder es sich nicht sicher ist, ob es dieselbe Art von Lob wieder erhalten wird. Das Kind entwickelt die falsche Vorstellung, daß es, wenn es nicht gelobt wird, keinen Wert hat und deshalb ein Versager ist. Lob hebt die Person hervor, während Ermutigung die Bemühung und Leistung betont.

Vicky Soltz beschreibt die Wirkung von Lob folgendermaßen: „Wir sind fast alle in dem Glauben aufgewachsen, daß alle Kinder Lob dringend brauchen, damit sie zu ‚richtigem‘ Benehmen veranlaßt werden. Wenn wir genau hinsehen, wenn ein Kind gelobt wird, werden wir einige erstaunliche Tatsachen entdecken. Einige Kinder freuen sich übermäßig, andere erschrecken, manche meinen ‚Na und‘, und manche scheinen zu sagen ‚Na endlich‘. Wir werden plötzlich mit der Tatsache konfrontiert, daß wir sehen müssen, wie das Kind interpretiert, was vorgeht, und nicht annehmen dürfen, daß es alles so sieht wie wir.

Untersuchen wir die Absichten dessen, der lobt, so zeigt sich, daß er eine Belohnung anbietet. ‚Wenn du gut bist, wirst du als Belohnung meine Wertschätzung erhalten‘. Nun gut, was ist falsch an dieser Methode? Warum sollen wir den Kindern nicht helfen, das Richtige zu tun, indem sie sich die Wertschätzung der Eltern verdienen? Wenn wir die Situation aus der Sicht des Kindes betrachten, werden wir den Fehler dieser Methode entdecken. Wie wirkt Lob auf das Bild, das das Kind von sich selbst hat? Es wird den Eindruck gewinnen, daß sein persönlicher Wert davon abhängt, wie weit es den Ansprüchen und Werten anderer genügen kann. ‚Wenn ich gelobt werde, ist mein persönlicher Wert hoch. Wenn ich ausgeschimpft werde, bin ich wertlos‘. Wenn dieses Kind erwachsen wird, werden sein Handeln, seine beruflichen Fähigkeiten und die Bewältigung der Lebensaufgaben ausschließlich davon abhängen, wie es von anderen eingeschätzt wird. Es wird in einem ständigen Auf und Ab leben. Lob führt leicht dazu, die Aufmerksamkeit des Kindes auf sich selbst zu lenken. ‚Wie weit erfülle ich die Ansprüche?‘ zählt mehr als ‚Was verlangt die Situation?‘. Das führt zu dem fiktiven Ziel ‚ich muß gelobt werden‘ anstatt zu dem realistischen Ziel ‚was kann ich tun, um zu helfen?‘.

Ein anderes Kind könnte dahin kommen, Lob als sein Recht anzusehen, als etwas, das ihm rechtmäßig vom Leben zusteht. Deshalb ist das Leben ungerecht, wenn es nicht für jede Bemühung gelobt wird. ‚Ich Armer, niemand weiß mich richtig zu schätzen!‘ Oder es glaubt, daß es keine Verpflichtung hat etwas zu leisten, wenn kein Lob erfolgt. ‚Was ist für mich drin?

Was werde ich dafür bekommen? Wenn kein Lob (keine Belohnung) dabei zu ernten ist, warum sollte ich mich bemühen?'

Lob kann sehr entmutigend sein. Wenn die Bemühung des Kindes nicht das erwartete Lob bringt, kann es annehmen, daß es entweder nicht gut genug ist oder daß das, was es anzubieten hat, der Anstrengung nicht wert sei, und deshalb gibt es auf. Wenn ein Kind außerordentlich hohe Anforderungen an sich selbst stellt, wird Lob wie Hohn und Spott klingen, besonders dann, wenn seine Anstrengungen nicht ausreichen, den eigenen Maßstäben zu genügen. Bei einem solchen Kind führt Lob nur dazu, die Unzufriedenheit mit sich selbst zu steigern, wie auch seinen Unwillen anderen gegenüber, weil sie seine Schwierigkeiten nicht verstehen" (Soltz, 1967).

Wenn wir ein Kind ermutigen, müssen wir auf seine Reaktionen achten. Wir müssen dafür sorgen, daß es sich von der Frage „Wie gut bin ich?" zu der Frage „Wie kann ich helfen?" hinbewegt. Alles, was wir tun, das einem Kind hilft, sich wohler zu fühlen, das sein Selbstwertgefühl steigert und ihm zeigt, wie es einen Beitrag für die Gemeinschaft leisten kann, ist ermutigend. Ermutigung hilft dem Kind, die innere Kraft und den Mut zu finden, um die Schwierigkeiten des Lebens zu meistern.

Es folgen einige lobende und ermutigende Äußerungen, um den Unterschied zu verdeutlichen:

Lob	Ermutigung
Du bist der beste Schüler, den ich je hatte.	Es erleichtert mir meine Arbeit, wenn ich sehe, daß dir das Lernen Freude macht.
Du bist immer pünktlich.	Du bemühst dich offensichtlich, immer pünktlich zu sein.
Du bist der Beste in diesem Fach, denn du hast die beste Arbeit geschrieben.	Deine Arbeit zeigt, daß du dem Unterricht folgen konntest und alles verstanden hast.
Du bist die beste Hilfe, die ich je hatte.	Der Raum sieht viel freundlicher aus, seit du das Bücherregal in Ordnung hältst.
Ich bin stolz auf dein Bild.	Es ist schön zu sehen, daß du gerne malst.

John F. Taylor (1979) stellte folgende Vergleiche auf:

Lob	Ermutigung
– fördert Rivalität und Wettbewerb;	– fördert Zusammenarbeit und Beitrag zum Wohle aller;
– konzentriert sich auf die Qualität des Ergebnisses;	– konzentriert sich auf das Maß an Bemühung;
– ist wertend und urteilend; die Person fühlt sich „beurteilt";	– enthält wenig oder keine Wertung der Person; der Mensch fühlt sich „akzeptiert";
– begünstigt Selbstsucht auf Kosten anderer;	– fördert eigene Interessen, was die Rechte anderer nicht beeinträchtigt;
– bewertet die Person allgemein – „Du bist besser als andere";	– betont einen besonderen Beitrag – „Du hast damit geholfen";
– führt zum Aufgeben, wenn es ausbleibt;	– läßt weiter versuchen;
– fördert die Angst vor Mißerfolg;	– fördert die Einsicht, daß man nicht fehlerlos zu sein braucht;
– fördert Abhängigkeit.	– fördert Zufriedenheit mit sich selbst und Unabhängigkeit.

Lehrer neigen oft dazu, nur auf die intellektuellen Fähigkeiten der Kinder zu achten, die er an ihren Leistungen im Unterricht mißt. Hat das Kind Erfolg, ist der Lehrer mit sich und dem Kind zufrieden. Seine Haltung hat einen starken Einfluß darauf, wie das Kind schulische Erfolge betrachtet; denn es spürt, daß der Grad seiner Leistung seine Stellung in der Klasse bestimmt.

Eine Lehrerin erinnerte sich an die Unterhaltung mit einem Jungen, der nicht ihr Schüler war. Er war ungewöhnlich gemein zu den anderen Kindern auf dem Schulhof. Als sie ihm diese Tatsache vorhielt, antwortete er: „Ich weiß, meine Lehrerin nennt mich immer eine ‚Plage'; aber sie unternimmt nichts gegen mich, weil ich der Beste in der Klasse bin."

Dieser Junge fühlte sich sicher aufgrund seiner schulischen Leistung. Seine Streitsucht zeigt jedoch einen Mangel an

Selbstvertrauen, zumindest im sozialen Bereich, an. Sein Schulerfolg war offensichtlich für ihn keine Hilfe zu besserer sozialer Anpassung.

Ein Kind ermutigen heißt nicht, es aufzufordern, Mut zu zeigen. Mut zeigen bedeutet nicht grundsätzlich, Selbstvertrauen zu haben. Ein Kind kann sich zu „mutigen" Taten zwingen, um nicht als Feigling angesehen zu werden. Lehrer hören häufig von Eltern: „Wie können Sie behaupten, mein Kind sei entmutigt? Sie sollten ihn mal auf Bäume klettern und freihändig radfahren sehen." Es kann sein, daß dieses Kind glaubt, nur dann anerkannt zu werden und Aufmerksamkeit zu bekommen, wenn es waghalsige Dinge tut. Darauf mit Ermutigung zu reagieren, kann gefährlich werden, weil das Kind dann tollkühn werden kann.

Ein Kind kann sich nicht ermutigt fühlen, wenn der Lehrer mit der einen Hand gibt und mit der anderen nimmt. Ermutigen mit einem „aber" macht jedes ermutigende Wort zunichte. Das kleine Wort „aber" kann leicht in unsere guten Absichten schlüpfen: „Du liest schon viel besser, aber du mußt besser betonen". „Deine Rechtschreibung wird besser, aber du vernachlässigst deinen Stil". Ermutigende Sätze müssen für sich selbst stehen, ohne Abstriche, um zu wirken.

Wege zur Ermutigung

Ein wichtiger Faktor bei der Ermutigung eines Kindes ist das Verständnis des Lehrers für das Ziel, das sich das Kind in einer bestimmten Situation gesetzt hat. In den meisten Fällen hat Anerkennung des Kindes vor der ganzen Klasse mehr Gewicht, weil die Anerkennung der Mitschüler für das Kind oft wichtiger ist als die des Lehrers.

Don Dinkmeyer und Rudolf Dreikurs (1963) stellten neun Punkte zusammen, die Eltern und Lehrer beachten sollten, wenn sie Kinder ermutigen wollen.

1. Nimm das Kind so an, wie es ist.
2. Zeige deinen Glauben an das Kind und befähige es dadurch, an sich selbst zu glauben.
3. Glaube ernsthaft an die Fähigkeiten des Kindes und gewinne sein Vertrauen, solange es sein Selbstvertrauen aufbaut.

4. Erkenne eine Arbeit als „gut gemacht" an und gib Anerkennung für die Bemühung.
5. Nutze die Gruppe der Mitschüler, um die Entwicklung des einzelnen Kindes zu fördern.
6. Sorge dafür, daß jedes Kind sich seines Platzes in der Gruppe sicher sein kann.
7. Hilf regelmäßig bei der Entwicklung von Fertigkeiten, um Erfolg sicherzustellen.
8. Erkenne die Stärken und Vorzüge des Kindes und stelle diese in den Mittelpunkt.
9. Nutze das Interesse des Kindes, um konstruktive Tätigkeiten anzuregen.

Clint Reimer (1967) bietet einige Formulierungshilfen für ermutigende Äußerungen an:

1. „Du kannst gut . . .". Kinder sollten ermutigt werden, wenn sie es nicht erwarten oder wenn sie nicht danach verlangen. Es ist bei jedem Kind möglich, auf eine hilfreiche Tat oder einen Beitrag hinzuweisen. Auch die Erwähnung von etwas, das uns nur klein und unbedeutend erscheint, kann für das Kind wichtig sein.
2. „Du hast Fortschritte in . . . gemacht". Wachstum und Fortschritt ist etwas, was wir von allen Kindern erwarten sollten. Sie mögen noch nicht da angelangt sein, wo wir sie haben wollen; aber wenn ein Fortschritt da ist, gibt es weniger Anlaß für Entmutigung. Kinder arbeiten und versuchen weiter, wenn sie einen Fortschritt sehen.
3. „Wir mögen dich, aber wir mögen nicht, was du tust". Oft fühlt ein Kind, daß man es nicht mag, wenn es einen Fehler gemacht oder sich schlecht benommen hat. Ein Kind sollte nie glauben, daß es als Person abgelehnt wird. Es ist wichtig, zwischen dem Kind und seinem Verhalten, zwischen Handlung und Handelndem zu unterscheiden.
4. „Du kannst mir (uns, den anderen usw.) bei . . . helfen". Das Gefühl, nützlich zu sein und helfen zu können, ist für jeden wichtig. Kinder wollen helfen, wir müssen ihnen nur Gelegenheit dazu geben.
5. „Laß es uns zusammen versuchen". Kinder, die glauben, sie müßten alles perfekt machen, haben oft Angst davor, etwas Neues zu versuchen, aus Furcht einen Fehler zu machen oder zu versagen.

6. „Du hast also einen Fehler gemacht; nun, was kannst du aus deinem Fehler lernen?". An dem, was geschehen ist, kann man nichts mehr ändern; aber man kann für die Zukunft daraus lernen. Aus Fehlern kann und wird ein Kind viel lernen, wenn man es wegen des gemachten Fehlers nicht in Verlegenheit bringt.

7. „Du möchtest uns dazu bringen, daß wir glauben, du kannst das nicht; aber wir denken, du kannst es". Dieses Vorgehen kann benutzt werden, wenn das Kind sagt oder den Eindruck vermittelt, daß ihm etwas zu schwierig sei und wenn es zögert, es wenigstens zu versuchen. Wenn es einen Versuch wagt und scheitert, dann hatte es zumindest den Mut zum Versuch. Unsere Erwartungen sollten mit den Fähigkeiten und der Reife des Kindes im Einklang stehen.

8. „Versuch es weiter, gib nicht auf!". Wenn ein Kind einen Versuch macht, aber nicht viel Erfolg dabei hat, kann eine Bemerkung wie diese hilfreich sein.

9. „Ich bin sicher, du kannst das herausfinden (dieses Problem lösen), aber wenn du Hilfe brauchst, weißt du ja, wo du mich finden kannst". Erwachsene müssen ihr Vertrauen zum Ausdruck bringen, daß Kinder fähig und willens sind, ihre eigenen Probleme zu lösen, wenn ihnen dazu Gelegenheit gegeben wird.

10. „Ich kann verstehen, wie du dich fühlst (nicht Sympathie, sondern Empathie), aber ich bin sicher, daß du damit zurechtkommst". Mitleid hilft einem Menschen selten; es gibt ihm eher den Eindruck, daß das Leben unfair war. Verständnis für die Situation und der Glaube an die Fähigkeit, damit fertig zu werden, sind eine viel größere Hilfe.

Weitere Möglichkeiten für den Lehrer, ein Kind zu ermutigen, sind:

1. Wenn ein Kind trotz der Versicherung des Lehrers an seinen Fähigkeiten zweifelt, kann er ihm von günstigen Berichten anderer Lehrer erzählen. Er wird vielleicht sagen: „Ich mache das nicht oft, aber ich möchte, daß du selbst siehst, daß ich nicht der einzige bin, der an dich glaubt. Hör einmal, was Frau X über dich gesagt hat ...".

2. Wenn ein Kind unsicher ist und deshalb die aufgegebene Arbeit nicht beginnt, kann der Lehrer sich zu ihm setzen

und einen Teil der Arbeit mit ihm gemeinsam machen. Das wird in vielen Fällen ausreichen, um das Kind zu motivieren. Allerdings muß der Lehrer vorsichtig sein und keine Gewohnheit daraus werden lassen, damit das Kind nicht von seiner zusätzlichen Zuwendung abhängig wird. Alles, was wir tun, hängt von dem Kind ab, mit dem wir es zu tun haben.

3. Ein Kind sollte etwas, das es gut kann, der ganzen Klasse vortragen.

4. Wenn der Lehrer merkt, daß ein Kind unglücklich ist, weil es für sein Alter zu groß oder zu klein ist, kann er der Klasse von den Leistungen berühmter Leute vorlesen, die das gleiche Problem hatten. Auf diese Weise lernt das Kind, sich und andere nicht nach der Körpergröße zu beurteilen, sondern nach der Persönlichkeit.

5. Der Lehrer sollte einen schlechten Rechtschreiber ab und zu den Rechtschreiblehrer sein lassen und ihm erlauben, das Buch zu benützen. Das gilt auch für andere Fächer, in denen ein Kind Schwächen hat.

6. Er sollte dem Kind besondere Aufgaben zuweisen – Aufgaben, die ihm die Anerkennung anderer einbringen.

7. Ein Kind mit schlechten Schreibgewohnheiten kann die Hausaufgabenanweisung auf die Tafel schreiben.

8. Ein Kind, das sich zurückgesetzt fühlt, sollte gebeten werden, bei einer Feier die Organisation zu übernehmen.

9. Der Lehrer kann aus der Familie des Kindes jemanden einladen, der einen Beruf hat, der für Kinder interessant ist, und ihn bitten, der Klasse etwas über seine Arbeit zu erzählen. Das stärkt die Stellung des Kindes in der Klasse.

10. Wenn der Lehrer von einem besonderen Beitrag erfährt, den das Kind zu Hause geleistet hat, kann er der ganzen Klasse davon erzählen.

11. Die Arbeit eines Kindes kann für alle sichtbar in der Klasse ausgestellt werden.

12. Der Lehrer kann die Eltern einladen und in seinem Beisein etwas Positives über das Kind sagen.

13. Der Lehrer kann einen kurzen Brief an die Eltern schicken mit einer günstigen Äußerung über sein Betragen, seine Arbeit oder beides. Lehrer neigen dazu, nur dann Briefe zu schicken, wenn sie mit dem Kind Schwierigkeiten haben.

Die Lehrer müssen den Kindern Gelegenheiten für Erfolgserlebnisse bieten. Einem Kind nur zu sagen, „du kannst es, wenn du dich nur genügend anstrengst", reicht nicht aus. Das Kind kann nur Erfolg haben, wenn der Lehrer Situationen plant, in denen das möglich ist. Diese Planung bedeutet zusätzliche Arbeit für den Lehrer. Auf lange Sicht jedoch lohnt sich diese Arbeit, nicht nur, weil die Kinder besser arbeiten, sie verringert auch den Zeitaufwand, den der Lehrer für Kinder aufbringen muß, die sich unsozial benehmen.

Einige Lehrer werden anführen, daß sie bei einem bestimmten Kind beim besten Willen kein Gebiet finden können, in dem es auch nur den kleinsten Erfolg aufweist. Wenn wir davon ausgehen, daß diese Lehrer sich auf schulische Leistungen beziehen, mag das stimmen. Wenn es darum geht, das Selbstwertgefühl und die Selbsteinschätzung eines Kindes zu stärken, dürfen wir nicht nur auf die Schulleistung achten. Deshalb sollte jede Situation genutzt werden, die es erlaubt, für ein bestimmtes Kind ein gutes Wort einzulegen. Wenn der Lehrer eine besondere Begabung oder Geschicklichkeit bei dem Kind entdeckt, sollte er ihm Gelegenheit geben, diese zu zeigen und dafür Anerkennung zu erhalten. Das wird dann ein kleiner Schritt auf dem Weg zu weiterem Handeln sein. Wenn das Kind sich nach einiger Zeit mehr angenommen fühlt, wird auch sein Interesse für andere Leistungen erwachen. Lehrer müssen immer bedenken, daß es kein Rezept gibt, das in jeder Situation anwendbar ist. Jedes Kind und jede Situation ist einmalig.

2.5 Natürliche und logische Folgen statt Strafe und Belohnung

Eine Gesellschaft kann ohne Grundregeln nicht funktionieren. Sie müssen auch vom Kind gelernt und befolgt werden. Die Familie ist die erste „Gesellschaft" für das Kind. In ihr lernt es, das Zusammenleben zu achten und die notwendigen Regeln dazu. Es hängt von der Art und Weise ab, wie die Eltern sie ihm vermitteln, in welchem Grad es sie akzeptiert. In einer autokratischen Gesellschaft und in einem ebensolchen Schulsystem haben Eltern und Lehrer keine Schwierigkeiten damit, Regeln und Verordnungen zu lehren. Es gilt allgemein, daß „ein Kind zu sehen sein soll, aber nicht zu hören". Kinder wissen dies und machen wenig Schwierigkeiten. Dies gilt jedoch nicht für eine demokratische Gesellschaft oder eine demokratisch geführte Klasse, wie wir in Kapitel 2.1 gesehen haben.

Heute können Eltern und Lehrer ein Kind nicht mehr zwingen, sich zu benehmen. Die Wirklichkeit fordert, daß wir neue Wege einschlagen, um auf die Kinder einzuwirken und sie zur Mitarbeit zu motivieren. Strafen, wie Schlagen, Demütigung und Entzug von Angenehmem, sind unwirksame Wege, Kinder zu disziplinieren. Wie wir schon früher dargestellt haben, rächen sich Kinder, weil sie keinen Zusammenhang zwischen ihrem Vergehen und der Strafe sehen. Wir schlagen vor, daß das Kind die logischen Folgen seines Verhaltens tragen muß. Es kann diese mit seiner Übertretung und Verletzung der sozialen Ordnung in Verbindung bringen. Durch die Anwendung von natürlichen, angewandten logischen und logischen Folgen kann das Kind zu angemessenem Verhalten geführt werden.

Natürliche Folgen

Natürliche Folgen ergeben sich aus der Natur eines Handlungsablaufs. Ein Mensch erfährt unmittelbar die Auswirkung seines Handelns und Verhaltens. Wenn z. B. ein Kind rennt und hinfällt, verletzt es sich an den Knien, wenn es seine Schuhe nicht zubindet, kann es stolpern und hinfallen, wenn es mit einem Messer spielt, kann es sich in den Finger schneiden. Diese Folgen werden nicht von irgendwem arrangiert oder angeordnet, sie geschehen einfach. Der Erwachsene droht dem Kind nicht und argumentiert nicht; er läßt das Kind vielmehr den Vorteil entdecken, der sich ergibt, wenn es Regeln und Gebote anerkennt. Dadurch, daß das Kind die Folgen erfährt, erhält es Gelegenheit, ein Gefühl für Selbstdisziplin und Verantwortlichkeit zu entwickeln.

Eltern und Lehrer sollten nicht auch noch strafen, wenn das Kind bereits die natürlichen Folgen seines Verhaltens erfahren hat. Bestrafung fügt nur Beschämung zum Schaden hinzu, und die Lehre, die das Kind aus den natürlichen Folgen ziehen könnte, wird abgeschwächt oder geht gar verloren.

Walter spielte mit seinem Modellflugzeug und ließ es in Richtung Straße fliegen. Der Lehrer machte ihn darauf aufmerksam, daß er sein Flugzeug verlieren könnte, wenn er es über den Zaun fliegen ließe.

Der Junge schenkte dem keine Beachtung. Das Flugzeug landete auf der Straße, ein Auto fuhr darüber und zerstörte es. Walter weinte, aber er konnte niemandem außer sich selbst die Schuld zuschieben. Der Lehrer schimpfte nicht und wies auch nicht auf seine Warnung hin, sondern drückte nur sein ehrliches Bedauern aus.

Angewandte logische Folgen

Angewandte logische Folgen werden vom Lehrer auferlegt, wenn ein Kind ihn, ein anderes Kind oder die ganze Klasse provoziert. Die Folge ist logisch, insofern sie in Bezug zu dem Verhalten steht, wird aber vom Erwachsenen festgelegt. Dazu zwei Beispiele:

Jens verschüttet Farbe auf dem Fußboden. Der Lehrer fordert ihn auf, sie wegzuwischen.

Während die Klasse eine Fernsehsendung anschaut, schaltet Daniel ein anderes Programm ein. Er erhält die Wahlmöglichkeit, den Raum zu verlassen oder das Fernsehgerät nicht anzurühren.

Angewandte logische Folgen sind in der Regel eine einmalige Angelegenheit. Zu einem späteren Zeitpunkt diskutieren der Erwachsene und das Kind das Fehlverhalten und kommen zu einer Vereinbarung über Folgen. Auf diese Weise wird die gleiche Reaktion in solch einer Situation zu einer logischen Folge. Für eines der oben genannten Beispiele bedeutet das: Die Klasse diskutiert darüber, was zu tun ist, wenn Farbe auf dem Boden verschüttet wird. Die Schüler beschließen eine logische Folge. Wer Farbe auf dem Boden verschüttet, ist verantwortlich dafür, sie wieder wegzuwischen. Obwohl die Folge dieselbe ist wie vorher, ist sie nun eine logische Folge.

Logische Folgen

Logische Folgen müssen mit dem Kind besprochen und von ihm verstanden und akzeptiert werden, sonst kann das Kind sie als Strafe ansehen. Wenn logische Folgen angewandt werden, wird das Kind durch seine eigene Erfahrung mit der sozialen Ordnung, in der es lebt, für ein angemessenes Verhalten motiviert. Logische Folgen wirken nur dann, wenn zwischen

Lehrer und Kind eine gute Beziehung besteht. In einem Machtkampf werden sie vom Kind unweigerlich als Strafen gedeutet. Obwohl der Lehrer dafür verantwortlich ist, daß die Folgen auch eintreten, handelt er nicht als machtvolle Autorität, sondern als Vertreter einer sozialen Ordnung, die alle gleichermaßen betrifft.

Im Hauswirtschaftsunterricht hatten die Mädchen zusammen mit der Lehrerin Regeln für den Kochunterricht aufgestellt. Eine der Regeln hieß: Wer seine Schürze nicht mitbringt, darf nicht mitkochen. Julia vergaß ihre Schürze und konnte folglich nicht kochen. Das passierte ihr nur einmal, in der folgenden Zeit hatte sie stets ihre Schürze dabei, wenn Kochen auf dem Plan stand.

Folgen sind nur dann effektiv, wenn sie konsequent angewandt werden. Wenn der Lehrer nur ein- oder zweimal auf Einhaltung besteht und dann in einer gleichen Situation anders reagiert, wird das Kind seinen Vorteil aus der Inkonsequenz des Lehrers ziehen und es dem Zufall überlassen, ob es die Folgen eines Fehlverhaltens tragen muß. Logische Folgen müssen so angewandt werden, daß das Kind zu der Überzeugung kommt, daß sie seinem Regelverstoß folgen werden, so wie es weiß, daß seine Hand naß wird, wenn es sie ins Wasser steckt.

Auch der Lehrer muß die Folgen seines Verhaltens tragen; denn in der demokratisch geführten Klasse gelten die aufgestellten Regeln für alle. Die Kinder werden außerdem eher die logischen Folgen ihres Verhaltens akzeptieren, wenn der Lehrer ihnen darin Vorbild ist.

In einer Klasse waren logische Folgen für nachlässiges und unleserliches Schreiben vereinbart worden. Eines Tages verließ der Lehrer den Klassenraum für ein paar Minuten, nachdem er hastig eine Arbeitsanweisung an die Tafel geschrieben hatte. Als er zurückkehrte, sah er, daß mehrere Wörter mit farbiger Kreide umrandet waren und unter dem Text stand: Nachlässig geschrieben, bitte überarbeiten! Er machte ohne Kommentar die Korrekturen. Von seiten der Schüler kam keine weitere Reaktion. Es war klar, daß sie den Lehrer nicht provozieren wollten, sondern nur die logische Folge für nachlässiges Schreiben eingefordert hatten.

Wenn Folgen genutzt werden sollen, um das Kind zu angemessenem Verhalten zu führen, müssen folgende Punkte berücksichtigt werden:

1. Die logischen Folgen müssen in Bezug zu dem Fehlverhalten stehen.
2. Bei der Anwendung von logischen Folgen müssen dem Kind Wahlmöglichkeiten gegeben werden. Zum Beispiel „Entweder gehst du die Treppe hinunter, ohne andere Kinder zu stoßen, oder ich muß dich an der Hand halten, bis alle anderen fortgegangen sind und wir dann gemeinsam hinuntergehen können. Du kannst wählen."
3. Laß keine natürlichen Folgen eintreten, wo es um die Sicherheit von Leib und Leben geht.
4. Logische Folgen wirken am besten bei Kindern, die mit ihrem Fehlverhalten das Ziel „Aufmerksamkeit erhalten" anstreben.
5. Logische Folgen wirken nicht, wenn ein Kind mit dem Ziel „Macht/Überlegenheit" oder „Vergeltung" handelt. Es ist dann so sehr damit beschäftigt, seine Überlegenheit über den Erwachsenen zu behaupten oder sich zu rächen, daß es ihm gleich ist, was auf seine Handlungen folgt. Logische Folgen werden als Strafe angesehen und können so das Fehlverhalten verstärken.

Anhand einiger Beispiele aus der Schule wollen wir versuchen, den Umgang mit Folgen zu verdeutlichen. In fast jeder Klasse gibt es ein oder mehrere Kinder, die unordentliche und oft auch unsaubere Arbeiten abliefern. Wenn die Regel besteht, (Haus-)Arbeiten werden sauber und ordentlich angefertigt, so kann z. B. als logische Folge für einen Verstoß gegen diese Regel vereinbart sein, daß unsaubere und unordentliche Arbeiten neu geschrieben werden müssen. Wie kann der Lehrer diese Folge durchsetzen, ohne daß das Kind die zusätzliche Arbeit, die es sich selbst zuzuschreiben hat, als Strafe ansieht? Wenn er eine unordentliche Arbeit bekommt, kann er sie ruhig zurückweisen und das Kind an die Vereinbarung erinnern, die alle gemeinsam getroffen haben. Er kann ihm versprechen, die Arbeit jederzeit nachzusehen, sobald sie sauber geschrieben ist. Manche Erwachsene werden glauben, daß das Kind die Arbeit nicht neu schreibt. Dies kann tatsächlich ein- oder zweimal vorkommen, vor allem deshalb, weil das Kind den Lehrer testen oder bestrafen will. Wenn er solche Provokationen ignoriert und gleichzeitig seinen Unterricht so plant, daß das Kind von selbst ein Interesse daran gewinnt, die Folge auf sich zu nehmen, wird er merken, daß es nicht lange dauert, bis das Kind sich an die aufgestellte Regel hält. Dazu wollen wir zwei Möglichkeiten vorstellen.

Nachdem der Lehrer die Arbeiten korrigiert hat, gibt er sie den Schülern zurück und bespricht mit ihnen die Fehler, die in den Arbeiten vorgekommen sind. Er kann mit einigen Schülern Aufgaben durcharbeiten, die sie nicht verstanden haben; zur selben Zeit helfen Schüler, die die Lösung kennen, anderen Mitschülern. Auf diese Weise sind alle in einem Arbeitsprozeß integriert. Nur der Schüler, der keine Arbeit abgeliefert hat, bleibt ausgeschlossen; denn er hat ja nichts zu korrigieren. Der Lehrer sollte freundlich zu ihm bleiben und ihn nicht ignorieren, ihn aber nicht in den Prozeß gegenseitigen Helfens einbeziehen.

Wenn die Aufgabe sich dazu eignet, von den Schülern selbst nachgesehen zu werden, kann der Lehrer die Arbeiten unter den Schülern austauschen lassen. Die meisten Kinder korrigieren gern die Arbeiten der Mitschüler. Der Schüler, der keine Arbeit abgegeben hat, bleibt von dieser Korrekturarbeit ausgeschlossen. Wenn er sich darüber beklagt, könnte der Lehrer ihm antworten: „Es tut mir leid, aber ich kann nur dem eine Arbeit zum Korrigieren geben, der selbst eine abgegeben hat. Für dich habe ich heute nichts, aber vielleicht beim nächsten Mal."

Es kommt in Schulen häufig vor, daß Wände beschrieben und beschmiert werden. Meistens fragt der Lehrer in ärgerlichem und drohendem Ton nach dem Schuldigen. Dies fördert aber nur das Petzen und die Konkurrenz unter den Schülern. Wenn er zufälligerweise selbst den Täter kennt, kann er ihm die Wahl lassen, entweder die Wand zu säubern oder den Hausmeister dafür zu bezahlen, daß er die Arbeit tut. Wenn der Lehrer den Täter nicht kennt, sollte er die ganze Klasse, einschließlich sich selbst, „in dasselbe Boot setzen" und jeden an der Verantwortung beteiligen. „Da wir nicht wissen, wer für die Schreiberei verantwortlich ist – und ich möchte nicht, daß die, die es wissen, petzen –, müssen wir alle dafür sorgen, daß die Wand wieder sauber wird. Wir haben die Wahl, daß wir jeder einen kleinen Betrag zahlen, damit der Hausmeister die Arbeit für uns macht, oder jeder von uns beteiligt sich daran, die Wand zu säubern. Was zieht ihr vor?" Der Lehrer kann natürlich auch die Schüler die Vorschläge machen lassen und sie ihnen nicht vorgeben. Auf alle Fälle müssen sie dann gemeinsam den Arbeitsablauf besprechen, wenn sie sich für das Reinigen entschieden haben.

Oft kommt es vor, daß das schuldige Kind als erstes helfen will, weil es sieht, daß die Klasse damit beschäftigt ist, das Problem zu lösen und nicht den Täter zu suchen. Manchmal gibt es auch zu, der Schreiber gewesen zu sein. Dann sollte der Lehrer ihm und der Klasse sagen, daß er den Mut anerkennt, der dazu gehört, die Tat einzugestehen.

Immer wieder kommt es vor, daß Kinder zu spät zum Unterricht kommen und dann erwarten, daß der Lehrer sich ihnen besonders zuwendet und für sie allein wiederholt, was er bereits mit der Klasse besprochen hat. Das Kind kann vor die Wahl gestellt werden, entweder pünktlich zu sein oder sich leise auf seinen Platz zu setzen, ohne die anderen zu stören. Wenn es sich beklagt, daß es nicht weiß, worum es im Unterricht geht, kann der Lehrer es darauf hinweisen, daß es seine eigene Entscheidung war, nicht pünktlich zu sein.

Mit Kindern, die den Unterricht stören, kann die Vereinbarung getroffen werden, daß sie, solange sie sich nicht in der Lage sehen, konstruktiv am Unterricht teilzunehmen, in einen anderen Raum gehen dürfen. Sie haben also die Wahl, zu bleiben und nicht zu stören oder den Raum zu verlassen. Denn der Lehrer darf nicht zulassen, daß alle Kinder von einem gestört werden.

Das konsequente Zulassen und Anwenden von natürlichen und logischen Folgen ist außerordentlich wirksam. Es führt zu weniger Spannungen und zu mehr Harmonie sowohl in der Schule als auch zu Hause.

Strafe

Strafe wird vom Erwachsenen ohne direkten Bezug zum Fehlverhalten verhängt. Sehr häufig verbindet das Kind die Strafe nicht mit seiner Tat, sondern mit dem Strafenden. Da es das Hauptziel des Kindes ist, aus jeder Situation als Sieger hervorzugehen, weigert es sich, sein Handeln mit unsozialem Verhalten in Verbindung zu sehen. Alles, was es sehen kann, ist, daß es erwischt worden ist, und das ist demütigend. Sein ganzes Denken ist nun darauf ausgerichtet, wie es in dieser Situation wieder die Oberhand gewinnen kann. Es möchte nicht nur trotz aller Strafen mit seinem ärgerniserregenden Verhalten weitermachen, sondern oft auch die Rolle des Strafenden annehmen. Wenn andere es strafen, fühlt es sich berechtigt, auch zu strafen.

Die folgenden Beispiele zeigen deutlich, daß Strafe keine Beziehung zur Tat hat.

Ein zwölfjähriger Junge wurde von seinem Lehrer beschuldigt, sich unerlaubt während der Pause in der Pausenhalle aufgehalten zu haben. Obwohl der Junge diesen Vorwurf zurückwies, verlangte der Lehrer von ihm, zur Strafe einen Aufsatz von zwei Seiten zu einem beliebigen Thema zu schreiben.
Ein Kind schwätzt im Unterricht. Der Lehrer schickt es in die Ecke.
Ein Kind lutscht Bonbons während des Unterrichts. Es darf einen Film nicht mitansehen.
Ein Kind prügelt sich mit anderen. Es wird zum Schulleiter geschickt.
Ein Kind bekritzelt das Heft des Nachbarn. Es muß nachsitzen.

Solch willkürliche Strafmaßnahmen ergeben für das Kind keinen Sinn, und es beginnt nicht selten, sich Vergeltungsschritte auszudenken. Kinder finden schnell die „Achillesferse" des Erwachsenen und schlagen zu, wo es am meisten schmerzt. Sie weigern sich, Arbeiten auszuführen, hören nicht mehr zu, beschädigen oder zerstören Eigentum anderer, werden streitsüchtig oder beginnen zu stehlen. Leider sehen die Erwachsenen oft nicht die Verbindung zwischen ihrem eigenen Verhalten und dem der Kinder.
Wie können wir Kinder lehren, den Unterschied zwischen logischen Folgen und traditionellen Strafen zu verstehen, damit sie in die Lage versetzt werden, selber logische Folgen aufzustellen und zu akzeptieren? Kinder aller Altersstufen können dies in kurzer Zeit lernen. Das folgende Beispiel zeigt, wie eine Kindergärtnerin im Gespräch mit den Kindern den Unterschied zwischen Strafe und logischer Folge herausarbeitet.

Eine Kindergärtnerin bemerkte, daß eines der Kinder heimlich zum Regal ging, wo sie Süßigkeiten aufbewahrte, und sich ein Bonbon nahm. Diese Bonbons wurden immer zu einer bestimmten Zeit des Tages an alle Kinder der Gruppe verteilt. Die Kindergärtnerin besprach das Problem mit der Gruppe und bat die Kinder, Vorschläge zu machen, was in einem solchen Fall zu tun sein. Sie erwähnte nicht den Namen des Kindes, sondern besprach das Problem allgemein. Ein Kind schlug vor, daß das Kind, das ein Bonbon genommen hatte, eine Stunde lang in der Ecke stehen sollte.
Kinder-   Was hat die Ecke mit Bonbons zu tun? Wir wollen etwas
gärtnerin: suchen, das eine Verbindung zu den Bonbons hat.

Kind:	Man könnte es seiner Mutter sagen.
Kinder- gärtnerin:	Seine Mutter hat nichts mit diesen Bonbons zu tun. Außerdem ist es unser Problem, und wir müssen eine Lösung finden. Seine Mutter sollte nicht in unsere Probleme verwickelt werden. Sieh, ob du etwas finden kannst, was mit dem Verhalten des Kindes zu tun hat, damit, daß es von den Bonbons genommen hat, die dafür vorgesehen sind, an alle Kinder verteilt zu werden.

Nach einigen weiteren Strafvorschlägen kam ein Kind auf die Idee, das Kind beim Verteilen der Bonbons an dem Tag auszulassen, an dem es sich bereits seinen Teil genommen hat. Dieser Vorschlag wurde mit allen diskutiert, bis sie zu einer Übereinstimmung kamen. Dabei befragte die Kindergärtnerin mehrere Kinder ausdrücklich, auch das betroffene Kind: „Was hältst du von diesem Vorschlag? Ist dies eine gute Lösung?" Als die Zeit gekommen war, die Bonbons zu verteilen, wurde das Kind, das sich sein Bonbon schon genommen hatte, übergangen. Die Kindergärtnerin berichtete, daß sie diese logische Folge nur einmal anzuwenden brauchte.

Das folgende Beispiel zeigt, wie ein Lehrer einen Machtkampf vermeiden kann, wenn er logische Folgen anwendet statt Bestrafung.

Wenn der Lehrer Sven nicht erlaubt, während der Stunde, in der die Schüler ihre Arbeit frei wählen dürfen, zu malen, und ihm befiehlt zu rechnen, weil er im Rechenunterricht nicht genügend gearbeitet hat, kann Sven sich falsch behandelt fühlen und finden, daß ihm sein Recht vorenthalten wird. Wenn die Klasse aber gemeinsam die Regel aufgestellt hat, daß jeder, der sich entschieden hat, während der Zeit, in der alle arbeiten, zu trödeln, seine Arbeit in der Stunde fertigmachen muß, die zur freien Arbeitswahl vorgesehen ist, dann hat Sven nicht länger das Recht, sich über den Lehrer zu ärgern. Dieser setzt nur die Regel, die Sven selbst mitaufgestellt hat, in die Tat um.

Für logische Folgen gibt es kein Rezept. Was in einem Fall hilft, kann in einem anderen falsch sein. Das Kind z. B., das gerne nach draußen geht, fühlt sich anders getroffen, wenn es während der Pause im Schulhaus bleiben soll, als ein Kind, das nicht gerne auf den Schulhof geht. Deshalb können gleiche Ergebnisse erzielt werden, wenn für diese beiden Kinder unterschiedliche Folgen vereinbart werden.

Belohnung

Der Begriff der Belohnung wird aus individualpsychologischer Sicht abgelehnt, weil er der „Bestechung" sehr nahesteht. Durch Bestechung verstärken wir die „Terrortaktiken" des schwierigen Kindes und lassen damit zu, daß es die Situation kontrolliert. Belohnung wie auch Strafe führen zu falschen Wertvorstellungen. Viele Kinder arbeiten nur wegen der in Aussicht gestellten Belohnung. Wenn keine Belohnung vorgesehen ist, arbeiten sie auch nicht. Eltern versprechen ihren Kindern häufig Geld, Spielsachen oder andere materiellen Dinge, oder sie gestehen ihnen bei gutem Betragen und guten Zensuren besondere Vorteile zu. Sowohl Eltern als auch Lehrer bestechen auf diese Weise das Kind, anstatt es zu ermutigen, Stolz und Freude aus seinen geleisteten Beiträgen zu gewinnen. Das Beispiel von Paul soll zur Erläuterung dienen.

Paul war ein sehr schlechter Schüler, bis seine Mutter ihm für jede gute Zensur Geld versprach. Solange er die Belohnung erwarten konnte, arbeitete er und wurde ein guter Schüler (was auf seine Fähigkeit hinweist). Doch sobald die Belohnung nicht mehr angeboten wurde, wurde er nicht nur schlechter in seinen Leistungen, als er je zuvor gewesen war, sondern kam auch zu spät zur Schule, stritt und prügelte sich mit anderen, schmierte in die Schulbücher usw. Ehe er die Belohnung erhalten hatte, war er nur ein schlechter Schüler gewesen.

Vier Punkte werden in diesem Beispiel deutlich:

1. Paul ist zu guten Schulleistungen fähig.
2. Er arbeitet nur wegen der Belohnung.
3. Er rächt sich, wie viele Kinder es tun, an seinen Eltern, indem er sie durch Schulversagen straft.
4. Die Eltern legen großen Wert auf Schulleistungen, was sich darin zeigt, daß sie versuchen, Leistung durch Belohnung zu erreichen.

Ein Kind für eine Arbeit zu belohnen, die die Situation erfordert, ist indirekt für das Kind ein Eingeständnis, daß es etwas so Unangenehmes tun soll, daß es eine Belohnung wert ist. Aber gerade in solchen Situationen, in denen eine Aufgabe unangenehm ist, müssen wir dem Kind helfen, zu sehen und zu akzeptieren, daß im Leben ab und zu jeder etwas tun muß, das er nicht mag. Kinder, die ständig belohnt werden, entwickeln keinen Sinn für Verantwortung; sie fühlen sich berechtigt, für alles, was sie tun, eine Bezahlung zu bekommen.

Das Anwenden und Zulassen von logischen und natürlichen Folgen sind nur korrigierende Methoden, um in der unmittelbar auftretenden Situation handeln zu können. In jedem Fall muß dem Kind geholfen werden zu verstehen, warum es sich so verhält, wie diese Art des Verhaltens ihm bis jetzt „Erfolg" (aus seiner Sicht) gebracht hat, welche Auswirkungen sein Verhalten auf andere hat und schließlich, wie es Anerkennung durch positivere Verhaltensweisen erlangen kann.

Lehrer und Eltern erwarten oft Wunder, wenn sie natürliche und logische Folgen ein oder zwei Tage lang angewandt haben. In den meisten Fällen dauert es länger als nur einige Tage, ehe das Kind seine Verhaltensmuster aufgibt. Lehrer und Eltern fühlen sich entmutigt, wenn sie keine durchgreifenden Veränderungen sehen, und greifen dann auf ihre alten Erziehungsmethoden zurück. Die Methode, Folgen eintreten zu lassen, erscheint ihnen als eine unbrauchbare Form für die Erziehung.

Logische Folgen müssen ohne Bedingungen angewandt werden. Wenn der Lehrer oder die Eltern die logischen Folgen mit der Absicht einsetzen, das Kind zu zwingen, ihren Wünschen nachzugeben, wenn sie die eigene Wahl des Kindes nicht akzeptieren wollen oder wenn sie mit Hilfe der logischen Folgen versuchen, die Situation zu manipulieren, wird das Kind dies merken. Anstatt mit einer positiven Veränderung in seinem Verhalten wird es mit verstärktem Widerstand reagieren.

2.6 Gruppenstrukturen in der Schulklasse

Menschen sind soziale Wesen. Alle persönlichen Charakteristika drücken Bewegung und Interaktion in sozialen Bezügen aus. Mit zunehmender Demokratisierung unserer Gesellschaft gewinnt die Gruppe der Gleichaltrigen an Bedeutung für das Kind. Die Anerkennung durch die Gleichaltrigen wird für es wichtiger als die, die es von Erwachsenen, Eltern oder Lehrern erhält. Deshalb ist es wichtig, die Beziehung des Kindes zu seinen Mitschülern und seine Interaktion innerhalb der Klasse genau zu beobachten. In der Gruppe lebt und handelt das

Kind. Durch ihre Reaktion auf sein Handeln entwickelt und verstärkt es seine Standpunkte und sein Verhalten.

Der Lehrer muß bedenken, daß er nicht nur mit einer bestimmten Anzahl von einzelnen Kindern arbeitet, sondern zugleich mit allen als Gruppe und deren verschiedenen Untergruppen. Meist neigt der Lehrer dazu, die Kinder im Hinblick auf ihre individuellen Unterschiede und losgelöst aus ihrem Beziehungsgefüge innerhalb der Gruppe zu sehen. Er glaubt, daß das Problem eines Kindes unabhängig von seiner Position in der Klasse und der generellen Klassenatmosphäre besteht. Diese Überzeugung hindert ihn daran, die Dynamik des Problems zu verstehen, und folglich erlebt er Mißerfolge trotz seines guten Willens und seiner Anstrengungen, die er unternimmt, um einem Kind zu helfen. Verhalten muß in seinem sozialen Umfeld betrachtet und verstanden werden. Was immer ein Kind auch tut, die Art und Weise, wie es handelt, sind Teile seiner sozialen Interaktion mit den anderen Kindern und beruhen nicht nur auf der Beziehung zum Lehrer.

Lehrer sind sich oft auch nicht der Tatsache bewußt, daß die Beziehung zwischen Lehrer und einem Schüler Auswirkungen hat auf die Beziehung anderer Schüler zum Lehrer. Diese Auswirkung zeigt sich z. B. dann, wenn der Lehrer mit einem einzelnen Schüler schimpft und ein anderer Schüler sich auf die eine oder andere Weise einmischt. In der Regel weist der Lehrer diesen Schüler dann zurecht und sagt ihm, er solle sich um seine eigenen Angelegenheiten kümmern. Er bemerkt nicht, daß das Kind sich nur deshalb eingemischt hat, weil es um seine Angelegenheit geht; denn der Schüler, der gerade ausgeschimpft wird, steht zu ihm in einer engen Beziehung. Es können auch mehrere Kinder der Klasse mit diesem einen besonders verbündet sein. So kann der Streit zwischen Lehrer und einem Schüler viele Kinder der Klasse betreffen, und der Lehrer läuft Gefahr, sich diese Kinder zu Gegnern zu machen. Deshalb sollte sich der Lehrer mit der Dynamik, die in Gruppen abläuft, vertraut machen. Die Kenntnisse über die psychologischen Prozesse, die im Kind ablaufen und für seine Motivationen verantwortlich sind, müssen durch gruppendynamische Kenntnisse ergänzt werden.

In jeder Klasse finden wir Untergruppen, die manchmal von Unruhestiftern angeführt werden. Diesen gelingt es häufig, die ganze Klasse auf ihre Seite zu ziehen, wenn der Lehrer nicht frühzeitig darauf achtet, ihre Unterstützung zu gewinnen. Dies kann er dadurch erreichen, daß er ihre Macht und ihren Einfluß, den sie auf die Mitschüler ausüben, anerkennt und ihnen Gelegenheit bietet, Führer zu bleiben, aber dabei ihre Macht konstruktiv einzusetzen. Das folgende Gespräch ist ein Beispiel dafür, wie der Lehrer solch ein Kind auf seine Stärken aufmerksam machen und es dazu anregen kann, diese positiv zu nutzen.

Lehrer: Gerd, du bist ein sehr intelligenter Junge. Weißt du das eigentlich?

Gerd: Bin ich das?

Lehrer: Aber sicher. Glaubst du denn, daß es jemandem, der dumm ist, gelingt, so viele Menschen mit sich zu beschäftigen?

Gerd: Was meinen Sie damit?

Lehrer: Sieh nur, du schaffst es, daß sich so viele mit dir beschäftigen, und alle wissen nicht, wie sie mit dir fertig werden sollen. Da sind z. B. deine Lehrer, der Schulleiter, der Berater, deine Eltern, die Polizei und viele deiner Mitschüler. Das verlangt „Köpfchen", und du hast „Köpfchen". Weißt du, was du noch bist?

Gerd: Was?

Lehrer: Du bist der geborene Führer. Die Kinder folgen dir. Sie tun, was du sagst. Sie tun aber längst nicht, was ich will oder der Schulleiter ihnen sagt. Es gibt nicht viele Menschen, die solche Führungsqualitäten haben. Du könntest eine große Hilfe als Führer einer Gruppe sein; aber du weißt, es gibt gute und schlechte Führer, und es liegt bei dir zu entscheiden, was für ein Führer du sein willst.

Gerd: Was für einer soll ich denn sein?

Lehrer: Ich kann dir nicht sagen, was für ein Führer du sein sollst. Das mußt du selbst entscheiden. Wenn du dich entscheidest, deinen Einfluß zu nutzen, um anderen zu helfen, dann würde ich mich freuen; denn du würdest nicht nur den Kindern helfen, sondern auch mir. Überleg dir das mal und sag mir, wozu du dich entschieden hast. Dann können wir weiter überlegen.

Ein einzelnes Kind kann die Rolle spielen, die die Gruppe ihm zugewiesen hat, oder eine bestimmte für sich gewählt haben, weil sie es ihm erleichtert, sein Ziel zu erreichen. Im Grunde laufen beide auf dasselbe hinaus. Wenn z. B. die Kinder einer Klasse über die Clownerien eines Mitschülers lachen, so kann das Kind daraus den Schluß ziehen, daß die Gruppe es wegen dieses Verhaltens schätzt, und es fühlt sich verpflichtet, weiterhin den Clown zu spielen.

In jeder Gruppe haben einige Mitglieder Ansehen und werden bewundert, während andere vielleicht vollständig ignoriert oder zurückgewiesen werden. Einige sind Einzelgänger aus eigenem Entschluß, während andere es sind, weil die Gruppe sie ausgeschlossen hat. Die Aufgabe des Lehrers und der Gruppe ist es, diese Kinder zu integrieren.

Willi, fast 11 Jahre alt, war einer der ältesten Schüler im 3. Schuljahr. Äußerlich wirkte er wie ein geistig zurückgebliebenes Kind. Der Lehrer mußte ihn mehrmals aufrufen, bis er antwortete. Willi kümmerte sich nicht um die anderen Kinder und diese sich nicht um ihn. Er verbrachte die meiste Zeit in der Schule mit Tagträumen und zeigte keinerlei Interesse an irgendeiner Arbeit, auch nicht an Kunst oder Sport. Willi war zweimal sitzengeblieben. Während seiner bisherigen Schulzeit hatte er im Grunde nichts gelernt. Er konnte seinen Namen nicht schreiben, kannte die Buchstaben nicht und konnte nicht zählen.

Willi antwortete nie direkt auf eine Frage. Wenn er gefragt wurde: „Willi, wo ist dein Vater?" antwortete er: „Manchmal kauft mir mein Onkel Süßigkeiten." Wenn der Lehrer dann fragte: „Oh, du hast einen Onkel? Lebt der bei euch?" konnte es sein, daß Willi antwortete: „Manchmal trägt er mich auf seinen Schultern." Es war unmöglich, eine direkte Antwort von ihm zu bekommen, weil er beständig seinen eigenen Gedankengang verfolgte.

Eines Tages beobachtete der Lehrer, daß Willi zwei Jungen zusah, die „Dame" spielten, und fragte ihn, ob er das Spiel kenne. Willi verneinte. Als der Lehrer wissen wollte, ob er es gern lernen würde, schien er sehr daran interessiert zu sein. Der Lehrer brachte dies im Klassenrat zur Sprache. Es wurde beschlossen, daß der Lehrer jeden Tag zehn Minuten mit Willi Dame spielen und ein Mitschüler dann noch weitere zehn Minuten mit ihm spielen sollte.

Das gefiel Willi sehr. Am nächsten Morgen kam er sofort zum Lehrer und fragte, wann er mit ihm spielen werde. Der Lehrer bat ihn, die Uhr zu beobachten und wenn der große Zeiger auf einer bestimmten Ziffer stehe, ihn zu rufen. (Willi konnte die Uhrzeit noch nicht ablesen.) Willis Augen schauten gebannt auf die Uhr und genau in dem Augenblick, wo der Zeiger die gezeigte Ziffer erreicht hatte, erinnerte er den Lehrer daran, daß es Zeit wäre.

Willi lernte nicht leicht, aber er schien während der Zeit sehr glücklich. Nach einigen Tagen verstand er die Grundregeln und konnte seine Spielsteine über die schwarzen Quadrate bewegen, ohne auf die weißen Felder zu geraten. (Das Befolgen dieser Regeln half ihm später beim Schreiben, wenn er mit den Buchstaben die Linien einhalten sollte.) Martin, der meistens mit Willi Dame spielte, war sehr geduldig und ermutigend. Er ermutigte Willi dadurch, daß er auf die Fortschritte hinwies. Als Antwort auf Martins ermutigende

Berichte im Klassenrat bekam Willi Mut, Martin vor der ganzen Klasse für seine Hilfe zu danken. Dies war sein erster Kontakt mit der ganzen Gruppe.

Eines Tages fragte Willi den Lehrer, ob er neben Martin sitzen dürfe. Dieser wollte Willi gern als Nachbarn haben und ihm bei seiner Arbeit helfen. Der Lehrer freute sich über diese neue Entwicklung, weil bei der Erstellung eines Soziogramms einige Wochen vorher niemand Willi gewählt hatte. Auf diese Weise begann ein neues Kapitel in Willis Leben. Er übte zu schreiben, und als er leserlich schreiben konnte, begann er, an einfachen Rechtschreibübungen und Rechenaufgaben zu arbeiten. Martin half ihm, die Arbeiten zu überprüfen und übte mit ihm an der Tafel. Der Lehrer erübrigte Zeit, um Willi beim Lesen zu helfen. In dem Maße, in dem Willi Fortschritte beim Lernen machte, wurde er zugänglicher und lernte es, Freundschaften zu schließen. Das konnte man am besten während der Pausen beobachten. Er war nicht länger isoliert, sondern nahm an den Spielen der anderen teil.

Jede Klasse hat ihre Besonderheiten. Obwohl in mancher Hinsicht Gruppen von gleicher Größe einander ähneln, hat jede ihre Eigenheiten. Diese Eigenheiten erklären, warum Lehrer ihr Erstaunen über die Unterschiede der Kinder ausdrücken, wenn sie sie mit denen vergleichen, die sie ein Jahr zuvor hatten. Mit einer Gruppe mag es eine Freude sein zu arbeiten, während es mit einer anderen unmöglich erscheint. Worin liegt der Unterschied? Die Kinder kommen aus demselben Einzugsbereich der Schule und haben einen ähnlichen familiären Hintergrund. Sie sind ebenso intelligent und doch, wenn wir sie mit denen des Vorjahres vergleichen, die bereit zur Mitarbeit und begierig zu lernen waren, zeigen diese kein Interesse am Lernen und streiten sich nur.

Die Klasse spiegelt die Eigenheiten derer wider, die eine Führungsrolle übernommen haben. Jeder trägt auf seine Weise durch sein Verhalten zu dem bestimmten Klima bei, das sich schließlich in der Klasse entwickelt. Da gibt es die, die leicht Kontakt finden und Friedensstifter sind, die Faulen, die Ehrgeizigen, die Fleißigen, die Helden, die Zurückgewiesenen, die Schönen, die Häßlichen und eine Menge anderer. Jeder von ihnen hat einen starken Einfluß auf Struktur und Atmosphäre der Gruppe. So kommt es, daß wir in einer Gruppe, in der viel gegenseitige Anziehung besteht, ein völlig anderes Gruppenverhalten vorfinden, als in einer Gruppe, in der Gegensätze vorherrschen. Der Ton in der Klasse wird gewöhnlich von einigen wenigen bestimmt, die die natürlichen Führer sind. Das folgende Beispiel soll dies verdeutlichen.

Drei Jungen im 2. Schuljahr wurden von den Mitschülern und dem Lehrer gefürchtet. Sie waren laut und schlugen jeden, der nicht tat, was sie wollten, und ebenso die, die wegen ihrer schulischen Leistungen bewundert wurden. Diese Jungen beherrschten ihre Klasse völlig. Als sie ins 3. Schuljahr kamen, bekam die Klasse einen neuen Lehrer. Die bestehende Atmosphäre, die sich im 2. Schuljahr entwickelt hatte, wurde automatisch ins 3. Schuljahr übernommen. Wenn diese drei Jungen getrennt und verschiedenen Klassen zugewiesen worden wären, wäre die Situation zu Beginn des Schuljahres eine andere gewesen, und das hätte auch Einfluß auf die Klassenatmosphäre gehabt.

Dies Beispiel zeigt, daß das Bild, das die Kinder voneinander haben, für die Klasse wichtig ist. Dieselbe Art von Verhalten bei zwei verschiedenen Kindern kann von den Mitgliedern der Klasse völlig unterschiedlich gesehen und interpretiert werden. Durch die Haltung, die die Gruppe dem Verhalten des Einzelnen entgegenbringt, wird seine Stellung in der Klasse bestimmt. Sie kann ihm Ansehen und Zufriedenheit geben oder Einsamkeit und Unglücklichsein hervorrufen oder verstärken.

Der geübte Lehrer, der ein Gespür für die Gruppenatmosphäre hat, kann diese in seiner neuen Klasse schnell erfassen und daraufhin ein konstruktives Programm entwickeln, durch das er langsam die Haltung der Kinder ändern kann. Das Klassenklima spiegelt einerseits alle charakteristischen Eigenarten der einzelnen wider und beeinflußt andererseits auch die emotionale und soziale Entwicklung jedes einzelnen Kindes. Deshalb muß der Lehrer nicht nur jedes einzelne Kind kennen, sondern er muß auch wissen, wie die Beziehungen der Kinder untereinander sind, denn diese entscheiden darüber, wie sie sich in der Klasse fühlen.

Wenn ein Lehrer eine Klasse bekommt, die nicht reagiert oder mitarbeitet, muß er sich daran erinnern, daß nicht er allein darüber entscheidet, ob die Gruppe gut zusammenarbeitet oder chaotisch ist. Es gibt andere Faktoren, die eine Integration der Gruppe erschweren. Ein wichtiger Faktor ist der, daß es Anführer verschiedener Untergruppen innerhalb einer Gruppe gibt. Der Lehrer muß sich fragen: Gibt es Cliquen in der Klasse? Welche Werte sind für sie wichtig? Handelt es sich um eine hierarchische Führungsstruktur? Gibt es eine Cliquen-rivalität und Wettbewerb? Der Lehrer, der sich vor so einer Klasse sieht, wird sich wohl fragen, wie er diese Kinder lehren soll, miteinander zu leben, sich einander mitzuteilen und ihre verschiedenen Fähigkeiten und Interessen zum Wohle aller einzusetzen. Wie kann der Lehrer etwas über jeden Schüler als Individuum wie auch als Gruppenmitglied erfahren? Wie kann er etwas über die Gegensätze und den Wettbewerb in den Cliquen und der Gruppen erfahren? Vieles kann er durch Beobachtung in der Klasse, auf dem Schulhof und Spielplatz lernen. Dabei ist es wichtig, darauf zu achten, wer mit wem spielt, wer die Leitung übernimmt, wer erst mitspielen will, wenn es nach seinem Willen geht, wer hänselt und wie die anderen darauf reagieren, wer immer abseits steht, wer nur bei bestimmten Aktivitäten ausgeschlossen ist, wer ungeschickt zu sein scheint, wer leicht ärgerlich wird, wer sich rächt, wer sich freiwillig zurückzieht, wer zum Lehrer rennt, um Hilfe zu bekommen, wer sich nicht an die Spielregeln hält, wer prahlt, wer sich um die Angelegenheiten anderer kümmert, von wem schlechtes Benehmen ausgeht, wer andere in ihrem störenden Verhalten bestärkt und wer sich immer begeistert als Freiwilliger meldet. Ebenso wichtig ist es zu wissen, wer mit wem nach Hause geht, wer nach der Schule mit wem spielt, wer wen zu Hause besucht, wer mit wem flüstert, welche Kinder Briefchen austauschen und wer von wem abschreibt.

Die Soziometrie bietet Verfahren zur testmäßigen Erfassung der Gruppenstruktur. Mit ihrer Hilfe kann der Lehrer seine Beobachtungen überprüfen oder neue Erkenntnisse hinzuge-winnen. Es gibt verschiedene Formen der soziometrischen Methoden. Einige sind kompliziert und erfordern viel Arbeits-aufwand. Für die Schule, besonders in den unteren Klassen, wird ein einfacher soziometrischer Fragebogen ausreichen, um die Informationen zu erhalten, die der Lehrer braucht, um die Beziehungsstruktur in seiner Klasse zu erfassen. Die Antwor-ten des Fragebogens werden am besten in einem Soziogramm oder einer Soziomatrix graphisch dargestellt. Beide helfen dem Lehrer, die Position des Kindes in der Gruppe kennenzuler-nen. Sie geben Aufschluß darüber, wen der Einzelne als Umgang wählt und damit über seine Haltungen und Wertbe-griffe. Außerdem vermitteln sie Einsicht in die Position, die das Kind einnehmen möchte. Der Lehrer kann somit herausfin-den, welcher Mitschüler das Verhalten eines bestimmten Kindes beeinflussen kann. Wenn man einen Schüler, der selbst nicht gewählt worden ist, neben ein Kind setzt, das er gewählt hat, verhilft man ihm zu mehr Anerkennung durch die Mitschüler, und dies kann seine bisherigen dürftigen Freundschaftsbeziehungen verbessern. Das Kind steigert seine Fähigkeit, Beziehungen mit anderen Kindern aufzubauen, zu denen es sich hingezogen fühlt. Kinder, die keine Wahlen treffen und selbst nicht gewählt werden, bedürfen der besonderen Hilfe des Lehrers und der Gruppe der Mitschüler. Die Gespräche im Klassenrat können hierbei von großer Hilfe sein.

2.7 Gruppengespräche in der Klasse – Klassenrat

In zunehmendem Maße entdecken Psychologen, Berater und Lehrer den Einfluß, den die Gruppe auf den Einzelnen hat. Alfred Adler gehörte zu den ersten, die die Gruppe der Mitschüler in den Erziehungsprozeß miteinbezogen. Heute finden wir viele Erzieher, die Methoden der Gruppendynamik und vor allem Gruppengespräche nutzen, um Kinder anzuleiten, Verständnis für Verhaltensweisen zu entwickeln und sie auf gemeinsame Ziele hin zu einen.

Die Gruppe der Gleichaltrigen hat schon immer einen starken Einfluß auf das einzelne Kind ausgeübt, aber nicht in dem ausgedehnten Maße, wie es heutzutage geschieht. Der Druck durch Gleichaltrige und das Bedürfnis, zu einer Gruppe zu gehören, sind so stark, daß selbst ein „gutes" Kind manchmal Dinge tut, die es normalerweise nie tun würde, wenn sie nicht von der Gruppe verlangt wären. Eine starke Untergruppe kann eine ganze Klasse dazu verleiten, sich gegen alle Bemühungen des Lehrers zu stellen. Im Grunde genommen können schon zwei oder drei Schüler das Unterrichten unmöglich machen, wenn sie sich gegen den Lehrer einig sind.

Wenn wir ein demokratisches Miteinander wollen, so ist das Gruppengespräch in der Klasse ein notwendiges Verfahren. Es ist der Ort, wo die Kinder sich in die Klassengemeinschaft mit ihrer Persönlichkeit, Verantwortungsbereitschaft und aktiver, freiwilliger Teilnahme einbringen können.

Zweck der Gruppengespräche

Gruppengespräche verhelfen Kindern nicht nur dazu, bessere interpersonale Beziehungen zu entwickeln, sondern sie fördern auch durch die vielfältigere Information das Lernen. Intensiver Austausch von Ideen führt zur Problemlösung. Die Kinder lernen in den Gesprächen, gegensätzliche Standpunkte zu bedenken und Menschen, die einen anderen Erfahrungshintergrund haben, zu verstehen.

In einer Gesprächsgruppe entwickeln Kinder Haltungen und setzen Wertmaßstäbe, die ihr ganzes Leben und ihr Verhalten inner- und außerhalb der Schule beeinflussen können. Gruppengespräche bieten Gelegenheit für emotionale und intellektuelle Teilnahme und geben die Sicherheit, daß man nicht allein ist. Schwierige Aufgaben scheinen leichter, wenn Ideen, Bestrebungen, Erfolge, Probleme und Ängste mitgeteilt werden können. Das Kind lernt, die Erfahrungen seiner Mitschüler auszuwerten und davon, wie auch von seinen eigenen, zu profitieren. Es fühlt sich unterstützt und wird aufgeschlossener. Es lernt, konstruktiv mit Frustrationen umzugehen und beunruhigende Probleme zu bearbeiten.

Durch ein gelenktes Gruppengespräch kann es dem Lehrer gelingen, die Moral der Gruppe zu heben und die Klassenatmosphäre zu verändern. In diesem Fall wird der Lernprozeß durch das für alle Schüler gemeinsame Ziel erleichtert. Der Lehrer lernt, was jedes Kind denkt und fühlt, wie es mit anderen auskommt und wie seine Haltung zur Schule ist. Das Sprechen in einer Atmosphäre gegenseitigen Verständnisses regt viele Kinder zum Denken an. Wenn ein Kind über etwas nachsinnt und über ein Problem spricht, kann es eine Lösung finden, und häufig wird es entdecken, daß es mehrere Lösungen für sein Problem gibt.

Eine Aufgabe des Gruppengespräches ist es, jedes Kind dazu zu bringen, dem anderen zuzuhören; denn häufig hören Menschen nicht den anderen zu, die eine andere Meinung äußern. In den Gruppengesprächen hat jeder das Recht zu sagen, was er denkt. Jeder ist gleichwertig und wird mit derselben Achtung behandelt. Normalerweise hören Kinder in solch einer Runde bald einander zu.

Manchmal möchten Kinder gern an einem Gruppengespräch teilnehmen, aber da sie nie gelernt haben, wie man mit anderen freundlich spricht, wissen sie nicht wie es geht. Sie brauchen die Hilfe des Lehrers und der Mitschüler.

Die Schüler auf die Gruppengespräche vorbereiten

Die Schüler sollen das Vertrauen ihrer Mitschüler respektieren. Der Lehrer soll die Kinder nicht davon abhalten, ihren Eltern zu erzählen, worüber in der Klasse gesprochen worden ist. Er soll sogar darauf hinarbeiten, daß die Schüler mit ihren Eltern über die Bereiche sprechen, die sie persönlich betreffen. Er sollte sie jedoch davon abhalten, über besonders persönliche Themen in der Klasse zu sprechen, z. B. Gewohnheiten der Eltern wie Trunksucht, Spielleidenschaft, sexueller Mißbrauch usw. Wenn der Lehrer bei einem Kind ein großes Bedürfnis spürt, über eines dieser Themen zu reden, dann kann er ihm anbieten, allein mit ihm darüber zu sprechen, oder es an einen Berater oder Sozialarbeiter verweisen. Es ist hilfreich, wenn Lehrer und Schüler, ehe Gruppengespräche begonnen werden, darin übereinstimmen, daß es Themen gibt, die nicht in eine Klassendiskussion gehören. Den Kindern wird zu der Einsicht verholfen, daß sie durch die Gruppengespräche ein wachsendes Selbstverständnis erlangen, wie auch Respekt für die Bedürfnisse, Gefühle und Ansichten der anderen.

Der Lehrer und die Gruppe müssen einige Regeln aufstellen, die folgende Punkte enthalten sollten:

1. Helft einander; verletzt einander nicht.
2. Legt fest, in welcher Reihenfolge gesprochen wird, und hört auf jeden.
3. Sorgt für Vertrauen und gegenseitige Achtung.
4. Arbeitet zusammen.

Regeln helfen, die Rechte des einzelnen zu schützen, und halten unfaire Mitglieder davon ab, die Rechte anderer zu verletzen.

Die Rolle des Lehrers

Ein Lehrer kann erst dann ein guter Leiter sein, wenn er innere Freiheit gewonnen hat und wenn er einen Fehler, den er gemacht hat, zugeben kann, ohne sich bedroht zu fühlen. Wenn ein Lehrer akzeptieren kann, daß er auch nur ein Mensch ist, das heißt, daß er gelegentlich Fehler macht, haben die Schüler es leichter, die Tatsache zu akzeptieren, daß Fehlermachen zum Lernen gehört, daß man aus Fehlern lernen kann. Letzteres hängt davon ab, wie der Lehrer auf die Fehler seiner Schüler reagiert.

Wenn der Lehrer ein wirksames Gruppengespräch will, kann er nicht passiv bleiben. Er muß beteiligt sein, die Richtung weisen und manchmal lenkend eingreifen. Da der Sinn des Gruppengespräches nicht nur darin liegt, Verhalten sondern auch Wertvorstellungen zu verändern, ist es manchmal nötig, stärker zu lenken. Wenn wir von „Werten" sprechen, beziehen wir uns auf die Zielvorstellungen des Lehrers für das Kind und die Klasse. Diese basieren auf allgemeinen Werten. Sie beinhalten: sich selbst und andere annehmen, denen helfen, die Unterstützung brauchen, andere ermutigen, für sich selbst und nicht für den Lehrer oder die Eltern lernen, seinen Platz durch positives und nicht negatives Verhalten finden usw.

Das folgende Beispiel zeigt, wie durch die lenkende Gesprächsführung des Lehrers die Schüler eine neue Einsicht gewinnen können:

Lehrer: Könnt ihr euch vorstellen, daß ein Lehrer einen Schüler nicht mag?

Schüler: Ja.

Lehrer: Stellt euch vor, dieser Lehrer beschließt, für diesen Schüler nicht zu arbeiten – seine Arbeiten nicht nachzusehen und ihn nicht aufzurufen, wenn er sich meldet. Wie denkt ihr darüber?

Schüler: Das wäre nicht richtig. Ein Lehrer darf nicht seine Verantwortung gegenüber dem Schüler vernachlässigen oder verweigern, auch wenn er ihn nicht mag.

Lehrer: Warum nicht?

Schüler: Das ist unfair. Seine Gefühle haben nichts mit seiner Verantwortung zu tun.

Lehrer: Hat jemand eine Idee, warum ich dieses Beispiel gebracht habe? (Keiner antwortet.) Vor einiger Zeit habt ihr zugestimmt, daß wir alle dieselben Rechte haben sollen. Habt ihr eure Meinung geändert?

Schüler: Aber das ist nicht dieselbe Situation. Ein Lehrer wird fürs Lehren bezahlt; aber ein Kind wird nicht für's Lernen bezahlt.

Schüler: Das ist richtig.

Lehrer: Wollt ihr damit sagen, daß Lernen umsonst ist, daß ihr das für den Lehrer aus lauter Gutmütigkeit tut?

Die Schüler beginnen, sich mit der Frage aus einem neuen Blickwinkel zu beschäftigen. Sie sollen entdecken, daß sie für den Lernfortschritt ebenso viel Verantwortung tragen wie der Lehrer. Es stimmt, die Verantwortung für das Lehren liegt beim Lehrer, aber die Verantwortung für das Lernen liegt beim Schüler. Ob der Lehrer oder der Schüler seiner Verantwortung nachkommt, ist der Entscheidung des jeweils einzelnen überlassen; sie haben das Recht, sich zu entscheiden, wie sie wollen; aber beide haben die gleichen Rechte. In der Diskussion sollen die Kinder entdecken, daß sie häufig ein falsches Verständnis davon haben, warum sie lernen. Sie werden sehen, wie sie das Lernen als Belohnung oder Bestrafung für Eltern oder Lehrer einsetzen.

Ohne Leitung werden Gruppengespräche leicht zu Streitereien, bei denen es nur noch darum geht, wer recht hat und wer nicht. In solch einer Atmosphäre wird nichts im Hinblick auf Einsicht und Einigung der Klassengemeinschaft erreicht. Solche Diskussionen enden oft im Chaos, und das Ergebnis ist, daß der Lehrer entmutigt wird und keine Gruppengespräche mehr durchführt.

Gruppengespräche können mit einer Konferenz verglichen werden, wo Lehrer und Schüler an einem Tisch sitzen, ihre oft gegenseitigen Standpunkte erläutern können und zu einer Vereinbarung kommen. Besonders wichtig ist es, daß Kinder über ihre Probleme sprechen können, ohne Angst haben zu müssen, ausgelacht zu werden. Die Gruppe sucht nach den Gründen der Spannung und wie sie vermieden oder gelöst werden kann, wenn sie auftritt.

Mit Hilfe der Gruppengespräche wandelt sich die Haltung von Wettstreit in eine von gegenseitiger Sympathie und Interesse getragene. Das Kind, das häufig ausgelacht wird, wird zu einer Aufgabe für die Gruppe, die versuchen will, ihm zu helfen. Wir wollen eine solche Situation vorstellen.

In einem fünften Schuljahr machten sich die Kinder gern über Axel lustig; sie lachten über ihn und mokierten sich über sein Verhalten. Der Lehrer redete mit den Schülern und bestrafte sie sogar wegen ihres beschämenden Verhaltens, aber nichts half. Es wurde so schlimm, daß er keinen anderen Ausweg sah, als daß Axel seine

Arbeiten im Büro des Schulleiters machen sollte; und Axel verbrachte die meiste Zeit des Tages dort.

Ein Schulberater führte, während Axel im Büro des Schulleiters saß, ein Gespräch mit der Klasse. Er eröffnete die Diskussion mit der Frage, wer mehr Rechte haben solle, um den Kindern bewußt zu machen, welche Rechte sie sich selbst zugestehen, aber nicht den anderen. Dann nahm das Gespräch folgenden Verlauf:

Leiter: Was für eine Klasse seid ihr?

Schüler: Wir sind eine fünfte Klasse.

Leiter: Ich meine, seid ihr eine freundliche Klasse, kommt ihr gut miteinander aus?

Schüler: Wir kommen gut miteinander aus, nur mit einem nicht. Mit ihm kommen wir nicht zurecht.

Leiter: Warum nicht?

Schüler: Er ist ein komisches Kind; wir können nichts dafür. Er macht immer so komische Sachen.

Leiter: Wie ist es mit den anderen? Seht ihr die Situation auch so?

Schüler: Sie sollten ihn sehen; übrigens er heißt Axel – er ist jetzt im Büro des Schulleiters. Sie können sich ja überzeugen.

Leiter: Ihr sagt, er ist komisch. Was macht er?

Schüler: Nun, er geht komisch, so, als würde er gestoßen. Sie wissen, was ich meine?

Schüler: Ja, und er spricht so komisch, nicht wir wir anderen.

Schüler: Beim Sport ist er auch so ungeschickt. Er kann noch nicht einmal einen Ball gerade werfen.

Leiter: Hat er schon mal einen von euch verletzt?

Schüler: Nein, so eine Art Kind ist er gar nicht.

Leiter: Warum ist er im Büro des Schulleiters?

Schüler: Wir haben ihnen doch schon gesagt, wir kommen mit ihm nicht aus.

Leiter: Was tut ihr genau?

Schüler: Nun, ich weiß schon, es ist nicht nett, aber wir tun es, und ich tu es auch; aber ich weiß, es ist nicht nett.

Leiter: Was tut ihr?

Schüler: Wir lachen über ihn. Manchmal rufen wir ihn aus, und manchmal schupsen wir ihn herum; aber wir tun ihm nicht richtig weh. Wir haben nur unseren Spaß daran.

Leiter: Darf ich euch ein paar Fragen stellen?

Schüler: Sicher!

Leiter: Stellt euch vor, ich käme hierher und hätte fünf Hüte übereinander auf dem Kopf (Gelächter). Würde ich jemandem damit wehtun?

Schüler: Nein.

Leiter: Habe ich das Recht, komisch zu sein?

Schüler: Ja.

Leiter:	Hat irgendjemand das Recht, mich zu bestrafen, weil ich komisch bin, wenn ich keinem mit meinem Verhalten wehtue?
Schüler:	Nein.
Leiter:	Stellt euch vor, ich käme mit einem roten und einem schwarzen Schuh an zur Schule. Niemand kleidet sich so, und ich würde eigenartig und komisch aussehen. Verletzte ich jemanden? Hat irgendjemand das Recht, mich zu bestrafen?
Schüler:	Nein.
Leiter:	Stellt euch vor, ich spreche komisch, ich gehe komisch und werfe niemals einen Ball ordentlich. Würde ich dadurch jemanden verletzen?
Schüler:	Nein.
Leiter:	Hat jemand das Recht, mich zu bestrafen?

Mit Hilfe einer solchen Diskussion sehen die Kinder, was sie tun. Wir müssen darauf hinweisen, daß in vielen Diskussionen dieser Art die Schüler immer mit „Ja" und „Nein" antworten, wenn sie gefragt werden „Verletze ich jemanden? Hat jemand das Recht, mich zu bestrafen?" Wir wollen nun mit der Diskussion des Beraters fortfahren:

Leiter:	Ist Axel eurer Meinung nach ein glücklicher Junge?
Schüler:	Nein.
Leiter:	Trifft euch das? Was fühlt ihr für Leute, die unglücklich sind, wenn es nicht gerade Axel ist? Sollten wir sie eurer Meinung nach leiden lassen und sogar noch zu ihrem Unglücklichsein beitragen?
Schüler:	Nein.
Leiter:	Darüber müssen wir sorgfältig nachdenken: Ich glaube, ihr habt euch darüber noch nie Gedanken gemacht. Hier ist ein Junge, der sich unglücklich fühlt, und warum? Wie würdet ihr euch fühlen, wenn ihr komisch ginget und nicht fähig wäret, einen Ball ordentlich zu werfen?
Schüler:	Ich glaub wirklich, daß wir falsch gehandelt haben. Ich wünschte, ich hätte nicht getan, was ich getan habe. Ich denke, wir können Axel helfen. Ich glaube, viele von uns denken jetzt anders.
Schüler:	Ich auch, ich denke, wir sollten Axel helfen.
Leiter:	Ihr, die ihr ihm helfen wollt – wie könnt ihr das anfangen?

Die Diskussion kreist nun darum, wie Axel zu helfen ist. Ohne eine gelenkte Gruppendiskussion wäre dieses Ziel nicht erreicht worden. Das könnte als Manipulation angesehen

128

werden, aber es ist um eines konstruktiven Zweckes willen geschehen.

Das Thema Gleichwertigkeit betrifft häufig die Beziehung zwischen Lehrer und Schüler, und viele Lehrer behaupten, daß sie nicht wissen, wie sie das Konzept der Gleichwertigkeit dem Schüler nahebringen sollen. Wir wollen dazu ein Beispiel geben, das auch wieder ein Beispiel für eine gelenkte Diskussion ist.

Lehrer: Glaubt ihr an die Gleichwertigkeit aller Menschen?

Schüler: Was meinen Sie mit „Gleichwertigkeit"? Meinen Sie, daß wir alle gleich sind?

Lehrer: Nein, wir können nicht alle gleich sein. Du bist du, und ich bin ich, aber als Menschen sind wir alle gleich. Sollten wir da nicht auch die gleichen Rechte haben?

Jörg: Ich meine nicht. Ich meine, Lehrer sind Erwachsene und sie sollten mehr Rechte haben als Kinder.

Lehrer: Um das richtig zu verstehen, muß ich dies fragen: Willst du damit sagen, daß ich als Lehrer im Unterricht Kaugummi kauen darf, wenn es für euch verboten ist?

Viele Schüler: Nein, das nicht, das wäre ungerecht.

Lehrer: Was meinst du, Jörg? Meinst du immer noch, daß ich das Recht haben soll, während du es nicht hast?

Jörg: Nein, das meine ich nicht.

Lehrer: Wenn in unserer Schule die Regel besteht, daß niemand im Treppenhaus rennen darf, darf ich als Lehrer dann rennen?

Jörg u. andere: Nein.

Lehrer: Nun, dann meint ihr doch, daß wir alle dieselben Rechte haben sollen! Sehe ich das so richtig?

Schüler: Ja.

Bei der Leitung von Gruppengesprächen ist es wohl am schwierigsten zu lernen, die richtigen Fragen zu stellen. Es gibt kein Rezept dafür, man kann es nur durch Versuch lernen.

Schwierigkeiten bei Gruppengesprächen

Manche Lehrer haben vor allem wegen der Zweifel an den eigenen Fähigkeiten Schwierigkeiten mit Gruppengesprächen. Einige glauben, daß sie ein Gruppengespräch führen, während sie in Wirklichkeit die Gelegenheit nutzen, um ihre Ideen durchzusetzen, zu predigen und den Schülern Vorträge darüber zu halten, was sie tun und lassen sollen. Kinder werden solchen Predigten gegenüber meist taub, wie auch das folgende Beispiel zeigt:

Lehrer: Legt eure Arbeit zur Seite, wir wollen ein Gespräch führen.
Kind: Ich möchte etwas sagen.
Lehrer: Zuerst möchte ich der Klasse etwas sagen. Ich habe mich heute morgen geschämt, als ihr zur Turnhalle gegangen seid. Ihr wißt, daß ihr nicht die Treppen runterrennen sollt. Wir haben schon dutzende Male darüber gesprochen. Wie oft hab ich euch schon gesagt, daß ihr im Treppenhaus nicht rennen sollt? Wirklich, man könnte denken, daß ich es euch nie gesagt hätte. Ich will das nicht noch einmal sehen. Verstanden? Und wenn es wieder vorkommt, dann dürft ihr nicht turnen gehen. Ich möchte euch nicht so bestrafen; aber ihr müßt doch zugeben, daß ihr mich dazu zwingt.

Ein geübter Gesprächsleiter würde vielleicht in folgender Weise begonnen haben:

Lehrer: Ich möchte mit euch darüber sprechen, was sich heute morgen auf dem Weg zur Turnhalle ereignet hat. Ich hätte gern, daß ihr darüber nachdenkt und mir eure Meinung sagt.

Auf diese Weise besteht die Chance, daß die meisten Schüler etwas dazu sagen wollen. Sollte jedoch niemand antworten, kann das Gespräch in folgende Richtung gelenkt werden:

Lehrer: Ich brauche eure Hilfe; denn ich möchte keine Entscheidung treffen, ehe ich nicht mit euch darüber gesprochen habe. Ich hoffe, daß ihr Vorschläge macht, was wir tun könnten. Weiß jemand, worauf ich hinaus will?
Kind: Ich glaube, Sie sprechen davon, wie wir heute morgen zur Turnhalle gegangen sind.
Lehrer: Das stimmt. Wie denkst du darüber, wir ihr euch benommen habt? (Das Kind sagt vielleicht, daß sie gerannt sind und geschrien haben.)
Lehrer: Wir haben darüber schon früher gesprochen. Wer erinnert sich daran?
Kinder: (Heben die Hände.)
Lehrer: Was sollen wir nun tun? Dieses Benehmen kann zu Schwierigkeiten mit dem Schulleiter und anderen Lehrern führen.
Kurt: Nächstes Mal gehen wir leise die Treppe hinunter.
Lehrer: Was haltet ihr von Kurts Vorschlag?
Kind: Die meisten von uns gehen ordentlich hinunter, nur einige nicht.

130

Lehrer: Was sollen wir mit diesen Kindern tun? Denkt nicht daran, wie wir sie bestrafen können, sondern versucht Lösungen zu finden, wie wir ihnen Wahlmöglichkeiten geben können.

Kind: Vielleicht sollten sie die Gelegenheit haben, mit der Klasse runterzugehen; aber wenn sie rennen oder schreien, müssen sie ins Klassenzimmer zurück und dürfen an dem Tag nicht mitturnen.

Lehrer: Wer von euch denkt, das ist eine gute Lösung für dieses Problem? (Wenn die Kinder zustimmen, sollte diese Lösung versucht werden.)

Lehrer: Wir probieren es also, und wenn es nicht klappt, müssen wir nach einer anderen Lösung suchen.

Dies ist nur einer von vielen Wegen, auf denen Lehrer und Schüler gemeinsam nach einer Lösung für ein Problem suchen können. Die Aufforderung des Lehrers an die Kinder, ihm zu helfen, stärkt ihr Gefühl, wichtig zu sein, und eint die Klasse auf ein gemeinsames Ziel hin. Der Lehrer, der sich von den Schülern bei der Lösung der Probleme, die er hat, helfen läßt, wird feststellen, daß die meisten Kinder positiv darauf ansprechen.

Das folgende Beispiel zeigt besonders typisch, wie Lehrer das Gruppengespräch nutzen, um den Kindern einen Vortrag zu halten.

Lehrer: Ich möchte mit euch über Korbball reden. Ich wiederhole: „Korbball", nicht Fußball. Ich bin sicher, ihr kennt den Unterschied. Ein Korbball soll in einen Korb geworfen werden, deshalb heißt er „Korbball". Heute nachmittag habe ich gesehen, daß einige von euch mit ihm Fußball gespielt haben. Wißt ihr, was passieren kann, wenn ihr ihn tretet? Er kann ein Loch kriegen, und wir müssen ihn reparieren lassen. Wißt ihr, was es kostet, einen Ball reparieren zu lassen? Es ist nicht billig, und die Schule wird es nicht bezahlen. Wißt ihr, wer es bezahlen muß? Ihr! Ich weiß, daß ihr gern Korbball spielt und nicht möchtet, daß dem Ball etwas passiert; deshalb wollen wir alle vorsichtig sein, wenn wir ihn benutzen. Einverstanden? (Die Kinder nicken.) Ich wußte, daß ihr es so seht wie ich, und ich bin sehr stolz auf euch.

In diesem Beispiel versucht der Lehrer, seine Schüler von seiner Freundlichkeit und seinem Vertrauen in sie zu überzeugen. Aber in Wirklichkeit fährt er fort zu predigen. Die

Chancen stehen gut, daß die Kinder dem, was er sagt, wenig Aufmerksamkeit schenken. Er könnte die Diskussion aber auch auf folgende Weise geführt haben:

Lehrer: Ich muß mit euch über den Korbball sprechen. Ich weiß, daß ihr gern damit spielt; aber ehe wir ihn wieder herausholen, müssen wir einige Entscheidungen treffen. Wem gehört der Ball?

Kind: Uns.

Lehrer: Es tut mir leid, aber das stimmt nicht.

Kind: Er gehört der Schule.

Lehrer: Das ist richtig. Wir dürfen ihn benutzen; aber wir sind verantwortlich, wenn etwas mit ihm passiert. Wie können wir dem vorbeugen? (Die Kinder diskutieren über verschiedene Möglichkeiten, wie sie den Ball benutzen können, ohne daß er beschädigt wird.)

Lehrer: Was sollen wir tun, wenn einer ihn als Fußball benutzt?

Die Kinder werden dann mehrere Konsequenzen vorschlagen, die denen sinnvoll erscheinen, die den Ball falsch benutzen. Sie werden z. B. vorschlagen, daß diese Kinder für ein oder zwei Tage nicht Korbball spielen dürfen oder daß sie für den Schaden, den sie anrichten, bezahlen müssen. Das Wichtige daran ist, daß die Schüler an den Entscheidungen beteiligt werden. Der Lehrer darf auch die Diskussion nicht sich selbst überlassen; denn wenn sie außer Kontrolle gerät, greift er oft wieder zu autoritären Mitteln und wird übermächtig.

Einige Lehrer wenden sich gegen die Gruppengespräche und den Klassenrat, weil sie der Ansicht sind, daß Kinder nicht fähig sind, das Verhalten anderer, die Rolle, die sie in der Gruppe spielen und wie sie sich gegenseitig beeinflussen, zu verstehen.

Andere Lehrer wiederum argumentieren, daß sie keine Zeit für Gruppengespräche haben, weil sie zu viel Unterrichtsstoff bewältigen müssen. Obwohl man ihre Bedenken verstehen kann, ist es doch irreführend zu denken, daß sie wegen der Gruppengespräche Unterrichtszeit verlieren würden. Jene, die regelmäßig Gruppengespräche führen, bestätigen, daß in Wirklichkeit der Lehrer Zeit gewinnt. Das liegt daran, daß die Schüler nicht nur zur Zusammenarbeit mit dem Lehrer bereit sind, sondern auch mehr Freude am Unterricht haben, wenn sie sich in der Klassengemeinschaft wohlfühlen.

Wann soll man mit Gruppengesprächen beginnen?

Gruppengespräche sollte der Lehrer so früh wie möglich mit seiner Klasse beginnen, sobald er und die Schüler einander kennengelernt haben und sich miteinander wohlfühlen. Das kann schon am ersten Schultag geschehen. Er kann die Schüler um Vorschläge bitten, wie der Klassenraum ausgeschmückt werden könnte oder wie sie die beiden ersten Schultage verbringen sollen.

Ein Gespräch entwickelt sich, während geplant wird, Arbeitsgruppen gebildet und Aufgaben verteilt werden. Eine erste gemeinsame Aufgabe könnte es sein, ein „schwarzes Brett" oder eine „Pinnwand" einzurichten. Das folgende Beispiel ist ein Ausschnitt aus einem Klassengespräch am ersten Schultag mit Kindern der Grundschule.

Lehrer: Wie ihr seht, ist unser Klassenzimmer noch ziemlich kahl. Ich habe überlegt, ob ich Bilder aufhängen sollte; aber dann habe ich gedacht, ich warte auf euch, damit wir gemeinsam entscheiden können, wie wir unseren Klassenraum ausschmücken wollen.

Nina: Ich hab' letztes Jahr eine Geranie mitgebracht.

Alex: Wir könnten Bilder malen und sie an die Wand hängen.

Lehrer: Ihr habt beide gute Ideen. Zuerst wollen wir sehen, was die anderen über Blumen für die Klasse denken, und dann sprechen wir über Bilder. Einverstanden?

Helen: Vielleicht kann jedes Kind einen Blumentopf mitbringen.

Ingo: Ich kann keinen mitbringen. Wir haben nämlich nur zwei, und meine Mutter wird mir nicht erlauben, einen davon mitzunehmen.

Lehrer: Ich weiß, daß nicht alle einen Blumentopf mitbringen können. Aber ich möchte wissen, ob die meisten von euch die Idee, Blumen in der Klasse zu haben, gut finden. Wer von euch möchte Blumen in der Klasse haben? (Viele heben die Hand.) Stellt fest, ob ihr eine Pflanze mitbringen könnt und sagt es mir dann in den nächsten Tagen.

Timo: Ich weiß nicht, ob ich eine Pflanze mitbringen kann, aber ich habe ein kleines Aquarium mit 5 Guppies. Das kann ich mitbringen.

Lehrer: Wer hätte gern, daß Timo seine Guppies mitbringt? (Viele Kinder heben die Hand.) Timo, weißt du, wie die Fische versorgt werden müssen? Ich habe nicht viel Erfahrung mit Fischen.

Timo: Oh, ich weiß, was man tun muß. Ich versorge sie immer selbst.

Jörn: Ich kann ihm helfen. Wir haben zu Hause ein großes Aquarium, und ich weiß alles darüber.

Lehrer: Dann kann ich von euch beiden noch etwas lernen. Nun zurück zu Alex' Vorschlag, Bilder zu malen. Was für Bilder wollen wir aufhängen?

Die Klasse überlegt noch weiter, womit sie ihren Raum ausgestalten könnte. Einige Kinder wollen vielleicht die Tischanordnung ändern. Wenn das möglich ist, kann die Gruppe darüber entscheiden. Dies ist ein informelles Gespräch, das darauf ausgerichtet ist, ein Zusammengehörigkeitsgefühl zu wecken.

Die Klasse trainieren

Kinder brauchen ein bestimmtes Training für die Teilnahme an Gruppengesprächen. Während der Trainingsphase muß der Lehrer aktiv als Gruppenleiter mitwirken. Schrittweise überläßt er die Leitungsfunktion den Schülern in dem Maße, wie sie dazu fähig werden. Er muß jedoch wachsam bleiben und das Gespräch lenken, wenn es auszuufern oder jemanden zu verletzen droht. Er kann den Diskussionsleiter daran erinnern, das Zeitlimit einzuhalten, nicht persönlich verletzend zu werden, sich auf das Thema zu konzentrieren, lauter zu sprechen usw.

Der Lehrer muß das Gespräch auf konstruktives Denken lenken. Er sollte keine unproduktiven und nutzlosen Diskussionen zulassen. Niemals darf er zulassen, daß ein Kind ein anderes demütigt. Wenn ein Kind eine herabsetzende Bemerkung macht, kann er

1. darauf hinweisen, daß Probleme nicht dadurch gelöst werden, daß man andere verletzt;
2. mit den Kindern gemeinsam überlegen, welches Ziel mit diesen demütigenden Äußerungen verfolgt wird;
3. dem Schüler bewußt machen, daß er mit schwierigen Situationen auch auf eine andere Weise umgehen kann.

Wenn die Diskussion ausufert, kann der Lehrer sie durch Einwürfe wie „Wir sprachen darüber, warum Leo sich so häufig in Streitereien verwickeln läßt. Ein anderes Mal können wir über die Streitereien, die du mit deinem Bruder hast, sprechen,

Harry" oder „Könnte es sein, daß Richard sich ausgeschlossen fühlt und er deshalb das Thema wechselt?" wieder zum Thema zurückführen.

Wenn ein Kind endlos redet, ohne an das Problem zu kommen, kann der Lehrer es unterbrechen, um zum Kern der Sache zu kommen. Dazu ein Beispiel:

Kurt erzählt der Klasse von einem Streit, den er mit seinem Bruder hatte. Sein Bericht lautet etwa folgendermaßen: „Mein Bruder hat gesagt, ich sei dumm, und darauf habe ich gesagt, du bist selbst dumm. Und dann sagte er, nein, du bist dumm." An dieser Stelle könnte der Lehrer unterbrechen und fragen: „Kurt, wie oft streitet ihr euch? Wo sind eure Eltern und was tun sie, wenn ihr euch streitet?"

Schrittweise werden die Schüler lernen, selbst mit schwierigen Situationen umzugehen und die Diskussion weiterzuführen.

Ideen anregen

In dem Maße, wie die Schüler Erfahrung im Gruppengespräch gewinnen, gelernt haben, sich auszudrücken und Fertigkeiten im Problemlösen entwickelt haben, kann der Lehrer ihnen vorschlagen, sich mit Problemen außerhalb der Klasse zu beschäftigen, wie Zurechtkommen mit den Geschwistern, Eltern und Freunden, Streit usw. Er könnte auch sagen: „Manchmal wollt ihr vielleicht über etwas sprechen, das euch nicht gefällt. Wenn ihr es mir nicht sagt, kann ich es auch nicht wissen."

Im folgenden Beispiel äußern die Kinder eine Kritik am Lehrer:

Julia:	Ich möchte etwas vorbringen, das Sie tun und das mich manchmal stört. Jedesmal, wenn ein Lehrer in unsere Klasse kommt, steht er bei Ihnen am Pult, und das steht genau vor meinem Tisch. Sie sprechen dann miteinander und stören mich. Ich kann dann nicht arbeiten.
Peter:	Ich habe das auch bemerkt.
Julia:	Vielleicht könnten Sie rausgehen und auf dem Flur miteinander sprechen; das würde uns dann nicht stören.
Lehrer:	Ich bin froh, daß du mich darauf aufmerksam gemacht hast. Eigentlich hätte ich es selber merken müssen; aber ich hab's nicht. Es tut mir leid, daß ich euch gestört habe. Ich will es

mir merken und, wenn wieder jemand kommt und mit mir reden will, gehe ich mit ihm hinaus.

Rolf: Ich möchte etwas vorbringen, das Sie und Ihre Referendarin tun und das mich stört.

Referendarin: Was ist es?

Rolf: Nun, nach der Pause trinken Sie beide in der Klasse Kaffee. Wir dürfen keine Cola oder Limo trinken. Ich finde, das ist nicht richtig.

Viele Kinder: Stimmt, das ist unfair.

Lehrer: Ich kann euch verstehen. Darf ich auch etwas erklären und ihr sagt mir dann, ob ihr immer noch meint, daß wir uns unfair verhalten?

Viele Kinder: Natürlich!

Lehrer: Wenn ihr um 10 Uhr Pause habt, müssen wir bei euch bleiben, weil wir Aufsicht haben. Wenn wir dann in die Klasse zurückkommen, ist es die einzige Möglichkeit, schnell eine Tasse Kaffee zu trinken.

David: Wenn das so ist, ist es schon recht, wenn Sie dann Kaffee trinken.

Lehrer: Was denkt ihr anderen?

Rolf: Nun, ich hab das Thema ja vorgebracht. Und so wie Sie es erklärt haben, kann ich es verstehen.

Kim: Ja, ich fühl mich jetzt auch wohler. Es scheint so, als ob wir Schüler Pause hätten, aber Sie nicht.

Kinder sind im Grunde fair. Wenn sie eingesehen haben, daß der Lehrer auch Bedürfnisse hat, zeigen sie Verständnis.

Gruppenentscheidungen und Überprüfen von Fortschritten

In den Gruppengesprächen treffen die Kinder ständig Entscheidungen. Der Lehrer muß darauf achten, in welchem Maße die Entscheidungen alle Mitglieder der Klasse betreffen und ob die Folgen nicht eventuell eine Strafe darstellen. Die Klasse muß in der Lage sein, verschiedene Meinungen zu tolerieren und zu schätzen. Manchmal ist die Meinung einer Minderheit der wertvollste Beitrag, der zu einer Neuorientierung der Mehrheit führen kann.

Es ist schwer, Gruppenentscheidungen rückgängig zu machen. Manchmal kann es notwendig sein, die Diskussion zu rekonstruieren, um zu verstehen, welche Voraussetzungen zu einer Entscheidung geführt haben. Dabei kann die Gruppe den

Wunsch äußern, die getroffene Entscheidung zurückzunehmen und einen anderen Handlungsweg einzuschlagen. Eine Rückschau auf das, was die Gruppe getan hat, hilft dazu, ein Gefühl für das Erreichte zu entwickeln. Ein Weg dazu sind direkte Fragen: „Was haben wir erreicht?", „Hat es sich als hilfreich erwiesen?", „In welcher Hinsicht?", „Haben wir etwas übersehen?". Ein anderere Lehrer wird vielleicht folgendes sagen: „Es scheint, daß wir uns verstehen und über ... einig sind. Ich glaube, wir müssen darüber noch weiter diskutieren. Mir scheint, daß wir gut zusammenarbeiten an ...". Der Lehrer, der mit seiner Gruppe zusammenarbeitet, wird noch andere Wege der Bestandsaufnahme finden, die den jeweiligen Bedürfnissen entsprechen.

Haltungen ändern durch das Gespräch

Wenn wir Kinder herausfinden lassen, warum ein Problem besteht, verhelfen wir ihnen gleichzeitig zur Einsicht in die Ziele des Verhaltens. Ein Lehrer könnte etwa so anfangen:

„Ich möchte mit euch über ein Problem sprechen, das ich voriges Jahr hatte. Einer meiner Schüler kam immer nach der Pause zu spät in die Klasse. Wir wollen uns ein wenig Zeit nehmen und über dieses Problem nachdenken. Warum, glaubt ihr, verhält sich ein Kind so? Wir können natürlich nur raten; aber raten macht Spaß und hilft uns, ein Problem zu durchdenken und einige gute Erklärungen zu finden, warum jemand sich auf eine bestimmte Weise verhält. Wer möchte mit der Diskussion beginnen?"

Die folgende Diskussion basiert auf dieser Technik. Das Problem war, daß ein Junge Geld aus Mutters Geldbörse genommen hatte, um Süßigkeiten zu kaufen, die er an andere Kinder verteilt hatte.

Lehrer: Wir wollen einige Minuten darauf verwenden, um über dieses Problem nachzudenken. Wir wissen nicht viel über diesen Jungen. Und doch bin ich sicher, daß wir uns einiges über ihn und sein Verhalten denken können. Warum würde ein Kind so etwas tun? Laßt uns einmal raten und sehen, was uns dazu einfällt.

Micha: Ich denke mir, daß die Kinder vielleicht Süßigkeiten von ihm haben wollten und er es deshalb getan hat.

Robert:	Ich denke, daß dieser Junge vielleicht Angst vor den Kindern hatte und es deshalb getan hat.
Lehrer:	Wie meinst du das?
Robert:	Ich meine, es könnte sein, daß sie ihm gesagt haben, sie würden ihm nach der Schule auflauern, und er sich deshalb fürchtete.
Lehrer:	Du meinst, daß sie ihm gedroht haben, ihn zu schlagen, wenn er ihnen keine Süßigkeiten gäbe?
Robert:	Ja.
Lehrer:	Was meint ihr dazu?
Judy:	Vielleicht hat dieser Junge ihnen Süßigkeiten versprochen, hatte aber kein Geld und hat es deshalb seiner Mutter weggenommen. Vielleicht wollte die Mutter ihm kein Geld geben.
Willi:	Er hat das Geld gestohlen, das ist nicht richtig.
Lehrer:	Seid ihr einverstanden, wenn wir nicht darüber diskutieren, ob das, was der Junge getan hat, richtig oder falsch war, sondern nur über die Gründe sprechen, die ihn zu seinem Tun geführt haben.
Sandra:	Vielleicht wollte er diese Kinder zu seinen Freunden haben.
Anna:	Ich denke mir, daß er vielleicht einsam war und Freunde haben wollte. Ich bin der gleichen Meinung wie Sandra.
Jan:	Ich stelle mir vor, daß seine Mutter nicht zu Hause war und er dann glaubt, der Herr im Haus zu sein und nicht um Erlaubnis fragen zu müssen. Er hatte vielleicht nur 50 Pfennige, und sie reichten nicht, und so hat er genommen, was er noch brauchte.
Betty:	Er muß sehr verwöhnt sein.
Maria:	Jan sagt, daß er der Herr im Hause sei, wenn seine Mutter nicht da sei. Ist dieser Junge erwachsen, ein Mann, meine ich?
Lehrer:	Dieser Junge ist 10 Jahre alt. Jan, dachtest du, er wäre bereits ein erwachsener Mann?
Jan:	Nun, ich denke, das ist egal. Ich meine, wenn seine Mutter nicht zu Hause ist und wenn er der einzige Junge in der Familie ist, dann könnte er der Herr im Hause sein – wenn der Vater nicht da ist, meine ich.
Helen:	Ich stimme mit dir nicht darin überein, daß er der Herr im Haus ist, nur weil er ein Junge ist und sein Vater nicht zu Hause ist. Warum sollte er der Boß sein, wenn er doch nur ein Kind ist? Das ist aber egal, er sollte auf jeden Fall um Erlaubnis fragen, ehe er Geld aus Mutters Geldbörse nimmt.
Jane:	Ich stimme Helen zu. Vielleicht hat er noch Geschwister, und, auch wenn sie Mädchen sind, glaube ich nicht, daß sie es mögen, wenn er sich als Boß aufspielt.

Anna: Wenn man ihn in der Familie den Boß sein läßt, dann könnte es sein, daß er immer und überall der Boß sein möchte.

Lehrer: Kannst du das näher erklären?

Anna: Nun, wenn er denkt, daß er zu Hause der Boß ist, dann möchte er vielleicht auch Boß sein außerhalb des Hauses oder in der Schule.

Willi: Ich denke mir, daß Jan das gesagt hat, weil er der einzige Junge in seiner Familie ist, und vielleicht ist er der Boß, wenn sein Vater nicht zu Hause ist.

Lehrer: Bitte, Kinder, wir sprechen jetzt nicht über Jan. Wir sprechen über das Problem eines Jungen, den wir nicht genau kennen. Wir wollen uns weiter darüber Gedanken machen.

Peter: Ich denke mir, daß er versucht, Freunde zu finden. Er hat vielleicht keine.

Lehrer: Hast du Freunde?

Peter: Ja.

Lehrer: Hast du ihnen Süßigkeiten oder andere Geschenke gegeben, damit sie deine Freunde sind?

Peter: Nein.

(Der Lehrer fragte mehrere Kinder, ob sie Freunde haben und ob sie versuchen, durch Süßigkeiten oder Geschenke Freunde zu bekommen. Alle Kinder antworteten, daß sie das nicht täten.)

Lehrer: Ihr habt mir jetzt gesagt, daß ihr alle Freunde habt und daß ihr sie nicht bestochen habt durch Geschenke. Peter ist nun der Meinung, daß der Junge, von dem wir reden, versucht, Freunde zu finden. Laßt uns darüber noch etwas mehr sprechen.

Tim: Wenn er auf diese Weise versucht, Freunde zu kriegen, werden die Kinder ihn für kurze Zeit mögen und dann nicht mehr seine Freunde sein wollen.

Lehrer: Warum nicht?

Tim: Weil sie immer Süßigkeiten von ihm wollen, und wenn er nicht immer das Geld hat, um welche zu kaufen, werden sie nicht mehr seine Freunde sein.

Frank: Das stimmt. Sie wollen nicht mehr seine Freunde sein. Er müßte ihnen immer Süßigkeiten kaufen.

Toni: Er sollte mit ihnen spielen und sie vielleicht mal einladen, bei ihm zu Hause zu spielen. Dann kann er Freunde bekommen.

Lehrer: Warum hat dieser Junge keine Freunde? Laßt uns mal raten, woran das liegen mag.

Maria: Wenn er, wie John meint, der Boß ist, kann ich die Kinder verstehen, wenn sie nicht seine Freunde sein mögen.

Karin: Vielleicht ist er nicht sehr nett.

Linda:	Es könnte sein, daß er unausstehlich ist und deshalb keine Freunde hat.
Petra:	Vielleicht ist er neu in der Gegend, wo er wohnt, und hat deshalb keine Freunde.
Willi:	Aber trotz allem könnte er Freunde finden, ohne seiner Mutter Geld wegzunehmen.
Sandra:	Ich denke mir, daß er vielleicht immer seinen Willen durchsetzen will und deshalb keine Freunde hat.
Lehrer:	Ihr habt da einige sehr gute Gedanken geäußert. Alles, was ihr gesagt habt, könnte der Beweggrund dafür gewesen sein, daß der Junge sich so verhalten hat. Wir können nicht sicher sein, aber das ist hier nicht wichtig. Ihr seht, welch verschiedene Gründe es geben kann, daß einige Menschen sich so und andere sich anders verhalten jeweils in der gleichen Situation. Jeder von euch hat Freunde, aber jeder von euch hat die Freundschaft auf eine andere Weise geschlossen, als dieser Junge es tat oder zu tun versuchte.

Einige Leser werden sich wundern, warum der Lehrer nicht über die moralischen und ethischen Aspekte des Problems gesprochen hat. Dies kann ein andermal geschehen, wenn es um Wertvorstellungen geht.

In dieser Diskussion ging es darum, ein Verhalten zu verstehen. Es würde zu viel Zeit in Anspruch nehmen und für die Schüler zu verwirrend sein, wenn der Lehrer die moralischen Aspekte und das Verständnis für ein Verhalten zur gleichen Zeit zum Thema des Gespräches machen würde.

Während der Diskussion kann der Lehrer beobachtet haben, daß einige Kinder ihre Köpfe senkten oder besonders aufmerksam zuhörten. Dies ist für gewöhnlich ein Erkennungsreflex. Vielleicht haben sich diese Kinder mit den Handlungen und Motivationen für das Verhalten des im Beispiel genannten Jungen identifiziert.

Durch Jans Gesprächsbeiträge z. B. gewann der Lehrer Einsicht darin, wie Jan seine Stellung in der Familie sieht – er ist der einzige Junge von 8 Kindern. Obwohl der Lehrer die Klasse davon abhielt, Jans Stellung in der Familie zu diskutieren, war Jan doch indirekt den Gefühlen, die Kinder solchem Verhalten gegenüber haben, ausgesetzt, und wir können annehmen, daß er selbst seine Äußerungen neu durchdacht hat.

An diesem Beispiel können wir sehen, daß jedes gedankenanregende Gespräch, vorausgesetzt, es wird vom Lehrer geschickt geleitet, Möglichkeiten bietet, die Kinder zum Verständnis von Verhalten zu führen und ihnen Schlußfolgerungen daraus zu ermöglichen. Der Lehrer muß darauf achten, wann er welche Frage stellen muß, um zu weiterem logischen Denken anzuregen. Interpretationen müssen von den Kindern selbst kommen. Wenn keine kommen, sollte der Lehrer einige Bemerkungen, die die Kinder zu dem Problem gemacht haben, noch einmal zusammenfassen und die Diskussion zu einem anderen Zeitpunkt fortsetzen. Aus den Beispielen dieses Kapitels ist zu entnehmen, daß der Lehrer sensitiv für das werden muß, was in der Gruppe sich ereignet. Einer der größten Vorteile der Gruppengespräche besteht darin, daß die Kinder die Scheu verlieren, etwas über sich selbst mitzuteilen, weil sie sehen, daß viele der anderen Kinder auch Schwierigkeiten haben.

Der Wert des Gruppengesprächs – Zusammenfassung

Das Gruppengespräch ist die vielleicht größte Hilfe, die ein Lehrer nutzen kann, um die Klasse zu einem gemeinsamen Ziel zu führen.

1. Die Kinder entwickeln bessere Beziehungen untereinander.
2. Es fördert das Lernen durch vermehrte Information.
3. Die Kinder lernen, gegensätzliche Meinungen gegeneinander abzuwägen und mit Menschen unterschiedlicher Herkunft umzugehen.
4. Die Kinder erforschen Problemfelder und sehen sich unangenehmen Tatsachen gegenübergestellt, die sie normalerweise ignorieren oder beiseite schieben würden.
5. Die Kinder entwickeln Verhaltensweisen und Wertvorstellungen, die sie für ihr ganzes Leben beeinflussen und Auswirkungen auf ihr schulisches und außerschulisches Verhalten haben können.
6. Schwierige Aufgaben erscheinen leichter, wenn Gedanken, Sehnsüchte, Erfolge, Ängste und Unsicherheiten mit anderen besprochen werden können.
7. Die Kinder fühlen sich von den Gleichaltrigen unterstützt und sind aufgeschlossener.

8. Die Kinder lernen konstruktive Wege, um mit Frustrationen und beunruhigenden Schwierigkeiten fertig zu werden.
9. Der Lehrer kann die Moral der ganzen Klasse anheben und die Klassenatmosphäre ändern.
10. Das Gespräch in einer Atmosphäre gegenseitigen Verständnisses regt das Denken an.
11. Der Lehrer lernt, wie jedes Kind denkt und fühlt, wie seine Beziehung zu den Mitschülern und wie seine Einstellung zur Schule ist.
12. Wenn die Kinder über ein Problem diskutieren, kann es sein, daß sie eine Lösung dafür finden oder auch mehrere unterschiedliche.
13. Es vereinigt alle Kinder der Gruppe auf ein gemeinsames Ziel hin. Sie arbeiten gemeinsamen am selben Problem, zur gleichen Zeit und haben gewöhnlich gute Ergebnisse dabei.
14. Es hilft dem Kind, sich angenommen und dazugehörig zu fühlen.
15. Die Kinder erlangen ein wachsendes Selbstwertgefühl und zunehmende Fähigkeit im Treffen von Entscheidungen.
16. Es hilft den Kindern zu sehen, welchen Wert Struktur und Ordnung innerhalb des Gruppenlebens haben.

2.8 Praktische Hinweise für die Durchführung von Gruppengesprächen und Klassenrat

Gruppengespräche, Klassenversammlung oder Klassenrat?

Gruppengespräche, Klassenversammlung und Klassenrat haben vieles gemeinsam. Lehrer, die die Methode der Gruppengespräche anwenden, benutzen diese Ausdrücke oft abwechselnd. Wir wollen hier die drei Formen voneinander abgrenzen.

Ein Gruppengespräch ist ein Treffen, bei dem die Gruppe über Themen spricht und Entscheidungen trifft, die das Miteinanderleben in der Klasse betreffen. Sie spricht über Handlungen und Gefühle der Gruppenmitglieder, sucht nach Möglichkeiten, das Verhalten eines Kindes ändern zu helfen oder ihm den Umgang mit seinen Gefühlen zu erleichtern. Sie ermutigt Gruppenmitglieder, die sich in einem Veränderungsprozeß befinden. Leiter kann der Lehrer oder ein gewählter Schüler sein, die Gruppe kann aber auch ohne festgelegten Leiter arbeiten.

Eine Klassenversammlung beschäftigt sich mit den „geschäftlichen Bereichen" wie z. B. Milch- oder Essensgeld, Ausflüge, Sitzordnung, Treffen mit anderen Klassen zu Sport und Spiel. In diesen Fällen leiten meistens die Klassensprecher die regelmäßigen Treffen auch als Diskussionsleiter.

Der Klassenrat ist in der Regel eine Kombination von Gruppengespräch und Klassenversammlung.

Es ist in der Tat unerheblich, wie Lehrer und Schüler ihre Zeit für Gespräche nennen. Wichtig ist nur, was in den Gesprächen geschieht.

Schüler in die Leitung des Klassenrates einüben

Kinder müssen die Gesprächsführung lernen. In den unteren Klassen kann der Lehrer dem Leiter ein Heft geben, in das er die Namen der Schüler eintragen kann, die während des nächsten Klassenrates sprechen wollen. Jedes Kind, das einen Kummer, eine Klage oder einen Vorschlag hat, bittet den Leiter, es für das nächste Treffen vorzumerken. Das Heft kann auch an einem bestimmten Platz im Klassenzimmer ausliegen, und die Kinder tragen sich selbst ein. Der Vorteil liegt darin, daß Kinder mit Beschwerden und Streitereien bis zum nächsten Treffen warten müssen und sie sich bis dahin schon etwas beruhigt haben. Der Leiter beginnt das Treffen mit dem Vorlesen der Namen der Kinder, die sprechen wollen. Wenn die Zeit es erlaubt, können auch die Kinder, die sich nicht haben vormerken lassen, noch eine Redezeit eingeräumt bekommen. Wenn die Zeit jedoch nicht ausreicht, haben die bereits vorgemerkten Kinder das Vorrecht. Jeweils nachdem ein Kind sein Problem oder seinen Vorschlag vorgebracht hat, bittet der Leiter die Gruppe um ihre Meinung. Auf diese Weise nehmen viele Kinder an dem Gespräch teil.

Der Lehrer ist ein gleichberechtigtes Gruppenmitglied und muß sich auch in die Liste eintragen, wenn er etwas mit der

Gruppe besprechen will. Ebenso muß er sich auch während der Diskussion mit Handzeichen zu Wort melden und warten, bis er vom Gesprächsleiter aufgerufen wird.

Während der ersten Wochen sitzt der Lehrer am besten neben dem Leiter und hilft ihm, wenn nötig. Wenn z.B. ein Kind sagt: „Ich habe zu Hause ein Problem mit meiner Schwester, sie schlägt mich", dann gibt der Lehrer ihm leise den Hinweis: „Finde heraus, wie alt die Schwester ist." Nachdem der leitende Schüler die Frage gestellt und eine Antwort bekommen hat, schlägt der Lehrer wieder leise vor: „Versuche herauszubekommen, ob Vater oder Mutter in den Streit mithineingezogen werden." Der Gesprächsleiter stellt wieder die Fragen und bekommt Antworten. Darauf könnte der Lehrer wieder leise die Anweisung geben: „Frage die anderen Kinder, was sie darüber denken, wenn Eltern sich in die Streitigkeiten zwischen den Kindern einmischen." Auf diese Weise hilft der Lehrer den Kindern, bis seine Hilfe nicht mehr nötigt ist.

Zielsetzung für die Woche

Nach jeder Diskussion eines Problems setzt die Klasse sich ein Ziel, auf das hin alle bis zum nächsten Klassenrat arbeiten. Das Ziel könnte z.B. eines der folgenden sein: die Treppen hinuntergehen und nicht hinunterrennen; nur ein Papierhandtuch nach dem Händewaschen benutzen; leise zu sprechen, wenn der Lehrer den Raum verlassen hat. Ehe ein neues Ziel gewählt wird, überprüft die Klasse immer gemeinsam, ob das Ziel erreicht worden ist. Wenn die Schüler das Gefühl haben, daß sie erfolgreich waren, nehmen sie sich etwas Neues vor. Wenn sie finden, daß sie keinen Erfolg hatten, können sie sich vornehmen, für eine weitere Woche oder auch länger daran zu arbeiten. Wenn das Problem aber dann immer noch besteht, müssen sie darüber sprechen, warum das so ist, und den Zielvorsatz überprüfen und eventuell neu formulieren.

Fragen zu Gruppengesprächen und Klassenrat

Lehrer, die Gruppengespräche führen wollen, haben häufig viele Fragen dazu. Wir wollen auf diese Fragen im einzelnen eingehen, nicht nur von einem theoretischen Standpunkt aus, sondern auch aus mehr als 20jähriger persönlicher praktischer Erfahrung.

1. *Kann man auch in großen Klassen wirksame Gruppengespräche führen?* Die Größe der Gruppe hat keinen entscheidenden Einfluß auf den Lernprozeß. Wir hatten über 40 Schüler in einer Klasse, und die große Anzahl wirkte sich nicht störend auf die Wirksamkeit der Diskussion aus. Eine große Klasse kann jedoch Einfluß auf die Zeit haben, die der Lehrer bereit ist, für ein regelmäßiges Gruppengespräch einzusetzen. (Je mehr Schüler in einer Klasse sind, um so mehr Arbeit hat der Lehrer. Er hat mehr Elterngespräche zu führen, muß mehr Zeugnisse schreiben, mehr Hefte korrigieren usw.) Häufig opfern die Lehrer die Zeit für Gruppengespräche diesen anderen Aufgaben. Das ist schade. Gerade weil der Lehrer so wenig Zeit hat, braucht er die Hilfe der Klasse, um nicht mit Disziplinproblemen und Lernschwierigkeiten Zeit zu vergeuden. Mit Hilfe guter Gruppengespräche gewinnt der Lehrer Zeit.

2. *Was ist mit den Kindern, die hinten sitzen und nichts hören können?* Wir schlagen vor, daß Kinder und Lehrer, wenn immer möglich, im Kreis sitzen sollen. Das ermöglicht untereinander Augenkontakt, und so können auch alle besser verstehen. Außerdem schlagen wir vor, daß der Lehrer neben dem Störenfried sitzt. Die physische Nähe beugt dem störenden Verhalten oft vor. Wenn sich Tische und Stühle nicht leicht bewegen lassen, können die Schüler sich auf dem Boden in einen Kreis setzen, oder die letzte Reihe der Schüler kommt nach vorne zu der ersten.

3. *Wie geht ein Lehrer mit Kindern um, die die Diskussion manipulieren?* Wenn ein Kind das Gespräch manipulieren will, was in der Tat manchmal vorkommt, kann der Lehrer oder der Gesprächsleiter es daran erinnern, daß noch andere darauf warten, zu Wort zu kommen, so möge es doch, bitte, zum Wesentlichen kommen. Die Klasse kann beschließen, wieviele Minuten jemand reden darf.

4. *Wann soll man anfangen?* Fangen Sie, wenn irgend möglich, am ersten Tag an. Das sollte dann allerdings eine sehr informelle Diskussion sein. Lehrer und Schüler könnten darüber sprechen, wie sie den Klassenraum ausgestalten möchten oder wie sie in die Pause gehen wollen.

5. *Wie lange sollten die Diskussionen dauern?* Die Dauer der Diskussionen hängt vom Alter der Kinder und dem intel-

lektuellen Niveau der Gruppe ab. In der Vorschulklasse und im ersten Schuljahr sollten sie 20 Minuten nicht überschreiten. Im zweiten bis fünften Schuljahr können sie 20 bis 30 Minuten dauern. Älteren Kindern sollten 40 bis 50 Minuten zur Verfügung stehen. Die Diskussion sollte sich nie dahinschleppen und für die Klasse langweilig werden. Es müssen nicht immer unbedingt alle Probleme während eines Treffens gelöst werden. Einige können bis zum nächsten Mal verschoben werden, wenn es nötig ist. Geistigbehinderte oder in der Entwicklung gestörte Kinder sollten täglich 5 bis 10 Minuten lang Gruppengespräche führen. Wir haben erfahren, daß sie sehr gut dazu in der Lage sind, kurze Gespräche zu führen.

6. *Von welchem Alter an sind Gruppengespräche möglich?* Gruppengespräche können bereits mit 4- oder 5jährigen geführt werden.

7. *Was soll der Lehrer mit den Kindern machen, die nicht teilnehmen wollen?* Kein Kind sollte zur Teilnahme gezwungen werden. Menschen lernen auch durch Zuhören. Aber die Kinder sollten eingeladen werden, ihre Gefühle und Meinungen zum Ausdruck zu bringen. Der Lehrer oder der Leiter könnten zu einem stillen Kind sagen: „Wir haben von dir noch nichts gehört, Dennis. Wie denkst du über das, worüber wir gerade gesprochen haben?" oder „Ich habe den Eindruck, daß du gern etwas sagen möchtest, Dennis. Was ist es? Wir möchten auch gern deine Meinung hören."

8. *Was macht der Lehrer mit Kindern, die die Diskussion stören?* Wenn Kinder die Diskussion stören, bricht der Lehrer am besten das Gespräch ab, ohne ärgerlich zu werden oder den störenden Kindern einen Vorwurf zu machen. Er könnte sagen: „Wir können, wenn jemand stört, kein gutes Gespräch führen. Deshalb wollen wir es auf morgen, zur gleichen Zeit, verschieben." Wenn die Schüler sich über den Abbruch des Gesprächs ärgern, werden sie die Störenfriede selbst in Anspruch nehmen. Am nächsten Tag sollte das Gespräch wieder aufgenommen werden. Wenn wieder von einigen Kindern gestört wird, sollte der Lehrer sich wie am Vortag verhalten. Wichtig ist dabei, daß er ruhig bleibt. Nur sehr selten wird es weitere Störungen geben, nachdem das Gespräch mehrmals verschoben worden ist. Sollte aber ein Kind weiter

stören, kann der Lehrer ihm vorschlagen, bis die Diskussion beendet ist, in eine andere Klasse zu gehen. (Das muß allerdings vorher mit einem Kollegen abgesprochen werden.) Der Lehrer sollte ihm sagen, daß es, sobald die Diskussion beendet sei, Bescheid bekomme, damit es in die Klasse zurückkehren könne. Außerdem sollte es die Möglichkeit bekommen, zurückkommen zu dürfen, wenn es sich entschieden hat, nicht mehr zu stören. Nach unserer Erfahrung gelten die Klassengespräche als Höhepunkte der Woche, und die Kinder möchten immer gern daran teilnehmen.

9. *Kann alles in der Gruppe besprochen werden?* Es gibt nur sehr wenige Themen, die nicht in der Gruppe besprochen werden können. Alles, was die Klasse betrifft, sollte auch mit den Kindern dieser Klasse bearbeitet werden.

10. *Werden Entscheidungen durch Mehrheitsbeschluß getroffen?* Wir ziehen Einstimmigkeit dem Mehrheitsbeschluß vor. Wenn die Klasse keine Übereinstimmung erreichen kann, versuchen wir, mit denen, die eine abweichende Meinung vertreten, zu verhandeln, um zu einer Übereinstimmung zu kommen. Ist dies erfolglos, fragen wir sie, ob sie bereit sind, bis zur nächsten Diskussion die Entscheidung zu tolerieren. Gewöhnlich sind sie damit einverstanden.

11. *Kann die Klasse ein Problem besprechen, wenn es auftritt, oder muß sie bis zum nächsten regelmäßigen Termin warten?* Wann immer es möglich ist, sollte mit der Lösung von Problemen bis zum vereinbarten Klassenrat gewartet werden. Es gibt jedoch Fälle, in denen das nicht möglich ist und das Problem sofort besprochen werden muß. Wenn z. B. ein Kind ständig so stört, daß Lehren und Lernen unmöglich werden, sollte der Lehrer den Unterricht abbrechen und mit der Klasse einen Klassenrat halten. Er kann die Klasse etwa in folgender Weise bitten, ihm zu helfen, für das Problem eine Lösung zu finden: „Ihr habt gemerkt, daß Rita mich nicht unterrichten läßt. Ich überlege, was sie von mir erwartet. Was, meint ihr, will sie erreichen? Warum hat sie, eurer Meinung nach, ein solches Bedürfnis, uns zu stören? Was sollen wir jetzt machen? Ich will nicht mit Rita streiten; aber ich kann auch, solange sie uns stört, nicht unterrichten." Das ist in etwa der Anfang, um in ein Gespräch mit den Kindern zu kommen.

12. *Wie geht der Lehrer mit sehr persönlichen Problemen um,*
    z. B. Drogenabhängigkeit, Alkoholismus oder Eltern, die
    im Gefängnis sind oder waren? Kinder können solch sehr
    persönliche Probleme vorbringen wie: „Mein Alter ist
    betrunken nach Hause gekommen und hat meine Mutter
    verprügelt." Der Lehrer sollte sehr taktvoll vorschlagen,
    dieses Problem mit ihm allein zu besprechen. Er sollte
    weder besonderes Aufhebens davon machen noch es igno-
    rieren. Später kann er dann das Kind fragen, ob es mit ihm
    darüber sprechen will und ihm erklären, daß seine Eltern
    es ihm übelnehmen oder sich verletzt fühlen könnten,
    wenn ihre Probleme in der Klasse diskutiert würden.
13. *Was macht der Lehrer, wenn ein Kind nicht zulassen will,*
    daß von den Mitschülern über sein Verhalten in der Klasse
    gesprochen wird? Ab und zu treffen wir auf ein Kind, das
    verlangt, daß die Gruppe nie über es selbst sprechen darf.
    Meist handelt es sich um ein Kind, das alle Rechte für sich
    in Anspruch nimmt, aber den anderen diese nicht zuge-
    steht. Häufig hat dieses Kind ernsthafte Verhaltensschwie-
    rigkeiten. Wir haben einen sehr hilfreichen Weg gefunden,
    um Zugang zu diesen Kindern zu bekommen. Eine
    Geschichte oder eine Art Bericht ebnet den Weg zu einem
    nutzbringenden Gespräch. Der Lehrer spricht die ganze
    Klasse an:

    „Kinder, ich möchte mit euch über eine bestimmte Situation
    sprechen und euch bitten, mir zu sagen, wie ihr mit diesem
    Problem umgehen würdet, wenn es eures wäre. Stellt euch vor,
    ihr seid alle Eltern und habt ein Kind, das Zahnschmerzen hat.
    Was würdet ihr tun?"

    Die Kinder sagen ausnahmslos, daß sie das Kind zum
    Zahnarzt bringen würden. Der Lehrer muß dann mehrere
    Kinder, einschließlich des Kindes, zu dessen Wohle er das
    Gespräch führt, fragen, ob es das ist, was sie in dieser
    Situation tun würden. Das ist sehr wichtig. Das folgende
    Gespräch mit dem betroffenen Kind könnte so verlaufen:

    Lehrer: Und du, Jane, würdest du dein Kind zum Zahnarzt
            bringen?
    Jane: Ja.
    Lehrer: Aber angenommen, dein Kind will nicht und weigert
            sich zu gehen, weil es wehtut.

Jane: Ich würde es trotzdem hinbringen.
Lehrer: Aber warum tust du das? Liebst du dein Kind denn
          nicht?

Die Kinder bestehen darauf, daß, gerade weil sie die
Eltern sind und ihr Kind lieben, sie nicht wollen, daß es
seine Zähne verliert und sie es deshalb, ganz gleich, wie
sehr es sich wehrt, zum Zahnarzt bringen. Der Lehrer fragt
wieder mehrere Kinder und stellt sicher, daß auch Jane so
handeln würde. Nachdem die Kinder ihre Zustimmung
geäußert haben, daß sie trotz der Widerstände des Kindes
handeln würden, könnte der Lehrer sagen:

Lehrer: „Also gut, Jane, in den Zahnarztstuhl mit dir! Ich mag
          dich und mache mir Sorgen um dich. Deshalb muß ich
          das Problem, das wir mit dir haben, besprechen. Ge-
          nauso wie die Eltern das Kind zum Zahnarzt bringen,
          weil sie als Eltern sich um es sorgen, so muß ich die
          Probleme besprechen, die wir mit dir haben, weil ich
          mich um dich sorge."

14. *Wie sollte der Lehrer sich verhalten, wenn Eltern verlangen,
    daß nie über ihr Kind in den Klassengesprächen gesprochen
    werden soll?* Es kann auch vorkommen, daß ein Kind
    seinen Eltern zu Hause sagt, daß es nicht möchte, daß in
    der Klasse über es gesprochen wird, und die Eltern kom-
    men dann in die Schule und sprechen anstelle des Kindes.
    Der Lehrer sollte den Eltern helfen zu verstehen, daß sie
    auf diese Weise unwissentlich die antisoziale Haltung ihres
    Kindes bestärken. Der Lehrer könnte so zu ihnen spre-
    chen: „Ich verstehe Ihre Sorge. Ich möchte auch Jane auf
    keinen Fall verletzen. Aber, wie Sie wissen, hat Jane seit
    Jahren Schwierigkeiten in der Schule, und ich würde es
    bedauern, wenn sie am Ende des Schuljahres nicht versetzt
    werden könnte und weiterhin Schulschwierigkeiten hätte.
    Ich sorge mich sehr wegen ihres Verhaltens. Sie geben ihr
    grünes Licht, sich weiter so zu verhalten. Indirekt erlauben
    Sie ihr, uns zu stören, andere Kinder zu schlagen und ihre
    Arbeiten nicht auszuführen, aber uns erlauben Sie nicht,
    darüber zu sprechen. Ich verstehe, daß Sie Ihre Tochter
    schützen wollen, aber dies wird ihr auf Dauer mehr
    schaden. Bitte, erlauben Sie, daß wir in der Klasse an
    diesem Problem arbeiten. Das wird hilfreicher sein, als
    wenn Sie oder ich es allein angehen."

Sollten die Eltern trotzdem darauf bestehen, daß Janes Verhalten nicht zum Thema des Klassenrats wird, sollte der Lehrer auf dieses Verlangen eingehen, wenn er meint, Jane so erreichen zu können. Wenn er aber den Eindruck hat, daß das Gespräch mit der Klasse der einzige Weg ist, um Jane zu helfen, muß er auch gegen den Willen der Eltern handeln und es in Kauf nehmen, die Eltern zu verärgern, wenigstens solange, bis eine Verhaltensänderung bei Jane eintritt.

15. *Warum soll der Lehrer häusliche Probleme in der Schule diskutieren?* Viele Schulschwierigkeiten haben ihre Wurzel zu Hause. Eltern sind ihren Kindern oft nicht gewachsen, und letztere können ihre Eltern recht erfolgreich manipulieren. Das kann den Kindern bewußt gemacht werden. Viele häusliche Schwierigkeiten sind schon dadurch gelöst worden, daß sie im Klassengespräch diskutiert worden sind. Des weiteren kann es sein, daß einige Kinder in der Schule kaum Probleme haben, außerhalb der Schule aber doch, und niemand würde sie mit ihnen besprechen. Zum Beispiel könnte es sein, daß ein Kind klagt, daß es Angst hat, von der Schule nach Hause zu gehen, weil einige Hunde ihm immer in den Weg laufen und es vor ihnen Angst hat. Den Kindern können die verschiedensten Lösungsmöglichkeiten einfallen. Ein anderes Kind hat vielleicht niemanden, mit dem es nachmittags spielen kann, und wieder können die anderen Kinder bei der Lösung des Problems helfen.

16. *Welche Themen oder Probleme können in der Klasse besprochen werden?* Es ist unmöglich, alle Themen und Probleme zu nennen, die in einer Klasse auftauchen können. Die folgenden Fragen können z. B. in jeder Klasse Thema sein:

Warum benehmen sich die Schüler schlechter bei einem Referendar?

Wie könnten Schüler einen Tag ohne Lehrer auskommen?

Warum sind zu Hause, in der Schule und in der Gesellschaft Regeln und Gesetze notwendig?

Zu welchem Zweck brechen einige Menschen die Regeln?

Wie kann man Freunde finden?

Sollen alle gleiche Rechte haben?

Warum benehmen sich Kinder schlecht und stören die Klasse?

Wenn sich zwei Kinder zu Hause streiten, sollten sich die Eltern dann einmischen?

Wie kommt es, daß einige kluge Kinder nicht lernen wollen?

Die folgende Aufstellung enthält allgemeine Themen, über die der Lehrer ein Gespräch anregen kann:

Mut haben, Dinge zu tun;
Mut haben, Fehler zu machen;
eine Arbeit ordentlich ausführen;
zu Hause helfen;
Regeln beachten;
Zusammenarbeit;
sich selbst achten;
andere Menschen achten;
andere Menschen manipulieren;
Umgang mit fremdem und eigenem Eigentum;
Schwierigkeiten mit Freunden;
wie Schüler Lehrer, Eltern und Gleichaltrige ärgern;
Machtkämpfe;
gleichwertig sein;
unbeliebte Dinge tun;
Verantwortung auf sich nehmen für sich und andere;
anders sein als andere;
muß man *gern* zur Schule gehen?
Schüler sind *nicht* dumm;
Schüler sind *nicht* faul;
Familienkonstellation;
Schwierigkeiten mit Geschwistern;
seinen Geschwistern helfen;
Versprechen halten;
einander helfen;
Schwierigkeiten mit Eltern;
sich um andere kümmern;
Wutausbrüche;
weinen, warum und wozu?
mit Menschen zurechtkommen, die man nicht mag;
Aufmerksamkeit auf positive und konstruktive Weise erlangen;
Arbeiten erledigen, die man nicht mag;
jemandem helfen, der entmutigt ist;
mit Ärger umgehen;
Entmutigung;
sich selbst bemitleiden;
andere Menschen herabsetzen;
Unpünktlichkeit;
Eifersucht;
Prahlerei;
Stehlen;
Wettbewerb: der Erste oder Beste sein wollen, Recht haben wollen;
Gemeinschaftsgefühl gegen Egoismus;
Gruppendruck nachgeben, anstatt zu tun, was man selbst für richtig hält;
den Clown spielen.

Sehr bald wird der Lehrer merken, daß sich aus dem täglichen Unterricht und dem Schulleben genügend Gesprächsthemen ergeben, die für das Miteinander in der Klasse wichtig sind und deshalb besprochen werden müssen.

17. *Soll während der Diskussionszeit immer nur über Probleme gesprochen werden?* Nein, die Klasse sollte nicht immer über Probleme sprechen. Der Lehrer muß dies aber der Klasse bewußt machen, sonst werden sie nur Probleme besprechen. Er kann vorschlagen, daß sie über die Fortschritte eines Schülers sprechen, über erfreuliche Dinge, die andere in der Klasse tun, über Ermutigung usw.

18. *Wie oft sollen die Diskussionstreffen stattfinden?* Die Klasse bestimmt den Tag oder die Tage, an denen sie sich zum Gespräch zusammenfinden will. Wir schlagen zwei Treffen in der Woche für die unteren Klassen und ein Treffen in der Woche für die älteren Schüler vor.

19. *Wie bringt der Lehrer den Schülern bei, einander bei Gruppengesprächen zu ermutigen?* Es ist sehr wichtig, daß die Schüler lernen, einander zu ermutigen. Kinder reagieren stark auf die Ermutigung, die sie von Gleichaltrigen erhalten. Der Lehrer könnte sagen, daß er sich freut zu sehen, daß ein Kind jetzt pünktlich zum Unterricht kommt und fragen, ob auch jemand anderes es bemerkt hat. Dann kann er vorschlagen, daß die Kinder auf Fortschritte achten sollen, die andere in der Klasse machen, einschließlich des Lehrers, und daß sie sagen sollen, wo sie Änderungen bemerkt haben. Der Lehrer kann ein Kind bitten, etwas zu dem Fortschritt eines anderen Kindes zu sagen; „Hast du bemerkt, daß Stephan sich in dieser Woche nicht einmal gestritten hat? Das war bestimmt nicht leicht für ihn und ich glaube, es würde ihn sehr ermutigen, wenn einer von euch es auch gemerkt hätte und ihm sagen würde. Es würde für ihn mehr bedeuten, wenn ihr es ihm sagt, als wenn ich es tue." So lernen die Kinder schrittweise zu ermutigen, und sie greifen es gern auf.

20. *Soll der Lehrer Fremden erlauben, an den Klassengesprächen teilzunehmen?* Er kann jeden einladen, der an dieser Arbeit interessiert ist, als stiller Beobachter anwesend zu sein. Die Einladung muß aber vorher mit der Klasse abgesprochen werden. Häufig sind Lehrer anderer Klassen sehr daran interessiert. Manchmal schicken sie auch einige

ihrer Schüler, die dann in ihrer Klasse berichten, was sie gelernt haben. Viele Lehrer beginnen erst selbst mit Gruppengesprächen, wenn sie vorher Gelegenheit hatten, bei einem Kollegen zuzuhören. Allerdings sollte der Lehrer erst Gäste einladen, wenn er schon ein wenig Erfahrung gesammelt hat und sich sicher fühlt. Der Lehrer kann einen Schüler zum Gastgeber ernennen, der die Gäste begrüßt, wenn sie hereinkommen, und sie zu ihren Sitzplätzen führt.

21. *Welche Rolle hat der Lehrer?* Der Lehrer muß solange eine führende Rolle einnehmen und die Gruppe lehren und einüben, bis er zurücktreten kann und als Mitglied der Gruppe teilnimmt, ohne ausdrückliche Anweisungen an die Schüler zu geben. Aber auch dann hat der Lehrer noch Einfluß auf die Klasse durch seine Vorschläge und mehr noch durch gezielte Fragen, die die Schüler zu logischem Denken führen. Ohne solches Training entwickelt sich eine Klassendiskussion zu einem Chaos. Jeder ist nur noch darauf bedacht, sich zu beklagen und zu strafen. Wenn dies geschieht, hört die Gesprächsrunde auf, eine demokratische Einrichtung zu sein. Ohne angemessenes Training erlangen die Kinder keine Einsicht in ihr Verhalten und ändern nicht unangemessene Wertvorstellungen. Wir haben Bedenken, wenn Lehrer ihren Schülern erlauben, ohne Führung über alles zu reden, was sie wollen. Dies sollte nicht an die Stelle eines geleiteten Gruppengesprächs treten. Die meisten Lehrer, die behaupten, Gruppengespräche durchgeführt, aber schlechte Ergebnisse erzielt zu haben, nutzten die Gespräche, um ihre eigenen Ideen und Meinungen auszudrücken, zu erläutern und den Schülern Vorträge zu halten. Andere betrachteten ihre Gespräche als offen für alles und jeden in einer ungezwungenen und unstrukturierten Weise. Wieder andere hielten die Gruppengespräche für einen Debattierclub. Die Gruppengespräche, die wir vorschlagen, haben eine Absicht. Sie dienen einem Zweck; sie zielen nicht nur auf Änderung des Verhaltens, sondern auch auf Stärkung eines gesunden Wertesystems.

22. *Welche Fertigkeiten muß ein Lehrer haben, um ein Gruppengespräch erfolgreich leiten zu können?*
    a) Er muß die vier Ziele unerwünschten Verhaltens verstehen.

b) Er muß die private Logik und den versteckten Grund hinter dem, was ein Kind sagt, verstehen.
c) Er muß lernen, wie das psychologische Ziel des Kindes aufgedeckt wird.
d) Er muß wissen, wie er die Fragen stellen muß (besonders in der Arbeit mit Jugendlichen), um den versteckten Grund aufzudecken, der die Rechtfertigung für das unerwünschte Verhalten ist.
e) Er muß Cliquen und Untergruppen in der Klasse erkennen und beachten.
f) Er muß Gefühle und Haltungen aufspüren, die sich zwar auswirken, aber nicht ausgedrückt werden.
g) Er muß den Kindern helfen, ihre Gedanken, Gefühle und Haltungen besser auszudrücken.
h) Er muß ruhige Teilnehmer ermutigen, sich zu äußern.
i) Er muß die Gedanken und Gefühle der Gruppenmitglieder in Verbindung bringen können.
j) Er muß die Gruppenatmosphäre erspüren und bereit sein, darüber zu reden.
k) Er muß die Gruppenmitglieder ermutigen, bei einem neuen Lernschritt zusammenzuarbeiten und nicht im Wettstreit zu stehen.
l) Er muß der Gruppe helfen, die eigenen Grenzen zu setzen.
m) Er muß die Gruppe ermutigen, die Stärken und Vorteile jedes einzelnen Mitgliedes zu entdecken.
n) Er muß der Gruppe helfen, die Ziele des Verhaltens jedes einzelnen zu erraten.
o) Er muß der Gruppe helfen, zusammenzufassen und zu werten, was sie gelernt hat.

Leiter eines Gruppengespräches zu sein, verlangt eine beträchtliches Maß an Selbstsicherheit, Spontaneität und innerer Freiheit. Dies erlaubt dem Lehrer, ohne Furcht und Sorge um sein eigenes Prestige oder was die Kinder sagen könnten, zu handeln. Der Lehrer muß wissen, wie er ein Klima schaffen kann, in dem die Kinder sich frei und geborgen fühlen, so daß sie ihre Gefühle und Vorstellungen äußern. Dazu gehört viel Fingerspitzengefühl. Der Lehrer muß ebenfalls immer daran denken, daß Gruppengespräche psychologischen und korrektiven Zwecken dienen. Sie helfen den Kindern zu verstehen, warum sie Probleme haben und was sie zu deren Lösung tun können.

Diese Gespräche in der Klasse können sogar kriminellen Tendenzen entgegenwirken und allgemeinen Fortschritt sowohl beim Lernen als auch im Verhalten fördern.

2.9 Verhaltensweisen verstehen lernen durch den Umgang mit Texten

Wenn der Lehrer den Eindruck hat, daß seine Schüler noch nicht so weit sind, ihre eigenen Verhaltensprobleme diskutieren zu können, kann er mit ihnen an Texten üben, Verhaltensweisen zu analysieren und zu verstehen. Er kann dazu Geschichten aus Büchern auswählen; denn fast jede Geschichte eignet sich für ein Gespräch über soziale Beziehungen, zur Analyse der Motivationen der Hauptperson. Einem in Gesprächsführung geübten Lehrer wird es gelingen, die Punkte herauszuarbeiten, die gerade in der Klasse bestehende Probleme berühren. Während des Gesprächs über das Verhalten der Hauptperson in der Geschichte werden die Schüler ihre Gedanken und Gefühle frei äußern, weil sie nicht persönlich betroffen sind. Dadurch, daß gemeinsam ein allgemeines Verhaltensproblem diskutiert wird, lernen die Kinder, daß jeder Mensch irgendein Problem hat.

Es folgen einige Beispiele mit Ausschnitten aus dem Klassengespräch oder Fragen, die im Anschluß an die Geschichten gestellt werden können, um das Gespräch zu lenken.

Bo, der Ballspieler
Lehrer: Hört einmal zu, ich möchte euch eine Geschichte über einen Pudel vorlesen. Danach wollen wir darüber sprechen, was ihr von diesem kleinen Hund haltet.
(Diese Geschichte eignet sich für Kindergarten, Vorschulklassen und 1. und 2. Schuljahr. Die Kinder sollen erkennen, wie es Bo gelingt, immer die Aufmerksamkeit zu erhalten.)
    Bo war ein hübscher, junger, silbergrauer Pudel. Er war zutraulich, spielte gerne Ball und war schnell mit allen gut Freund. Er gehörte Herrn und Frau Johnson. Sie hatten viele Freunde, die oft zu Besuch kamen. Bo war ein guter Ballspieler. Er konnte einen Ball fangen, der über den Fußboden gerollt oder hoch durch die Luft geflogen kam. Er trug ihn dann in seinem Maul durchs Zimmer und warf ihn jedem in den Schoß, den er für einen Ballspieler hielt. Bo hielt jeden für einen Ballspieler. Immer, wenn Gäste von Herrn und Frau Johnson Bo zum ersten Mal sahen, sagten sie: „Was für ein niedlicher Hund und wie

geschickt er Bälle fängt und wieder bringt!" Bo wedelte dann mit seinem kurzen Schwanz. Ganz gleich, in welche Richtung man den Ball warf, Bo jagte sofort los und fing ihn. Alle bewunderten Bo.

Bo schien niemals müde zu werden. Keiner konnte sich vor dem Ballspielen drücken; denn Bo wollte, daß jeder seine Kunststücke bewunderte. Er spielte zehn Minuten, eine halbe Stunde oder sogar eine ganze Stunde. Mit der Zeit wurde es den Gästen zu langweilig, mit Bo zu spielen. Sie waren gekommen, um sich mit Herrn und Frau Johnson zu unterhalten. Aber Bo warf ihnen immer wieder den Ball in den Schoß, wedelte mit dem Schwanz, stieß den Ball hin und her und drehte in der Luft halbe Saltos, wenn er danach sprang (Bullard, 1963).

Im Verlauf des nachfolgenden Gesprächs mit den Kindern könnte der Lehrer folgende Fragen stellen:

Nun, was haltet ihr von Bo?

Wer mag ihn? Warum?

Wer mag ihn nicht? Warum nicht?

Was tut er? Warum tut er das?

Was passiert, wenn die Leute sich nicht mehr länger mit ihm beschäftigen mögen?

Wie fühlt sich Bo, wenn ihn niemand beachtet?

Wenn ihr Bo wäret, was würdet ihr an seiner Stelle tun?

Sind Hunde die einzigen, die so viel Aufmerksamkeit brauchen?

Kennt ihr jemanden, der ähnliche Dinge wie Bo tut?

Was macht der dann?

Wie benimmt sich jemand, der ständig Aufmerksamkeit haben will, zu Hause? In der Schule?

Die Gruppe wird Bo von verschiedenen Standpunkten her betrachten. Die meisten Kinder sehen ihn als einen liebenswerten Hund, den sie gern selbst haben möchten. Aber nach einer Weile entdecken sie, daß Bo sich so benimmt wie manche von ihnen zu Hause oder in der Klasse. Bei einer solchen Diskussion sollten immer auch die anderen Möglichkeiten in Betracht gezogen werden, die es für Bo gibt, um Aufmerksamkeit zu erhalten, ohne lästig zu fallen. Zu einem späteren Zeitpunkt kann eine ähnliche Geschichte Gesprächsgrundlage sein. Schrittweise entdecken die Kinder, daß die Probleme in den Geschichten dieselben sind, die sie auch haben, und sie beginnen dann über diese zu sprechen.

„Ricky geht fischen" ist eine weitere sehr geeignete Geschichte für ein Klassengespräch. Es ist die Geschichte eines Jungen, der seinem Vater verspricht, nicht von der Mole aus zu fischen, solange der Vater zum Fischen auf See ist. Allein und ohne zu fischen, ist es aber langweilig, und Vater würde es ja gar nicht sehen können. Ricky überlegt hin und her; aber schließlich entschließt er sich, sein Versprechen zu halten (Hartley, Sterl A. 1958).

Das Gespräch über diese Geschichte verläuft meist wie folgt:

Lehrer: Was haltet ihr von Ricky?
Kind: Ich mag ihn.
Lehrer: Warum magst du ihn?
Kind: Weil er seinem Vater gehorcht.
Kind: Ich mag ihn auch deshalb. Sein Vater hat ihm verboten, von der Mole aus zu fischen, und Ricky tut es auch nicht.
Lehrer: Möchte er es denn nicht gern?
Kind: Doch sehr gern sogar, aber er hat ja seinem Vater versprochen, es nicht zu tun.
Lehrer: Könnte er nicht trotzdem fischen? Sein Vater ist doch weit weg und würde es nie merken.
Kind: Aber das wäre nicht richtig, denn er hat doch ein Versprechen gegeben.
Kind: Ich denke, er sollte es nicht tun, gerade weil sein Vater ihn nicht sehen kann.
Kind: Was nützt ein Versprechen, wenn man es doch nicht halten will?
Lehrer: Wer von euch ist auch der Meinung, daß man Versprechen halten soll? (Die meisten Kinder heben die Hand.) Könnten wir dieses Beispiel auf eine Situation in der Schule anwenden?
Kind: Ich verstehe nicht, was Sie meinen. Wir fischen doch nicht in der Schule.
Lehrer: Ich will erklären, was ich meine. Gibt es in der Klasse schon einmal eine Situation, die mit der von Ricky Ähnlichkeit hat? (Keine Antwort.) Nehmen wir an, die Klasse ist eine Familie. Wer wäre dann an Rickys Stelle?
Kind: Meinen Sie einen von uns?
Lehrer: Besteht meine Klasse nur aus einem Kind?
Kind: Sie meinen, daß wir alle in der Klasse die gleiche Stelle einnehmen wie Ricky in der Familie?
Lehrer: Genau.
Kind: Dann sind wir alle für Sie wie Ricky?
Lehrer: Stimmt, und ich bin für euch wie der Vater. Versteht ihr das alle?
Kind: Wie können Sie unser Vater sein?
Lehrer: Wir versuchen nur, eine ähnliche Situation herzustellen.
Kind: Aber Sie gehen doch nicht auf See fischen.

Lehrer:	In der Geschichte geht der Vater weg und läßt Ricky allein. Richtig?
Kind:	Richtig!
Lehrer:	Geht nicht auch der Lehrer schon mal weg und läßt die Schüler allein?
Kind:	Jetzt verstehe ich, was Sie meinen. Sie gehen weg wie der Vater in der Geschichte und lassen die Klasse allein, wie er Ricky allein läßt.
Lehrer:	Das ist richtig. Wir wollen jetzt noch mal überlegen, was zwischen Vater und Ricky geschah, ehe er zum Fischen hinausfuhr.
Kind:	Der Vater bat ihn, nicht von der Mole aus zu fischen.
Kind:	Und Ricky versprach, daß er es nicht tun würde.
Kind:	Ich weiß, was Sie meinen.
Lehrer:	Was meine ich?
Kind:	Wenn Sie hinausgehen, bitten Sie uns, nicht zu reden und unsere Plätze nicht zu verlassen.
Lehrer:	Und was geschieht, wenn ich hinausgehe?
Kind:	Wir fangen an zu reden und stehen auch manchmal auf und laufen durch die Klasse.
Lehrer:	Ihr haltet Ricky für einen liebenswerten Jungen, weil er sein Versprechen hält. Glaubt ihr, daß ihr euer Versprechen nicht zu halten braucht? (Keine Antwort.) Das nennen wir mit zweierlei Maß messen. Das bedeutet, daß wir nicht zu unserer Meinung stehen oder daß wir glauben, andere Leute müssen sich auf eine bestimmte Art benehmen, aber für uns gilt das nicht. Was haltet ihr davon?
Kind:	Ich denke, daß wir nicht reden und aufstehen dürfen, wenn Sie hinausgehen.
Kind:	Wir dürfen nicht versprechen, brav zu sein, wenn wir unser Versprechen nicht auch halten wollen.
Kind:	Das finde ich auch. Wenn wir ein Versprechen geben, sollten wir es auch halten.
Lehrer:	Denkt darüber nach. Ein Lehrer muß manchmal den Raum verlassen. Deshalb wird es noch öfters Gelegenheiten geben, bei denen ihr herausfinden könnt, wie ihr wirklich über diese Situation denkt, jetzt, nachdem wir darüber gesprochen haben.

Genau hier sollte die Diskussion beendet werden. Es wird kein bestimmter Schüler aus der Klasse erwähnt. Zu einem späteren Zeitpunkt kann der Lehrer in Verbindung mit dem Problem eines Kindes Rickys Geschichte wieder zur Sprache bringen.

Wenn der Lehrer für das Problem, das er besprechen möchte, keine geeignete Geschichte findet, kann er auch eigene Texte schreiben. Die folgenden Geschichten wurden von Lehrern geschrieben, damit ihre Schüler Einsicht in bestimmte Verhaltensweisen gewinnen konnten.

Geschichten für den Kindergarten und das 1. und 2. Schuljahr

Gerd, „der Räuber"
Gerd ist ein fünfjähriger Junge, der ständig etwas anstellt. Am liebsten schnappt er anderen Kindern oder seinem Vater etwas weg, rennt damit davon und lacht. Natürlich rennen die anderen Kinder und sein Vater hinter ihm her und versuchen, das, was er ihnen weggenommen hat, wiederzubekommen. Gerd lacht darüber nur. Wenn er das Gefühl hat, daß er den Gegenstand abgenommen bekommen könnte, wirft er ihn weg und lacht noch mehr.

Nur ganz selten nimmt Gerd seiner Mutter etwas weg. Einmal, als er ihr einen Hausschuh wegnahm und damit fortrennen wollte, warf sie ihm den anderen Schuh hinterher und las weiter in ihrem Buch, ohne auch nur aufzublicken. Gerd stand eine Weile verdutzt da und wußte nicht, was er tun sollte. Dann nahm er beide Schuhe und stellte sie neben Mutters Stuhl auf den Boden.

Fragen:
Was denkt ihr über Gerd?
Warum nimmt er allen etwas weg, nur seiner Mutter nicht?
Was erreicht er mit seinem Verhalten?
Was würdet ihr tun, wenn ihr sein Vater wäret oder eines der Kinder, denen er etwas wegnimmt?
Wie könntet ihr ihn davon abbringen, ohne mit ihm zu kämpfen?
Kennt ihr ein Verhalten, das dem von Gerd ähnlich ist und in unserer Klasse vorkommt?
Was können wir in diesem Fall tun?

Die ruhige Janice
Janice kam niemandem in die Quere. Sie trachtete danach, in einer Reihe immer die letzte zu sein, ob beim Aufstellen vor der Klasse oder beim Sport, beim Abholen von Milch und Kakao oder von Arbeitsblättern. Wenn allerdings jemand anders der letzte sein wollte, so machte ihr das auch nichts aus.

Als Janice zur Lesegruppe kam, wartete sie, bis sich alle gesetzt hatten, und schlüpfte dann leise auf einen noch freien Platz. Eines Tages forderte der Lehrer sie auf zu lesen. Sie begann damit, aber wie gewöhnlich sprach sie so leise, daß niemand sie verstehen konnte. Der Lehrer und die Kinder versuchten alles, was ihnen nur einfiel, um Janice dazuzubringen, so laut zu lesen, daß alle sie verstehen konnten; aber es war alles vergebens.

Fragen:
Was denkt ihr über Janice?
Warum ist sie immer so ruhig und leise?
Könnte sie lauter lesen?
Warum liest sie nicht lauter?
Bringt sie auf diese Weise die Leute dazu, sie zu beachten?
Wie macht sie das?
Kennt ihr andere, die so handeln wie Janice?
Wie könnte Janice auf bessere Weise Aufmerksamkeit erregen?

Bello und Bodo
Bello und Bodo sind zwei Hunde, die der Familie Müller gehören. Bello ist ein kleiner, zierlicher weißer Pudel mit weichem, lockigem Fell. Bodo ist ein großer, kräftiger deutscher Schäferhund mit glattem, dunklem Fell.
Bello beißt häufig Leute und rennt dann Schutz suchend zu Bodo. Und Bodo bellt und schnappt nach denen, die seinen kleinen Freund bestrafen wollen. Das vertreibt die Leute; aber es dauert nicht lange, und Bello greift wieder Leute an. Wenn Bodo ihn verteidigt, sitzt Bello auf seinen Hinterbeinen und guckt aufmerksam zu. Es sieht so aus, als ob Bello, wenn er sprechen könnte, sagen würde: „Siehst du, du kannst mir nichts tun."

In dieser Geschichte geht es um ein Verhalten, das wir oft bei jüngsten Kindern beobachten können. Sie provozieren andere und erwarten dann, daß ihre Eltern sie vor den Folgen schützen. Viele „gute" Kinder provozieren ihre „bösen" Geschwister, um sie in Schwierigkeiten zu bringen, und suchen dann bei den Eltern Schutz. Sie tun das unter Umständen auch in der Schule und erwarten den Schutz vom Lehrer. Die Kinder sollen lernen, daß solch ein Kind seine eigenen Kämpfe durchstehen muß und daß keiner sich einmischen soll, auch wenn es im Verlauf des Kampfes eine blutige Nase davonträgt. Nur so wird es lernen, andere nicht zu provozieren oder die Folgen zu tragen, wenn es es nicht lassen kann.

Mimi
Mimi war ein wunderhübsches Kätzchen mit strahlend blauen Augen. Sie liebte es, auf Bäume oder andere hochgelegene Plätze zu klettern.

Sobald sie oben war, begann sie zu miauen, bis jemand kam und sie herunterholte. Meistens war es ihre Besitzerin, die mit einer Leiter kam und Mimi herunterholte. Aber eines Tages beschloß die Familie, Mimi miauen zu lassen und zu sehen, was sie tun würde. Nach einer Stunde hörte Mimi auf zu jammern und kletterte allein wieder hinunter.

Mimi benutzt „Wasserkraft" (Weinen), um andere in ihren Dienst zu stellen, obwohl sie sehr gut fähig ist, Dinge allein zu tun.

Geschichten für das 3. und 4. Schuljahr

Paul

Paul stürmte ins Haus und schrie: „Julia, he Julia, wo bist du? Ich brauche dich, Julia, komm her!" „Nicht so laut, Paul", mahnte seine Mutter, „Vater schläft." Doch Paul schrie nur noch lauter: „Los, Julia, komm schon, ich hab's eilig!" Julia kam aus dem Keller herauf: „Schon gut, Paul, was willst du denn?" „Ich kann meinen Fußball nicht finden, die andern warten schon draußen. Such ihn mir, rasch!" Er rannte in die Küche und rief: „Mama, mach mir ein Butterbrot zum Mitnehmen. Ich hab' keine Zeit, hier zu essen. Aber keines mit Käse wie gestern; ich hasse Käse, tu Schinken drauf!" Julia kam mit dem Fußball. „Ehrlich, Paul, ich wünschte, du würdest deine Sachen selbst suchen. Du versuchst es nicht einmal." Paul schnappte seinen Fußball und das Butterbrot und rannte zur Tür hinaus.

Fragen:
Was denkt ihr über Paul?
Was ist an dem, das er tut, falsch?
Wie verhält er sich anderen gegenüber?
Was würdest du tun, wenn du seine Schwester wärest?
Wie geht er wohl mit den Jungen um, wenn sie mit ihm spielen?
Kennt ihr Kinder, die sich wie Paul benehmen?

Sei nett

„Hast du was in deinem Arbeitsheft getan?" fragte Georg. Sigi schüttelte den Kopf. „Dies blöde Arbeitsheft! Ich hab' es seit Tagen nicht angerührt." Er zog das Heft heraus und öffnete es. „So viele Fragen", seufzte er, „und so viele verschiedene Antworten. Woher soll ich wissen, welche Antwort die richtige ist?" Ohne eine der Fragen zu lesen, begann Sigi, die Antworten zu unterstreichen. Nach einer Weile drehte er sich zu Georg um und fragte: „He, Georg, ist das

161

richtig?" Georg schüttelte den Kopf und zeigte auf die Zeile darunter. „Danke, Georg", sagte Sigi, radierte seine Unterstreichung aus und unterstrich die Zeile, die Georg ihm gezeigt hatte. Als nächstes tippte er Petra auf die Schulter. „He, Petra, welche ist die richtige Antwort auf Frage Nummer zwei?" Petra schlug ihr Heft auf und zeigte ihm ihre Antwort. „Oh, danke", sagte Sigi und unterstrich in seinem Heft die gleiche Antwort. Dann bemerkte er, daß Jens, der hinter ihm saß, auf der gleichen Seite arbeitete. Er drehte sich um und schaute auf dessen Heft. Doch Jens deckte die Seite mit einem Blatt Papier zu und flüsterte: „Mach deine Arbeit allein, Sigi." Sigi streckte ihm die Zunge heraus.

Bei dem Gespräch über diese Geschichte wird es um Leute gehen, die sich darauf verlassen, daß andere die Arbeit für sie tun. Wenn jemand das nicht tun will, werden sie wütend so wie Sigi, als er Jens die Zunge herausstreckte.

Fragen:
Was haltet ihr von Sigi?
Wer mag ihn? Warum? Wer mag ihn nicht?
Was macht er falsch?
Was erreicht er durch sein Benehmen?
Warum macht er seine Arbeit nicht selbst?
Was haltet ihr von Georg und Petra? Sind sie gute Freunde von Sigi?
Was würdet ihr tun, wenn euer Nachbar wie Sigi handeln würde?
Was sollte ein Lehrer tun?
Wer stimmt diesem Vorschlag zu?
Sollen wir das in unserer Klasse versuchen, wenn dieses Problem einmal auftreten sollte?

Geschichten für das 3. bis 6. Schuljahr

Rolf und Clara

Rolf stand ungeduldig vor der Schule und wartete auf seine jüngere Schwester Clara. Die Kinder strömten schreiend und einander stoßend aus dem Schulgebäude. Ein kleiner, schmächtiger Junge wurde gegen Rolf gestoßen, so daß dieser beinahe hinfiel. „Paß doch auf, wo du gehst", schrie Rolf ihn an und gab ihm einen Schups. Der Junge fiel hin. In diesem Augenblick sah Rolf, wie Clara aus der Schule kam. Neben ihr gingen ihre beiden Freundinnen. Die drei blieben stehen und schwatzten, während Rolf dastand und wartete. „Ich wünschte, Mutter würde nicht verlangen, daß ich auf Clara warten und sie mit nach Hause nehmen muß", murmelte er vor sich hin. „Als erstes erzählt sie mir immer, wie sehr der Lehrer sie mag, und dann, wie sie mal wieder die beste Arbeit abgeliefert hat." „Was ist los, Rolf?" fragte Stefan, der in der Nähe stand. „Geht dich nichts an", antwortete Rolf und rief dann, „he, Clara, hör auf zu quasseln und komm endlich!" Da erst bemerkte Clara ihren Bruder, verabschiedete sich von ihren Freundinnen und schlenderte langsam zu Rolf hin. „Hallo", sagte sie, aber er gab keine Antwort und ging vor ihr her. Clara ging schneller und holte ihn ein. „Rat mal, was ich in der Mathearbeit habe?" fragte sie ihn, und, ohne auf eine Antwort zu warten, fuhr sie fort, „ich hab wieder die beste Arbeit geschrieben. Frau Jakob sagt, daß ich in Bruchrechnung unschlagbar sei. Kennst du Dirk? Frau Jakob wird schon ganz verrückt bei dem Versuch, ihm das Multiplizieren von Brüchen beizubringen. Aber Dirk ist auch zu blöd. Du müßtest ihn gesehen haben, was er sich an der Tafel geleistet hat. Ich bin vor Lachen fast gestorben." Rolf rannte los, so schnell er konnte. „Was ist los mit dir? Warum rennst du weg? Mama hat gesagt, daß wir zusammen nach Hause gehen sollen. Wart nur, wenn sie herausbekommt, daß du mich zurückläßt!" Sie begann hinter ihm her zu rennen, aber als sie sah, daß sein Vorsprung zu groß war, als daß sie ihn noch hätte einholen können, gab sie auf.

Rolf rannte über die Straße und nahm die Abkürzung zwischen zwei Grundstücken, obwohl Mutter ihm verboten hatte, sie zu benutzen. Im Vorbeirennen stieß er die Mülltonnen um, die ihm im Weg standen.

Fragen:
Was denkt ihr über diese beiden Kinder?
Was können wir über Rolf vermuten, das uns die Geschichte nicht erzählt?
Was können wir über Clara vermuten?
Wie geht es wohl zu Hause zu?
Wer petzt wohl manchmal?
Wie gut ist Rolf vermutlich in Mathematik?
Wodurch gelingt es Rolf, Aufmerksamkeit zu bekommen?
Welches Ziel könnte er mit seinem Verhalten noch verfolgen?
Wie könnten wir diesen beiden Kindern helfen, wenn wir sie in unserer Klasse hätten?

Die Kinder können mit Hilfe dieser Geschichte lernen, daß Kinder einer Familie untereinander im Wettstreit stehen, daß ein Kind in einem Fach aufgeben kann zu lernen, wenn sein

Geschwister darin besonders gut ist. Es nimmt an, selbst nicht so gute Leistungen erbringen zu können, und prüft gar nicht mehr durch einen ernsthaften Versuch, ob seine Annahme überhaupt gerechtfertigt ist.

Hanna

Hanna war mit 12 Jahren noch im 4. Schuljahr. Manchmal hänselten die Kinder sie deswegen. Erst heute morgen hatte Sandra, die vor ihr sitzt, zu ihr gesagt: „Weißt du, Hanna, ich glaube, du bist immer noch in der Grundschule, wenn ich schon längst das Abitur gemacht habe." Hanna hatte nichts darauf geantwortet, so wie sie es niemals tat, wenn jemand ihr sagte, sie sei nicht besonders klug. Nie sagte sie zu irgendjemandem etwas Unfreundliches. Sie sprach überhaupt sehr wenig. In der Schule saß sie meistens da und schaute aus dem Fenster oder spielte mit irgendetwas, das vor ihr lag. Häufig versank sie in Tagträume und hörte nicht, was der Lehrer sagte. Jeder schien als Tatsache zu akzeptieren, daß sie schlecht zuhörte und faul war, weil sie nie ihre Arbeiten auch nur anfing. Zu Hause war es nicht viel anders. Ihre ältere Schwester, Brenda, nannte sie „Dummkopf". Sie tat dies schon solange, daß Hanna sich an diesen Namen gewöhnt hatte. Immer, wenn Brenda rief: „He, Dummkopf!", schaute Hanna auf und fragte manchmal: „Was willst du?" Hanna hielt Brenda für sehr klug und glaubte, sie könne alles. Vorgestern, als Mutter Vorhänge für das Küchenfenster nähte, ließ sie Brenda auch mit der Nähmaschine nähen und fand, daß Brenda das sehr gut mache. Hanna wollte es auch gern versuchen, aber ihre Mutter lehnte ab. Sie sagte: „Nein, Hanna, die Maschine war so teuer, und ich kann es mit nicht leisten, daß du sie kaputtmachst."

Fragen:
Wie fühlt sich Hanna, wenn die Kinder sie hänseln?
Warum tun Kinder Dinge, die andere unglücklich machen?
Glaubt Hanna, daß die Leute sie mögen?
Glaubt Hanna, daß sie dümmer als andere Kinder ist?
Können wir wirklich wissen, wie klug sie ist, nach dem, was wir
    über sie gehört haben?
Wer entmutigt eurer Meinung nach Hanna am meisten?
Wer könnte Hanna helfen, daß sie sich glücklicher fühlt?
Manchmal haben auch wir in der Klasse ein Kind, das so
    handelt und sich so fühlt wie Hanna. Sollten der Lehrer und
    die Kinder sich darum bemühen, diesem Kind zu helfen?
Wie kann man solch einem Kind helfen?

Geschichten für ältere Schüler

Harald

Harald ist zwölf Jahre alt. Er ist ungewöhnlich dünn und mit seinem weiß-blonden Haar und bleichen Gesicht eine farblose Erscheinung. Harald ist ständig in Bewegung. Seine Lehrer sind sicher, daß er an Hyperkinese leidet. Das wurde jedoch weder vom Arzt noch vom Psychologen, der ihn getestet hatte, bestätigt. Einige der Lehrer sind einfach der Meinung, daß Arzt und Psychologe in Haralds Fall eine falsche Diagnose gestellt haben. Sie teilten ihre Meinung Haralds Mutter mit und bestanden darauf, daß der Junge Beruhigungsmittel brauche, um in der Klasse bleiben zu können.

Harald springt, rennt umher, hüpft, klopft, macht komische Geräusche usw. Seine Bewegungen sind fahrig und rasch, und das trägt zu seiner grotesken Erscheinung bei. Harald läßt nicht eine Gelegenheit aus, ulkig zu sein. Wenn der Lehrer die Anwesenheit der Schüler prüft, gähnt er so laut und übertrieben, daß die anderen Kinder sich nach ihm umdrehen und in Lachen ausbrechen. Er ahmt den Lehrer hinter dessen Rücken nach und stellt sicher, daß die Kinder das bemerken. Er zeichnet lustige Bilder auf die Tafel, wenn der Lehrer nicht im Raum ist. Er ändert Wörter in Liedtexten und singt sie so laut dazwischen, daß der Unterricht gestört wird.

Harald wird häufig zum Schulleiter geschickt, manchmal verbringt er den ganzen Vormittag dort. Die Lehrer schicken ihn auch schon mal auf den Flur, obwohl das eigentlich nicht erlaubt ist. Harald muß jedoch bald in die Klasse zurück oder doch zum Schulleiter, weil er solch einen Lärm auf dem Flur macht, daß die anderen Lehrer sich beklagen.

Harald ist ein Einzelkind. Als er drei Jahre alt war, starb sein Vater. Seine Mutter arbeitet als Verkäuferin in einem Warenhaus. Er verbringt seine Nachmittage in der Familie seiner Tante, die vier Kinder hat. Diese beklagt sich ständig bei seiner Mutter über sein Benehmen und droht, ihn hinauszuwerfen. Haralds Mutter weint dann und kündigt an, ihn in ein Internat zu schicken, wenn er sich nicht bessere, und prophezeit ihm, daß er eines Tages in einer Schule für Erziehungsschwierige landen wird. Wenn sie so verzweifelt ist, schlägt sie ihn mit einem Stock.

Der Lehrer sollte die Schüler dazu führen zu sehen, daß Harald durchaus besondere Fähigkeiten hat. Er ist ein guter Komödiant; er kann Cartoons zeichnen; er kann Liedtexte machen. Mit Hilfe der Mitschüler könnte Harald besondere Aufgaben in der Klasse erhalten und so auf konstruktive Weise die Aufmerksamkeit bekommen. Außerdem sollen die Schüler sehen, daß Haralds Tante und Mutter ihn entmutigen. Seine

Mutter tut dies aus Verzweiflung, nicht aus Ablehnung. In gewissem Sinne reagiert die Schule genau so. Harald könnte von den anderen Kindern ermutigt werden. Dies würde ihm nicht nur in der Klasse helfen, sondern auch in seiner Beziehung zu seiner Mutter.

Klaus

An diesem sonnigen Dienstagmorgen waren die Jungen des 6. Schuljahres besonders unruhig. Für Frau Berban war es schwierig, die Aufmerksamkeit der Schüler zu erhalten. Ständig blickten sie zum Fenster hinaus und schauten sich dann vielsagend an. Sie erfuhr, daß Herr Hayes, der Sportlehrer, ihnen versprochen hatte, daß sie, sobald das Wetter es erlaube, Fußball spielen würden. Und da heute die Sonne schien, würden sie also Fußball spielen.

Klaus, ein dicker, unbeholfener Junge, beobachtete die anderen mit Stirnrunzeln und finsterem Ausdruck. Niemand beachtete ihn, nur die Lehrerin merkte, daß er sich unglücklich fühlte. Plötzlich stand Klaus auf und bewegte sich in Richtung auf das Fenster. Er ging dabei rückwärts, leise, aber gut hörbar brummend, denn nun drehten sich einige Kinder nach ihm um und beachteten ihn. „Paß auf!" schrien einige, denn sie sahen, daß Klaus geradewegs gegen das Aquarium lief. Aber es war zu spät. Er hatte es bereits umgestoßen, und das Wasser mit den Fischen ergoß sich auf den Boden. Klaus blieb stehen, sah die anderen Kinder an und sagte nichts.

Die Fragen, die der Lehrer im Anschluß an diese Geschichte stellen sollte, um eine Diskussion über das Ziel von Klaus' Verhalten anzuregen, müssen herausfordernd und zugleich lenkend sein, damit die Schüler die wichtigen Punkte herausarbeiten können. Sie sollen erkennen, wie der Vorfall die Stimmung der Schüler in Klaus' Klasse verändert hat, weil nun alle damit beschäftigt sind, die Fische zu retten, den Boden trockenzuwischen und sich über Klaus zu ärgern. In der Tat, Klaus steht im Mittelpunkt. Der Lehrer kann nach dem Sinn des Verhaltens suchen lassen. Er kann die Schüler auffordern, sich in Klaus zu versetzen und darüber zu sprechen, wie sie sich fühlen. Als nächstes kann der Lehrer fragen, wie Klaus zu helfen ist.

Ein aufmerksamer Lehrer entdeckt während der Diskussion unter Umständen Erkennungsreflexe bei einigen seiner Schüler, die ähnliche Schwierigkeiten haben. Indirekt wird durch das Gespräch ihnen geholfen, nämlich dadurch, daß sie ein wenig über sich selbst entdeckt haben. Der Lehrer kann fragen, ob jemand in der Klasse ein ähnliches Problem hat und ob er darüber sprechen möchte; aber er sollte nie ein Kind, bei dem er einen Erkennungsreflex bemerkt hat, direkt ansprechen. Es muß die Entscheidung des Kindes bleiben, ob es reden möchte oder nicht.

Allgemeine Überlegungen zum Einsatz von Geschichten

Es gibt mehrere Aspekte, die der Lehrer beachten sollte, wenn er eine Geschichte zum Zwecke der Selbsterkenntnis erzählt. So kann er z. B. das Problem eines Mädchens vorstellen, wenn es ihm in Wirklichkeit um einen Jungen in seiner Klasse geht. Er sollte das Mädchen älter oder jünger sein lassen. Die Geschichte sollte außerhalb der Schule spielen, wenn das eigentliche Problem in der Schule liegt. Auch die Zeitwahl für die Diskussion ist wichtig. Es ist ratsam, eine solche Geschichte nicht unmittelbar im Anschluß an einen unliebsamen Vorfall mit dem Kind zu bearbeiten. Besser ist es, ein paar Tage zu warten.

Auch das Alter der Kinder muß berücksichtigt werden. Sehr junge Kinder (z. B. Kindergartenalter) mögen manchmal nicht stillsitzen, wenn sie einer Geeschichte zuhören sollen. In diesem Falle sollte man ihnen gestatten, eine ruhige Arbeit zu tun, z. B. zu malen. Sie werden auch dabei zuhören und sich in das Gespräch einschalten, sobald sie sich angesprochen fühlen. Wenn wir ein Kind zum Zuhören zwingen wollen, wird es sich wahrscheinlich gegen eine Mitarbeit sträuben, so wie es auch in anderen Fällen seine Mitarbeit verweigert, wenn es sich bei einer Sache unwohl fühlt. In den unteren Klassen ist es ratsam, daß der Lehrer sich neben das Kind setzt, um das es ihm in der Gesprächsrunde geht. Durch die physische Nähe kann er die Aufmerksamkeit des Kindes unterstützen.

Ein Ziel, das wir mit dem Erzählen von Geschichten erreichen wollen, ist, die Kinder dazu zu führen, einander zuzuhören und miteinander zu sprechen. Es gibt Menschen, die niemals an jemandem oder an einer Sache interessiert sind, wenn sie nicht eine direkte Beziehung zu sich selbst sehen. Deshalb gibt es auch Kinder, die aus diesem Grunde nicht zum Lesen motiviert werden können: Die Geschichten im Buch betreffen sie nicht persönlich: da geschieht einem anderen etwas. Was geht sie das an? Viele dieser Kinder sind an sozialem Lernen nicht interessiert. Allerdings kann man das Interesse dieser Kinder an einer Geschichte gewinnen, wenn man sie in dramatisierter Form vorträgt, z. B. Handpuppen in den unteren Klassen benutzt oder Film und Fernsehen in den höheren Klassen einsetzt.

Durch herausfordernde Fragen und Ermutigung kann der Lehrer die Kinder zur Teilnahme bewegen.

Du hast da einen Punkt genannt, über den wir genauer nachdenken müssen.
Du scheinst dich in diese Person gut einfühlen zu können.
Du hast deine Empfindungen gut ausgedrückt.
Ich sehe, daß du verstehst, worum es geht.
Was ist deine Meinung dazu?
Wie würdest du mit diesem Problem umgehen?
Welchen Rat möchtest du geben?
Würdest du ihn zum Freund haben wollen? Warum?
Würdest du ihm helfen wollen? Wie?

Jede einzelne Geschichte dient einem bestimmten Zweck. Es kann darum gehen, mit der Klasse Verständnis für ein Verhalten im allgemeinen zu erarbeiten, oder der Lehrer regt das Gespräch wegen eines bestimmten Kindes an. Eine Geschichte kann dazu dienen, das Ziel gewisser Verhaltensweisen zu verstehen, z. B. das Ziel des tyrannischen, zerstörerischen Kindes, des übersensiblen Kindes, des Kindes, das gern anderen wehtut usw. Geschichten können auch eingesetzt werden, um das Wertesystem der Kinder zu verändern. Immer muß die Geschichte aber zum Alter der Kinder passen, d. h. für jüngere Kinder kurze Geschichten mit einfacher Handlung, während sie für ältere Schüler länger und auch komplexer sein dürfen. Die Geschichte „Bo, der Ballspieler" ist zum Beispiel vorzüglich für jüngere Kinder geeignet, die viel Aufmerksamkeit verlangen, die stören und im Mittelpunkt stehen wollen. Für ältere Schüler ist eine Geschichte wie die von „Harald" besser geeignet.

Geschichten und Texte, die sich für Gruppengespräche eignen, sind z. B. in folgenden Büchern zu finden:

Dichter Europas erzählen Kindern. In Zusammenarbeit mit Chotjewitz, O.; Domin, H.; Erlach, D. u. a. Köln 1972 (Middelhauve)

Hey, W.; Speckter, O.: Fabeln für Kinder. Kassel 1970, 4. Auflage (Lometsch Verlag)

Janosch: Das große Janosch-Buch. Weinheim 1976 (Beltz & Gelberg)

Janosch: Janosch erzählt Grimms Märchen. Weinheim 1974, 3. Auflage (Beltz & Gelberg)

Rotthaus, W.; Trappmann, H.; Walter, K.-H.: Sachgeschichten für Kinder. Düsseldorf 1972 (Schwann)

Stiller, G.; Brender, J.: Streit-Buch für Kinder. Weinheim 1973 (Beltz & Gelberg)

Stiller, G.; Kilian, S.: Nein-Buch für Kinder. Weinheim 1974, 4. Aufl. (Beltz & Gelberg)

Waber, B.: Felix Fehlerlos und andere Kinder. Reinbek 1973 (rororo Rotfuchs Nr. 53)

Wölfel, U.: Sechzehn Warum-Geschichten von den Menschen. Düsseldorf 1973 (Hoch)

3. Umgang mit Lernstörungen

3.1 Lernbehinderungen

Weil so vielen Kindern Lernbehinderungen zugeschrieben werden und sie für die Lehrer große Probleme verursachen, widmen wir dem lernbehinderten Kind ein eigenes Kapitel.

Uns geht es hier nicht um die Kinder, die durch eindeutig medizinisch feststellbare physische Schäden eine Lernbehinderung haben und deshalb eines speziellen Trainings bedürfen, sondern um die Kinder, die fälschlicherweise als lernbehindert eingestuft worden sind. Diese Kinder benehmen sich in der Tat häufig so, daß der Eindruck entsteht, daß sie eine Lernschwäche haben. Wir haben herausgefunden, daß diese Kinder Selbstvertrauen gewinnen und Freude am Lernen entwickeln, wenn sie vom Lehrer und den Mitschülern ermutigt werden und wenn sie sich respektiert und angenommen fühlen. Wir möchten den Lehrer dazu anregen, die Möglichkeit zu bedenken, daß für ein Kind eine falsche Diagnose gestellt worden sein kann. Deshalb sollte ein Lehrer die Einstufung eines Kindes als lernbehindert nicht unbesehen hinnehmen, sondern das Kind in verschiedensten Situationen sorgfältig beobachten, um die Diagnose zu überprüfen. Hierzu ein Beipiel:

Ein Junge war als mehrfach behindert eingestuft worden und aufgrund der Schwere seiner Probleme offiziell vom Schulbesuch befreit worden. Eines Tages, er war damals dreizehn Jahre, wollte er seine Schwester von der Schule abholen. Während er vor dem Eingang auf den Treppenstufen saß und wartete, kam der Schulberater heraus, um zu sehen, was er da mache. Sie kamen ins Gespräch und der Berater erfuhr einiges aus der Vergangenheit des Jungen. Er war beeindruckt von seiner Art und ermutigte ihn, doch wieder zur Schule zu gehen. Er sagte dem Jugendlichen zu, daß er sehen wolle, was er tun könne, daß er wieder eingeschult werden könne, wenn er sich selbst wieder zum Schulbesuch entscheiden würde. Außerdem wolle er mit den Lehrern sprechen, damit sie ihm auch so weit wie möglich helfen würden, den Anschluß an eine Klasse zu finden. Der Junge entschied sich dafür. Er schloß die Hauptschule erfolgreich ab und fand eine Lehrstelle.

Wir können uns sicher vorstellen, was aus diesem Jugendlichen geworden wäre, wenn er nicht zufällig auf diesen ihn ermutigenden Berater getroffen wäre.

Psychologische Aspekte

Wenn wir von der Voraussetzung ausgehen, daß viele Schwierigkeiten beim Lernen sowohl auf psychologischen Faktoren beruhen als auch auf organischen Mängeln, so können wir verstehen, weshalb die gegenwärtige Form der korrektiven Erziehungspraxis so oft versagt. Diese Kinder sind so davon überzeugt, daß sie versagen werden, daß sie sich weigern, etwas zu versuchen, und sogar sich gegen jede Bemühung des Erklärens und gegen jede Anweisung sperren. Die Einstellung dieser Kinder kann geändert werden, wenn wir ihnen helfen zu sehen, wie entmutigt sie sind und daß ihre Entscheidung heißt zu handeln auf der Basis „ich kann nicht" und daß sie nicht (auch nicht vor sich selbst) zugeben, daß sie eigentlich heißt „ich will nicht".

Wir glauben, daß wir die Mängel im Lernen eines Kindes mehr als „Lehrbehinderung, -unfähigkeit" des Lehrers betrachten müssen als uns auf physische Aspekte des kindlichen Versagens beim Lernen zu konzentrieren. Wir glauben, daß diese Kinder lernen und Fortschritte machen können (jedes im Maße seiner angeborenen Möglichkeit) und es ist Aufgabe des Lehrers, die geeigneten Methoden zu finden, die dem Lernen erlauben stattzufinden. Wenn wir die Mängel mehr als Lehrunfähigkeit sehen denn als Lernunfähigkeit, dann wird das Schulsystem für Erfolg oder Mißerfolg eines Kindes mit verantwortlich.

Der durchschnittliche Sonderschullehrer hat nicht gelernt, den Widerstand eines Kindes gegen das Lernen und die psychologische Dynamik, die eine entscheidende Rolle in der Haltung des Kindes spielt, zu verstehen.

Die Lehrer betrachten behinderte Kinder als „besondere" und verhalten sich ihnen gegenüber auch „besonders" und haben andere Erwartungen an sie.

„Besonders sein" aufgrund von physischer und geistiger Behinderung, oder anders sein bedeutet in unserer Gesellschaft nicht nur einen Unterschied in individuellen Zügen, sondern auch einen Unterschied im sozialen Status. Von wenigen Ausnahmen abgesehen, liegt ein soziales Stigma auf den Menschen, die anders sind. In der an Wettbewerb orientierten Gesellschaft unserer Zeit wird der Maßstab der Über- und Unterlegenheit an jeden hervorstechenden Unterschied angelegt, wie reicher sein als ...; gebildeter sein als ...; erfolgreicher sein als ....

Fast jede Abweichung aufgrund einer Schwäche ruft unangenehme Reaktionen hervor. Wir sind überzeugt, daß Erfolg oder Mißerfolg ihre Bedeutung verlieren, wenn wir aufhören, Menschen zu messen und zu vergleichen. Nur dann können wir Kinder in ihrer Entwicklung anregen, nicht in der Hinsicht erfolgreich zu werden, in diesem Falle, ein erfolgreicher Schüler zu werden, sondern in der Hinsicht, ein soziales Wesen zu werden, das einen sicheren Platz in der Gruppe, zu Hause oder in der Schule hat, unabhängig davon, was es ist und wieviel es kann. Aus diesem Grund schadet jede Klassifikation von Kindern, die auf Vergleich mit anderen beruht.

Es kann schon vorkommen, daß ein Kind sich in einer normalen Klasse isoliert, anders, unterlegen und einsam fühlt. Unglücklicherweise führen organische und physiologische Faktoren häufig zu einer Unterschätzung der psychologischen Faktoren, die zu den Schwierigkeiten beitragen, die das Kind in seinem Leben hat.

Ohne Verstehen der psychologischen Faktoren ist es sehr schwierig, wenn nicht unmöglich, korrektive Maßnahmen zu ergreifen, um dem behinderten Kind zu helfen. Das behinderte Kind braucht Hilfe zu einer positiveren Einstellung zu sich selbst. Das ist nur möglich, wenn das soziale Umfeld, in dem das Kind lebt und handelt, selbst eine positive Einstellung zu dem Kind einnimmt. Die Aufgabe, diese Kinder zu ermutigen, ihr Gefühl für Zulänglichkeit und Optimismus aufzubauen, ist nicht leicht. Es reicht nicht aus, ihnen immer wieder aufmunternde Worte zu sagen und zu sagen, wie tüchtig sie sind. Das Einfühlen in die Fähigkeit jedes einzelnen Kindes, nützlich zu sein und teilzunehmen, ist der einzige Weg, das Beste aus dem Kind hervorzuholen. Der Lehrer muß versuchen, in seiner Klasse eine Atmosphäre herzustellen, in der das Kind das Gefühl des Dazugehörens erleben kann. Das heißt nicht, daß diese Kinder nicht besondere Arbeitsanweisungen brauchen oder daß sie niemals die normale Klasse wegen z. B. Förderunterrichts verlassen dürfen. Aber sie sollten so viel Zeit wie möglich im normalen Klassenverband verbringen und lernen, daß sie zu dieser Klasse gehören.

Sonderschullehrer, Schulberater und Klassenlehrer sollten Hand in Hand arbeiten. Sie sollten ein Team bilden, damit das effektivste Lernprogramm für das behinderte Kind erstellt werden kann. Zum Schluß wollen wir noch betonen, daß wir nicht die Lehrer kritisieren wollen, die nicht erfolgreich mit behinderten Kindern arbeiten. Wir wissen, daß es außerordentlich schwierig ist, zwischen einer echten Lernbehinderung und einer, die zwar als Lernbehinderung erscheint, aber psychologische Faktoren zum Grund hat, zu unterscheiden.

3.2 Schwierigkeiten beim Erlernen des Lesens

Eine Schätzung besagt, daß 15 bis 20 Prozent unserer Schüler Schulversager sind und das vor allem an mangelnder Lesefertigkeit liegt. Diese Schwierigkeiten bestehen, obwohl sie keine geistige oder physische Behinderung haben und ihr Intelligenzquotient normal ist oder sogar über dem Durchschnitt liegt.

Viele Untersuchungen belegen, daß die Methode, nach der das Lesen gelernt werden soll, weniger wichtig für den Erfolg ist als die individuelle Persönlichkeit des Kindes und seine Einstellung zum Lernen, und daß die Gründe für seine Schwierigkeiten jeweils nur für es allein zutreffen, obwohl andere Kinder ähnliche Schwierigkeiten haben. Hier ist es wichtig, das Problem des Kindes in holistischer Sicht zu sehen, die seine emotionale, physische und soziale Entwicklung berücksichtigt, um die zugrundeliegenden Bedingungen für ein Problem zu verstehen. Ohne dieses Verständnis ist der Lehrer nicht in der Lage, dem Kind bei der Überwindung seiner Schwierigkeit zu helfen. Unglücklicherweise können viele Lehrer nicht verstehen oder akzeptieren, daß zwischen dem Nichtlernen eines Kindes und seiner persönlichen Entwicklung eine Beziehung besteht. Noch bedauerlicher ist es, daß die Lehrer, die zu dieser Theorie stehen, es schwer haben, sie den Eltern zu vermitteln, die häufig die Quelle für die Probleme des Kindes sind. Dieses fehlende Verständnis, sowohl bei Eltern als auch bei Lehrern, führt sie dazu, mehr zu drängen, das Kind zum Lesen zu zwingen, immer wieder zu üben und häufig es auch wegen des fehlenden Fortschritts zu strafen.

Wir wissen, daß Kinder, die auf einem Gebiet zurückbleiben, für gewöhnlich noch in anderen Gebieten Schwierigkeiten haben, so vor allem in ihrer sozialen Anpassung. Viele sind auf Versagen eingestellt und versagen in fast allen Dingen. Die meisten dieser Kinder sind einsam und von den erfolgreichen isoliert, auch von der Gruppe, die sie hoch schätzen und zu der sie so gern gehören wollen. Oft tun sie sich mit anderen Kindern, die „im selben Boot sitzen", zusammen und verstärken so ihre Einstellung und ihr Verhalten.

Die meisten Kinder wollen gern lernen, und sie freuen sich auf die Schule und das Lernen. Doch sehen wir auch Kinder, die nach wenigen Wochen die Schule ablehnen und manchmal sich weigern, weiter hinzugehen. Häufig sind diese Kinder von ihren Eltern schlecht auf das soziale Leben und unabhängiges Verhalten vorbereitet worden; aber das Problem liegt nicht allein darin, wie sie aufgewachsen sind, viel häufiger liegt es am mangelnden Verständnis der Lehrer für solche Kinder und ihrer Unfähigkeit, sie zu motivieren. Kinder, die sich in der Schule wohl fühlen und spüren, daß sie von Lehrern und Mitschülern angenommen und respektiert werden, sind unabhängig von jeder Methode zum Lernen motiviert. Wir wollen damit jedoch nicht sagen, daß es nicht einige Methoden gäbe, die effektiveres Lernen ermöglichen als andere. Natürlich sind die Bücher, die das Interesse des Kindes wecken, denen vorzuziehen, die das nicht tun. Aber davon allein hängt die Bereitschaft zum Lernen nicht ab.

Wenn ein Kind in die nächste Klasse versetzt wird, obwohl es große Wissenslücken hat, ist das für das Kind, seinen emotionalen Status und seine Einstellung zur Schule weniger schädlich, als es ein „Sitzenbleiben" wäre. Dem Lehrer, der das wirkliche Problem des Kindes erkennt, der weiß, wie er das Kind gewinnen kann und fähig ist, die Gruppe der Mitschüler daran zu beteiligen, dem Kind zu helfen, seine Schwierigkeiten zu überwinden, wird es gelingen, das Kind aus seinem gegenwärtigen Widerstand gegen das Lernen herauszuführen. Das Kind wird dann wahrscheinlich seinen Rückstand rasch aufholen.

Die Unterrichtsmethode für Lernschwierigkeiten eines Kindes verantwortlich machen bedeutet, nur einen Teil des Unterrichts zu berücksichtigen. Die beste Methode ist nicht in der Lage, ein Kind zum Lernen zu motivieren, solange es eine ablehnende Haltung gegenüber der Schule und besonders gegenüber einem bestimmten Fach einnimmt. Wir müssen bedenken, daß das Versagen beim Lernen nur ein Aspekt seines allgemeinen Versagens in der Anpassung an das Leben und in der Bereitschaft zur Übernahme von sozialer Verantwortung ist. Es gibt Versuchsschulen, in denen Kinder bereits mit drei oder vier Jahren das Lesen lernen. Diese Kinder lernen nicht nur, sie haben Freude daran. Die Bereitschaft dazu kommt nicht einfach mit dem Alter, sondern entsteht in einem Prozeß von Anregung und Ermutigung. Das verlangt einen festen Glauben an die vorhandenen Möglichkeiten in jedem Kind. Leider haben die Lehrer während ihrer Ausbildung nicht nur falsche Gründe dafür gelernt, weshalb einige Kinder nicht lernen können, sondern sie fühlen sich dadurch auch indirekt entschuldigt dafür, diesen Kindern gegenüber eine Verantwortung zu haben. Sie erwarten keine oder nur geringe Lernfortschritte von ihnen, weil sie an Gründe glauben, die das Versagen voraussehen.

In den letzten Jahren werden den Kindern, die keinen Lernerfolg zeigen, und besonders denjenigen, die im Lesen versagen, verschiedenste Behinderungen zugeschrieben wie: Wahrnehmungsschwierigkeiten, Lernbehinderung, Dyslexie, geringer Hirnschaden, Aphasie, Mängel im Gehör, Störung des Hörverständnisses, Schwierigkeiten mit visuellen Bildern, besondere Sehstörungen usw. Wenn wir zur Zeit noch zu wenig Lehrer haben, die die Probleme des normalen störenden Kindes verstehen oder erkennen können, welches Kind einen Mangel aufweist, wie können wir dann in absehbarer Zukunft erwarten, genügend Lehrer ausbilden zu können, die die Diagnose und entsprechenden Förderungsmaßnahmen beherrschen, die für die 20 Prozent unserer Schüler nötig sind, von denen angenommen wird, daß sie an Dyslexie oder anderen physiologischen Mängeln leiden? Glücklicherweise gibt es viele Leute, die diesem Trend widersprechen. „Die Methoden zum Wahrnehmungstraining und visuell-motorischer Koordination haben keinen direkten Effekt auf das Lesenlernen gezeigt. Die verschiedenen Methoden werden oft mit einer Parteinahme und Entschiedenheit vorgestellt, die Alternativen auszuschließen scheinen" (Money, 1966).

Niemand leugnet, daß es Kinder mit einem Gehirnschaden gibt, aber diese Kinder verhalten sich anders als Kinder mit einem minimalen Gehirnschaden. Ihre motorische Unruhe entspringt nicht einem Gehirndefekt, der nicht bewiesen werden kann, sondern ist eine Verhaltensstörung. Sie kann durch feste aber freundliche Beschränkungen aufgehalten werden. Schlimmer noch ist die Annahme einer Wahrnehmungsstörung. Wir kennen Kinder, die an einer Form von Aphasie leiden, in der sie nicht erkennen können, was sie sehen. Aber das kommt sehr selten vor. Heutzutage wird eine solche Diagnose für tausende von Kindern gestellt. Bei der Kindern, mit denen wir gearbeitet haben und die als hirngeschädigt oder wahrnehmungsgestört eingestuft waren, haben wir diese Diagnose nur bei einem ganz geringen Prozentsatz bestätigt gefunden. Dazu zwei Beispiele:

Bei einem vierzehnjährigen Mädchen wurde eine Wahrnehmungsschwäche festgestellt, und es wurde in eine Sonderklasse eingewiesen. Im dritten Schuljahr konnte dieses Mädchen bereits so gut lesen, wie es im vierten Schuljahr erwartet wird. Plötzlich hörte es auf, Fortschritte im Lesen und Verstehen zu machen. Es stellte sich heraus, daß zu dieser Zeit der Bruder geboren worden war. Das Mädchen war bis dahin ein Einzelkind. Es war immer ein braves Kind, niemals verursachte es seinen Eltern Kummer und wurde immer für ein vorbildliches Kind gehalten. Dieses Kind konnte nicht offen rebellieren, weil es dann in den Augen der Eltern böse gewesen wäre; aber es konnte das Risiko, für böse gehalten zu werden, vermeiden, indem es die Unfähigkeit zu lesen annahm. Dies war das schlimmste, was es seinen anspruchsvollen, kultivierten Eltern antun konnte.

Der Berater hatte den Eindruck, daß das Mädchen genauso gut lesen könne wie vorher, wenn nicht sogar besser, und er teilte das den Eltern mit. Die Eltern erinnerten sich plötzlich daran, daß ihre Tochter viel Zeit damit verbrachte, Kriminalgeschichten zu lesen. Das bestätigte den Berater in seiner Meinung; denn wie kann das Mädchen einen Krimi lesen, wenn es nichts verstehen kann? Als er das Mädchen fragte, antwortete es: „Ja, wenn es mich interessiert." Er half dem Mädchen zu verstehen, was es tat und mit welchem Ziel. Seine Lehrer und die Eltern wurden angewiesen, kein Aufhebens um sein Verhalten mehr zu machen, sondern es ihm zu überlassen. Der Schule wurde geraten, das Mädchen aus der Sonderklasse zu nehmen und wieder in die Klasse zu schicken, die seinem Alter entsprach. Das Mädchen gewann bald seine Fähigkeit zu lesen und zu verstehen zurück.

Der zehnjährige Rudi litt an einer Hör- und Wahrnehmungsverzögerung. Er ging in eine Sonderklasse. Zu Hause übernahmen Eltern und Geschwister alle Verantwortung und Aufgaben für ihn. Jeder bediente ihn.

Als der Berater ihn nach seinem Verhalten fragte, schaute er in die Luft und gab keine Antwort. Auf die Frage, warum er nicht antworte, sagte er: „Ich verstehe nicht, was Sie sagen." Als der Berater aber Rudi erklärte, er habe seinen Eltern den Rat gegeben, damit aufzuhören, so vieles für ihn zu tun und ihn mehr Verantwortung für sich selbst übernehmen zu lassen, sah er den Berater an und sagte: „Sie werden nicht auf Sie hören." Offensichtlich hatte er gehört und verstanden. Der Berater fragte: „Warum nicht?" und Rudi antwortete: „Weil sie wissen, daß ich nichts selbst machen kann." Und wieder fragte der Berater: „Warum nicht?" und Rudi sagte: „Weil ich anders bin. Ich kann nicht das, was andere können." Der Berater fuhr fort, Rudi zu erläutern, warum er keine Verantwortung für sich selbst übernehmen wolle. Da begann Rudi zu brüllen: „Gehn Sie raus! Sie haben kein Recht, meinen Eltern etwas zu sagen, und sie werden nicht auf Sie hören." Rudis Eltern, die bei der Beratung anwesend waren, bemerkten plötzlich, daß sie ertappt worden waren. Durch weitere Beratungen der Eltern, der Lehrer und Rudis begann der Junge, schrittweise Verantwortung für sich selbst zu übernehmen und konnte nach einiger Zeit in einer normalen Klasse am Unterricht teilnehmen.

Beide Beispiele zeigen uns, wie vorsichtig wir sein müssen, ehe wir einen pathologischen Grund akzeptieren, warum ein Kind nicht lernen kann. Organische oder physiologische Vorstellungen führen zu einer Unterschätzung der psychologischen Faktoren bei Leseschwierigkeiten. Ohne Verstehen der Ziele kann die Bedeutung der kindlichen Dysfunktionen und Mängel nicht bestimmt werden. Korrigierende Maßnahmen verlangen ein Verstehen des Konzepts des Kindes und seiner privaten Logik. Auch wenn das Kind einen physischen Mangel hat oder aus einer unterprivilegierten Schicht stammt, sind es immer seine Reaktionen auf diese Bedingungen, die sein Verhalten erklären. Es ist weniger wichtig, was ein Kind hat, als was es daraus macht.

Widerstand gegen Ordnung und Lernen

Nach unseren Beobachtungen mangelt es den Kindern, die Schwierigkeiten beim Lesenlernen haben, häufig an der Bereitschaft, mit anderen zusammenzuarbeiten und da besonders mit Erwachsenen. Sie verachten Ordnung und wehren sich dagegen. Meist lehnen sie es ab, Anweisungen zu befolgen, denn dies bedeutet für sie Zusammenarbeit, die sie ablehnen. Die Leseschwierigkeiten sind dann nur ein Faktor in gestörten zwischenmenschlichen Beziehungen, die aus sozialer Fehlanpassung resultieren.

Lesen und Schreiben sind die beiden Fächer, die am häufigsten betroffen sind, wenn ein Kind es ablehnt, Regeln anzunehmen und nach ihnen zu handeln. Kein anderes Schulfach hängt so eng mit Ordnung zusammen. Arithmetik z.B. erfordert auch die Beachtung von Regeln. Ein Kind, das in diesem Fach Schwierigkeiten hat, wendet sich weniger gegen Regeln und Ordnung, als daß es Schwierigkeiten damit hat, seine eigenen Probleme zu lösen. Es fühlt sich unfähig, seine eigenen Probleme anzugehen, weil es von anderen zu abhängig ist, die seine Probleme für es lösen. Dagegen ist die Rechtschreibung für ein Kind, das nicht gewöhnt ist, Ordnung zu akzeptieren und Regeln zu befolgen, sehr schwierig. Es kann es nicht leiden, wenn andere Menschen ihm sagen, was es tun soll oder ihm Grenzen setzen. So ein Kind schreibt ein Wort einmal so und ein andermal anders, gerade wie es ihm gefällt. Eine schlechte Schrift weist auch auf Ablehnung von Ordnung hin, es sei denn, die motorische Koordination ist nicht genügend ausgebildet. In der Unzulänglichkeit im Lesen zeigt sich jedoch die stärkste Zurückweisung der Leistungsanforderungen, die die Erwachsenen stellen.

Zu oft wird die Leseschwäche nicht als Symptom, sondern als eigenständiges Problem gesehen. Solange der Lehrer die psychologische Dynamik des Kindes nicht versteht, kann er nicht erkennen, daß die Leseschwäche nur das Symptom eines tieferliegenden Problems ist, und er verwendet deshalb auch seine Kräfte nicht darauf, dieses Problem anzugehen. Er befindet sich in einem mühsamen Kampf. Seine eigene Entmutigung bildet ein zusätzliches Hindernis für einen Fortschritt des Kindes. Anstatt die Ängste und Befürchtungen des Kindes zu mindern, fügt er neue durch ermüdendes und oft quälendes zusätzliches Üben hinzu. Das ist auch der Fall, wenn er den Forderungen des Kindes nach besonderer Aufmerksamkeit und Bedienung nachkommt und es aus Mitleid verwöhnt. Das hält nur einen Fortschritt auf.

Erfolge sind nicht allein durch eine besondere Unterrichtsweise zum Beseitigen der Mängel zu erreichen, vor allem muß eine Änderung der Einstellung des Kindes zum Lernen erreicht werden. Anstatt das Kind mühsam mit Übungen zum Lesen zu zwingen, sollte der Lehrer psychologische Wege zur Korrektur einschlagen. Drei Punkte sind dabei vor allem zu berücksichtigen.

1. Der Lehrer versucht, die falschen Annahmen des Kindes bezüglich seines Wertes und seiner Stellung in der Gemeinschaft zu erkennen, z. B. daß es der Ansicht ist, sich ständig mit anderen vergleichen zu müssen, oder daß es nur auf Erfolg achtet, nur das Ziel sieht, ohne den Weg dahin, das Lernen, zu berücksichtigen. Der Schwerpunkt des Förderunterrichts sollte darauf ausgerichtet sein, dem Kind zu helfen, seine irrigen Annahmen zu erkennen und zu korrigieren. Das kann in Einzelgesprächen, vor allem aber in Gruppengesprächen erreicht werden, weil die meisten Kinder einer Förderklasse von ähnlichen falschen Annahmen ausgehen. Sie können dann gemeinsam erkennen und sich gegenseitig bei der Neuorientierung stützen. Die notwendigen Leseübungen werden dadurch schneller zum Erfolg führen.

2. Die Basis für effektive erzieherische Bemühungen ist eine intakte zwischenmenschliche Beziehung. Kinder, die Nachhilfeunterricht brauchen, konnten in ihrer Familie eine solche Beziehung nicht aufbauen; denn sonst hätten sie im Lern- und Sozialbereich keine Schwierigkeiten. Solange der Lehrer sich nicht bemüht, die irrigen Annahmen des Kindes zu entdecken und sie mit ihm zu korrigieren, wird er in die gleiche Rolle gedrängt, die Mutter, Vater und andere Autoritätspersonen in der Familie des Kindes einnehmen. Dieser Zusammenschluß der Erwachsenen gegen das Kind wird nur noch verstärkt, wenn der Lehrer von der Mutter verlangt, die Lernübungen anzuleiten und zu überwachen. In manchen Fällen fördert eine verbesserte zwischenmenschliche Beziehung, z. B. zwischen Eltern und Kind, zwischen Lehrer und Kind, die Lernbereitschaft des Kindes so sehr, daß ein zusätzlicher Unterricht unnötig wird.

3. Der Lehrer muß sich selbst von der Annahme freimachen, daß die Schwierigkeiten, die ein Kind beim Lesen zeigt, einen Rückschluß auf dessen tatsächliche Lesefähigkeit zulassen. Diese wird von sehr vielen Lehrern weit unterschätzt.

Die folgenden Fälle zeigen, daß Kinder in verhältnismäßig kurzer Zeit die ihrem Alter gemäße Lesefertigkeit erreichen, wenn der Widerstand gegen das Lernen schwindet, die Selbsteinschätzung geändert wird und dadurch das Selbstwertgefühl steigt.

Peter lebte allein mit seiner Mutter zusammen, weil seine Eltern geschieden waren. Die Mutter führte einen kleinen Lebensmittelladen, und Peter verbrachte den ganzen Tag bei ihr. Er war ein sehr furchtsames Kind, er fürchtete sich vor Blitz und Donner, Dunkelheit, Tieren und Fremden. Er weigerte sich, auf dem Fahrrad zu fahren, weil er herunterfallen könnte. Er schlief sogar bei seiner Mutter im Bett.

Peter besuchte die Schule nur sehr unregelmäßig. Meistens fehlte er in den ersten Stunden, und oft erschien er auch mehrere Tage hintereinander gar nicht zum Unterricht. Wenn er aber da war, benahm er sich gut und zeigte beachtliches Interesse und Wissen in den Fächern des naturwissenschaftlichen Bereichs. Ihm fehlte jedoch jegliche Lesefertigkeit. Was er im Klassen-, Förder- und Nachhilfeunterricht lernte, vergaß er innerhalb weniger Minuten.

Erst als Peter schon elf Jahre alt wurde und immer noch nicht lesen konnte, fühlte seine Mutter sich beunruhigt und bat den Lehrer um Hilfe. Das war für diese Frau ganz ungewöhnlich; denn bis zu diesem Zeitpunkt war sie nie zu einem Elternsprechtag oder -abend gekommen. Sie lernte zu verstehen, daß sie Peter von einer normalen Entwicklung dadurch abgehalten hatte, daß sie ihn zum Mittelpunkt ihres Lebens gemacht hatte. Sie hatte ihm immer nachgegeben und ihn bedient, so als ob er nicht fähig wäre zu lernen, für sich selbst verantwortlich zu sein. Sie sah allmählich den Zusammenhang zwischen dem, was sie tat, und Peters Zurückbleiben in der Schule. Sie war eine kluge Frau und verzweifelt genug, um den Rat des Lehrers zu befolgen. Für alle drei – Mutter, Peter und den Lehrer – wurde es eine schwere Zeit. Obwohl Peter darauf vorbereitet war, daß sich zu Hause einiges ändern würde, tobte er, zerbrach Geschirr, weigerte sich, zur Schule zu gehen usw. Seine Mutter war verzweifelt und holte sich fast täglich Rat beim Lehrer. Ihre größte Schwierigkeit bestand darin, dem Jungen Liebe und Zuneigung zu zeigen, ohne sein Sklave zu sein und ihn weiterhin zu bedienen. Mutter und Sohn brauchten in der ersten Zeit häufige Beratungsgespräche. Dadurch orientierten sich beide neu, und es bildete sich eine neue Beziehung zwischen ihnen. Peters Schulbesuch wurde regelmäßiger, und er schloß mit einigen Kindern Freundschaft. Der Lehrer gab ihm die Hauptrolle in einem kleinen Theaterstück, das die Klasse am Schuljahrsende aufführen wollte. Das bedeutete für Peter, daß er seine Rolle lesen und auswendiglernen mußte. Zunächst war er von anderen Kindern abhängig, die ihm seinen Text vorlesen mußten; aber im Laufe der Zeit entwickelte er zum erstenmal ein Gefühl dafür, daß Lesen sinnvoll sein kann. Von dem Augenblick an bekam auch der Nachhilfeunterricht, den er schon zwei Jahre lang ohne Erfolg erhalten hatte, Bedeutung und Peter erlangte in kurzer Zeit die seinem Alter gemäße Lesefertigkeit.

Jürgen, elf Jahre alt, war das zweite von fünf Kindern. Sein älterer Bruder starb, als Jürgen drei Jahre alt war. Nach dem Tod des Jungen entwickelten die Eltern eine übermäßig beschützende Haltung ihren Kindern gegenüber. Jürgen mußte an Regentagen, oder wenn das Wetter sich auch nur zu verschlechtern drohte, zu Hause bleiben. Er durfte Ausflüge nicht mitmachen und wurde auf Betreiben der Eltern vom Sportunterricht befreit.

In der Klasse war Jürgen recht schwatzhaft, aber nur wenn er sich von der Lehrerin unbeobachtet glaubte. Wenn sie zu ihm hinblickte, schaute er sie mit einem Engelsgesicht an, sobald sie sich wieder abwandte, schwatzte er wieder mit seinen Nachbarn. Meistens brachte er irgendein Spielzeug mit, mit dem er unter dem Tisch spielte. Wenn die Lehrerin ihn aufrief, stand er wie im Traum auf und ließ seinen Kopf so tief hängen, daß er schon beinahe die Tischplatte berührte. Auch wenn die Lehrerin ihn bat, sich wieder zu setzen, blieb er in dieser Haltung stehen. Die Mitschüler schauten ihn mitleidig an und die, die neben ihm saßen, baten ihn eindringlich, sich doch zu setzen. Jürgen fand niemals seinen Bleistift. Sein Tisch war mit Papieren und verschiedenen Dingen bedeckt, die er von zu Hause mitgebracht hatte. Er konnte weder lesen noch schreiben und zeigte keinerlei Interesse an irgendeinem Fach. Wenn die Lehrerin ihm helfen wollte, schüttelte er nur den Kopf und murmelte: „Ich kann das nicht." Bemerkenswert war aber, daß er immer von sich aus daran dachte, in den Förderunterricht zu gehen.

Jürgens Eltern waren überzeugt davon, daß er physisch und geistig zurückgeblieben sei; denn ein Bruder des Vaters war geistig behindert und befand sich in einem Pflegeheim. Sie schoben Jürgens Zustand auf Vererbung und sahen keine Möglichkeit ihm zu helfen, außer ihn zu behüten.

Während eines Klassenratgesprächs wurde darüber gesprochen, daß es sich manchmal für Kinder lohnt, sich dumm zu stellen, selbst wenn sie sehr intelligent sind. Jürgen, der bisher an diesen Gesprächen nie Interesse gezeigt hatte, hob zum erstenmal seine Hand. Er bat die Klasse zu erklären, was jemand davon haben könnte, wenn er sich dumm stellt. Er sagte: „Wenn du dumm bist, bist du dumm. Du tust nicht so, als ob du dumm wärest, weil du nichts davon hast." Die Kinder widersprachen ihm. Sie nannten ihm mehrere Beispiele, wie es sich für jemanden lohnen könnte, sich dumm zu stellen: er zwingt dadurch andere Menschen ihm Dienste zu erweisen; niemand erwartet etwas von einem dummen Kind; es braucht keine Verantwortung für sich zu übernehmen. Ein Kind wies darauf hin, daß sich das sicher lohnen würde, solange man jung ist, daß es aber für den Menschen, wenn er erwachsen geworden ist, sehr schwer werden würde; denn er hätte nicht gelernt, für sich selbst zu sorgen. Niemand hatte Jürgen erwähnt; aber plötzlich stand er auf und erklärte mit klarer Stimme: „Ich stelle mich nicht dumm." Die Lehrerin bat ihn, das näher zu erläutern, aber alles, was er sagen konnte, war: „Ich stelle mich nicht dumm", und das wiederholte er immer wieder. Sekundenlang konnte man eine Stecknadel fallen hören. Niemand sprach, und alle schauten Jürgen an. Schließlich fragte ein Mädchen: „Woher weißt du das, Jürgen? Vielleicht bist du viel klüger, als du denkst; aber du versuchst doch nie, das herauszufinden. Du gehst ja noch nicht einmal allein zur Schule und wieder nach Hause, wie das die anderen Kinder tun."

Als die Kinder in die Pause gingen, blieb Jürgen bei der Lehrerin stehen und fragte schüchtern, ob sie mit den Eltern sprechen würde, damit diese ihm erlauben würden, allein zur Schule und nach Hause zu gehen. Dies war Jürgens erster Schritt zur Selbständigkeit. Nachdem er allein zur Schule gehen konnte, bat er um Erlaubnis, allein zum Spielplatz gehen zu dürfen. Als nächsten Schritt gab die Lehrerin den Eltern den Rat, ihm einen Wecker zu geben, damit er morgens allein aufstehen lernte und nicht mehr geweckt zu werden brauchte. Die Eltern wurden angeleitet, jeden kleinen Fortschritt, den Jürgen machte, anzuerkennen. Die Mitschüler zeigten auch ihr Interesse an Jürgens Fortschritten. In dem Maße, wie sich die Haltung der Eltern und der Mitschüler Jürgen gegenüber änderte, wuchs sein Selbstvertrauen. Wenn er etwas gefragt wurde, antwortete er ohne Furcht und ließ seinen Kopf nicht mehr hängen. Er wußte längst nicht immer alle Antworten, aber das machte ihm nichts mehr aus.

Jürgen machte in einem unglaublichen Tempo Fortschritte. Sein schlafender Ehrgeiz kam zum Vorschein, und er steckte sich hohe Ziele, z. B. ein Buch innerhalb eines Monats zu lesen. Er schaffte es. Am Ende des Schuljahres hatte er einen Rückstand von drei Jahren aufgeholt.

In diesem Beispiel zeigt sich deutlich, welchen Einfluß die Gespräche im Klassenrat haben können, und wie hilfreich die Gruppe der Mitschüler sein kann.

3.3 Pseudoretardierung – genannt „Dummheit"

Zu aller Erstaunen kommt es häufig vor, daß Kinder, die als zurückgeblieben und daher dumm eingestuft sind, sehr komplexe Aufgaben lösen. Wir fragen: „Wie ist das möglich?" Bis jetzt haben wir noch keine zufriedenstellende Antwort erhalten. Wir wissen, daß Unglücklichsein, Demütigung und Mißachtung besonderer Talente das Ergebnis einer Haltung der

Gesellschaft gegenüber dem ist, was als normale intellektuelle Entwicklung betrachtet wird und was als Dummheit angesehen wird. Dummheit wird automatisch mit „Versagen" gleichgesetzt. Wir beziehen uns hier auf die schulische Intelligenz, die in gewissem Sinne eine besondere Form von Intelligenz ist und nur eine von vielen. Kennen wir doch Menschen, die in der Schule für dumm gehalten wurden und außergewöhnlich klug und erfolgreich wurden, als sie die Schule verlassen hatten. Dies müssen wir mitbeachten, wenn wir verstehen wollen, welche Macht die Diagnose oder das Etikett „dumm" auf einen Menschen hat.

In unserer Gesellschaft ist es nicht ungewöhnlich, daß Kinder wegen ihrer Dummheit bestraft werden. Oft werden diese Kinder lächerlich gemacht, zurückgewiesen, abgelehnt, beschimpft und mit Verachtung behandelt. „Sei nicht so dumm." „Wie kann ein Mensch nur so dumm sein?" „Kannst du nicht ein bißchen schneller denken?" „Du bist so dumm wie ein Ochse." Diese Bemerkungen hört ein sogenanntes dummes Kind häufig. Wir können uns die Wirkung auf ein Kind vorstellen, das von Eltern, Geschwistern, Lehrern und Mitschülern für dumm gehalten wird. Wir müssen überlegen, was dieses Kind fühlt und was es erwartet. In den meisten Fällen beginnt das Kind selbst daran zu glauben, daß es dumm ist, es zieht sich wie in ein Schneckenhaus zurück, fürchtet sich zu antworten, denn es könnte ja etwas Falsches sagen und fürchtet sich davor, sich Menschen zu nähern, denn es könnte zurückgewiesen werden. Um solch einem Kind zu helfen, sein vorhandenes Potential zu entwickeln, reicht es nicht aus, daß der Lehrer an es glaubt und es mit Respekt behandelt; die Mitschüler müssen ebenso an das Kind glauben und ihm das Gefühl geben, sich sicherfühlen zu können und geliebt zu werden. Nur nachdem das Kind einige Zeit in einer ermutigenden Umgebung verbracht hat, kann der Lehrer erkennen, ob das Kind genügend zu entwickelnde Möglichkeiten hat oder nicht. Wir können das am folgenden Beispiel sehen.

Jeanette war ein sehr scheues und zurückgezogenes Kind von 8 Jahren. Ihr ganzes Leben lang wurde sie für dumm gehalten, und ihre Eltern sagten ihr oft, daß sie zu dumm zum Lernen sei. Gemessen an ihrem I. Q. von 66 war Jeanette ein geistig zurückgebliebenes Kind. Sie wurde in eine Klasse für geistig behinderte Kinder geschickt. Eine Autorin dieses Buches schlug jedoch vor, Jeanette und einige andere

Kinder, die als geistig behindert angesehen wurden, in ihre Klasse zu nehmen und diese Kinder am Ende des Schuljahres erneut zu testen. Da die Schüler dieser Klasse ermutigt waren, sich umeinander zu kümmern und sich gegenseitig zu helfen, nahmen sie die zurückgebliebenen Kinder unter ihre Fittiche, spielten mit ihnen, luden sie nach Hause ein, halfen ihnen bei ihrer Arbeit, hörten ihnen zu, ermutigten sie zu reden usw. Am Ende des Schuljahres war Jeanettes I. Q. beträchtlich gestiegen, und keines der Kinder wurde mehr als geistig behindert eingestuft und für einen Sonderschulbesuch vorgesehen.

Stein und Susser (1963) fanden, daß Entmutigung in der Schule zum Teil dafür verantwortlich war, daß Schüler zurückblieben, obwohl sie klinisch und physisch normal waren.

Viele kennen das Pygmalion-Experiment von Lenore Jacobson und Robert Rosenthal, zwei Psychologen in San Francisco in Kalifornien. Sie fanden heraus, daß der I. Q. der Kinder beträchtlich stieg, wenn der Lehrer in dem Glauben handelte, daß diese Kinder normal begabt seien. Er erwartete von ihnen, daß sie lernten, und sie taten es.

Ein Schulleiter, der von diesem Experiment gehört hatte, beschloß, es selbst auszuprobieren. Er gab einem Lehrer eine Gruppe von Kindern, deren Testergebnisse sehr niedrig waren oder schon an der untersten Grenze lagen. Er informierte den Lehrer dahingehend, daß, nach den Tests zu urteilen, diese Kinder gut lernen würden, und sie taten es. Als der Schulleiter den Lehrer auf seine gute Arbeit hin ansprach, sagte dieser: „Ich habe schon immer gesagt, wenn die Kinder was im Kopf haben, lernen sie auch in der Schule gut. Ich bin froh, daß sie mir keine Gruppe von langsam lernenden Kindern gegeben haben."

Wir können uns vorstellen, wie es diesen Kindern ergangen wäre, wenn der Lehrer die Wahrheit gewußt hätte.

Arthur Combs (1966) wies darauf hin, daß Schüler, die als zurückgeblieben eingestuft waren, als Erwachsene sehr gute Arbeit leisteten und recht intelligent zu sein schienen. Während ihrer Schulzeit mangelte es ihnen an Selbstvertrauen, sie lehnten Unterricht ab, weil sie einer ihrer Meinung nach grundsätzlich bedeutungslosen Kenntnisvermittlung unterworfen waren und häufig ausgelacht wurden. Als Erwachsene entdeckten sie dann Bereiche, in denen sie angemessen oder sogar über dem Durchschnitt Leistung zeigen konnten, in denen sie schon immer Fertigkeiten besaßen, die aber nie entdeckt oder von den Erwachsenen bemerkt worden waren.

Folglich lernten diese Schüler als Kinder, darauf zu achten, nicht in einen Erziehungsprozeß verwickelt zu werden, um nicht ihre Dummheit sichtbar werden zu lassen.

Die Kinder, die tatsächlich geistig zurückgeblieben sind, werden, wenn sie aufgrund ihrer Behinderung wie minderwertige Menschen behandelt werden, kaum ermutigt, gern zu lernen oder herauszufinden, auf welchem Gebiet sie lernfähig sind.

Langsames und scheinbar retardiertes Verhalten müssen wir in Bezug zu dem Zweck sehen, den so viele Kinder, die dieses Verhalten zeigen, verfolgen. Einige setzen Dummheit ein, um Verantwortung zu vermeiden. Auf diese Weise gelingt es ihnen, daß andere ihre Verantwortung für bestimmte Aufgaben übernehmen. Denken wir an die vielen Eltern, die jeden Tag stundenlang während der Hausaufgaben neben ihren Kindern sitzen, weil diese behaupten, es nicht zu verstehen und ihre Arbeit nur machen zu können, wenn die Eltern ihnen helfen. Denken wir an die Lehrer, die Stunden damit zubringen, einigen Kindern alles noch einmal einzeln zu erklären, weil diese behaupten, daß sie die Erklärung des Lehrers, wenn er sie der ganzen Klasse gibt, nicht verstehen können. Das folgende Beispiel aus einer Beratung zeigt deutlich, wie Kinder Eltern und Lehrer manipulieren können und sie in ihren Dienst stellen.

Berater: Fred, deine Lehrer haben mir gesagt, daß du besondere Aufmerksamkeit von ihnen forderst, wenn sie im Unterricht etwas erklärt haben. Stimmt das?

Fred: Nun, wenn sie das so nennen. Ich brauche keine besondere Aufmerksamkeit, aber ich möchte, daß sie mir alles noch einmal erklären, um sicher zu sein, daß ich auch alles verstanden habe.

Berater: Was geschieht, wenn du nicht sicher bist, alles verstanden zu haben? Was tust du?

Fred: Ich sag das dem Lehrer.

Berater: Und was geschieht dann?

Fred: Der Lehrer kommt zu mir und erklärt es mir noch einmal, und dann verstehe ich, was ich tun muß.

Berater: Warum muß der Lehrer zu dir kommen? Kann er es nicht an der Tafel erklären?

Fred: Ich verstehe es nicht so gut, wenn er es an der Tafel erklärt.

Berater: Sag mal, Fred, wenn du wirklich wolltest, könntest du dann die Anweisungen verstehen, während er sie allen Kindern gibt?

Fred:	Vielleicht.
Berater:	Warum tust du es dann nicht? Warum soll der Lehrer dir noch einmal alles persönlich erklären?
Fred:	(keine Antwort)
Berater:	Könnte es sein, daß du diese besondere Aufmerksamkeit magst und sicher sein willst, sie auch zu bekommen?
Fred:	Vielleicht.
Berater:	Was würde geschehen, wenn der Lehrer sich weigern würde, es dir noch einmal allein zu erklären?
Fred:	Das weiß ich nicht.
Berater:	Würdest du deine Arbeit dann machen?
Fred:	Nein.

Dieses Beispiel bedarf keiner weiteren Erklärungen. Der Berater half dem Lehrer zu sehen, wie er Freds Vermeidungshaltung gegenüber Übernahme von Verantwortlichkeit verstärkte – und wie schlau Fred seine Lehrer manipulierte, indem er vorgab, dumm zu sein.

Alle Menschen leben mehr oder weniger in der Furcht vor Demütigung. Die Schule und die Gesellschaft im allgemeinen machen solch ein Aufhebens von dem klugen und begabten Kind und stellen seine hohe Intelligenz auf ein so hohes Podest, daß ein durchschnittlich begabtes Kind und erst recht eines mit unterdurchschnittlicher Intelligenz automatisch in die Position eines zweitklassigen Schülers gedrängt wird, eines Schülers, der weniger Beachtung und Respekt verdient. Eltern fürchten sich vor der Möglichkeit, ein Kind zu haben, das ihnen Schande bringt. Egal, wie sehr die Eltern sich bemühen, diese Gefühle zu verheimlichen, das Kind spürt sie unweigerlich heraus. Die Furcht, als dumm angesehen zu werden, stellt einen bedeutenden Faktor in der Selbsteinschätzung des Kindes dar und bei seinem schließlichen Rückzug von jeder Situation, die es mit Schande und Versagen bedroht.

3.4 Begabte Kinder und homogene Gruppen

Manchmal wird auch gefragt: „Und was ist mit den begabten Kindern? Es wird sich so viel um die langsamen Lerner und die lernbehinderten Kinder gekümmert, daß wir die begabten Kinder ganz vergessen."

Einige Eltern und Lehrer behaupten, daß das begabte Kind sich in einer normalen Schulklasse langweilt und es dann das

Interesse am Lernen verliert, und fordern, daß diese Kinder in besonderen Klassen zusammengefaßt werden sollen.

In gewisser Weise befindet sich das begabte Kind in einer ähnlichen Situation wie das langsame oder zurückgebliebene Kind, nur daß im Falle des begabten Kindes die Erwachsenen häufig zu große Forderungen stellen und zu große Erwartungen an es herantragen. Dies entmutigt das Kind, und es tut nichts mehr. Beide Arten von Kindern stellen eine Herausforderung an den Lehrer und seinen Unterricht dar.

Durch Aufteilen in homogene Lerngruppen wird das Problem der besonders begabten und der unterdurchschnittlich begabten Kinder nicht gelöst. Das Argument, daß das begabte Kind in seinem Fortschritt aufgehalten wird, weil es auf die langsamer lernenden Kinder warten muß, trifft nur die Unterrichtsweise, wie gut oder schlecht ein Lehrer solch eine Klasse führt. Ein begabtes Kind wird sich in der Klasse nie langweilen, wenn es dazu angeregt wird, innerhalb der Klasse intellektuelle Auswege und interessante Aktivitäten zu finden. Wenn das Kind allein oder mit einigen Gleichgesinnten weiterforscht und eigene Entdeckungen macht, die es dann den anderen mitteilen kann, wird seine Unabhängigkeit und seine Kreativität gefördert. Besonders begabte Kinder sollten dazu gebracht werden, Verantwortlichkeit für die weniger begabten zu entwickeln, indem sie ihnen bei der Erarbeitung des Unterrichtsstoffes helfen. Auf diese Weise lernen die Kinder, sich auf der nützlichen Ebene zu bewegen (Kapitel 1.3) und Gemeinschaftsgefühl zu entwickeln, das die Grundlage für ein gutes Zusammenleben der Menschen ist.

Wenn die begabten Kinder in homogenen Gruppen zusammengefaßt werden, dann entsteht dort häufig eine Wettbewerbshaltung, die die meisten Kinder nicht durchhalten können. Einige werden nervös, während andere unter dem Druck tatsächlich zusammenbrechen und krank werden. Sie können nicht damit fertig werden, nicht mehr die besten zu sein, sondern zum Durchschnitt zu gehören, da ja alle Mitglieder dieser Gruppe besonders gut in ihren Leistungen sind und einige eben wieder besser. Das entmutigt sie bis zu dem Punkt, wo sie aufgeben oder krank werden, sich unglücklich fühlen oder ohne irgendwelche Freude am Lernen weiterarbeiten.

Solche Entmutigung tritt nicht in Klassen auf, in denen eine demokratische Atmosphäre vorherrscht und in denen die Kinder dazu angeleitet werden, individuelle Unterschiede auf allen Ebenen zu respektieren. Das erfordert, die Schüler einer Klasse zu positiver sozialer Interaktion zu führen. In einer solchen Atmosphäre wird das Selbstwertgefühl des langsamen Kindes durch die Annahme derer, die es bewundert, gefördert.

Kindern, die gemäß ihrer Fähigkeiten in Gruppen zusammengefaßt werden, wird die Stimulation entzogen, die gerade durch die Beziehung zu Kindern mit anderen Fähigkeiten, anderem sozialen Status und kulturellen Hintergrund entsteht.

3.5 I. Q.-Tests

Die Intelligenz eines Kindes, die mit einem Intelligenztest gemessen wird, gehört zu einem der Mythen, die das Lernen betreffen. Das bedeutet, daß wir uns zu sehr auf den Intelligenzquotienten verlassen. Wir zeigen damit, daß wir daran glauben, daß intellektuelle Aktivität und intellektuelles Potential das gleiche sind. Unsere I. Q.-Tests sagen nichts über die Möglichkeiten des Kindes aus, wenn es reichen und wichtigen Erfahrungen ausgesetzt wird, wenn es zum Lernen ermutigt wird und gern lernt. Ein I. Q.-Test kann uns zur Zeit nur sagen, wie sich das Kind jetzt verhält; er sagt nichts darüber aus, wie dasselbe Kind abschneiden würde, wenn es gut angeleitet und motiviert wäre und was es unter anderen Umständen erreichen würde. Außerdem sind I. Q.-Tests nur verläßlich, wenn sie bei gut angepaßten und zur Kooperation bereiten Kindern angewandt werden. Kinder, die zu Erwachsenen und besonders zu Lehrern eine schlechte Beziehung haben, die sich abgelehnt fühlen und nicht zur Mitarbeit bereit sind, werden in einer Testsituation genau so wenig mitarbeiten, wie sie es in anderen Situationen tun.

Walter ist im achten Schuljahr und liest wie ein Schüler des vierten Schuljahres, wie ein Test ergab. Wegen der Schulschwierigkeiten fand eine Beratung statt. Im Gespräch fand der Berater heraus, daß Walter ein Experte auf dem Gebiet des Fernen Ostens war und alle ihm erreichbaren Bücher zu dieser Region gelesen hatte. Als der Berater ihn fragte, wie er denn solche schwierige Bücher lesen und verstehen könne, da sein Lesen doch nicht seinem Alter und seiner Klassenstufe entspräche, antwortete er: „Ach, Sie denken an den Test. Nun, da habe ich nicht sehr viel gebracht. Um ehrlich zu sein, ich habe außer ein oder zwei Abschnitten überhaupt nichts von den Anweisungen gelesen. Es war so langweilig, daß ich keine Lust hatte, alles genau zu lesen. Ich hab dann einfach so drauflos geantwortet."

Walter ist ein typisches Beispiel für Kinder, die in einer Testsituation nicht zur Zusammenarbeit bereit sind. Leider bemerken weder Lehrer noch Schulpsychologen die Haltung, die diese Kinder während eines Tests einnehmen.

Michael, im dritten Schuljahr, wurde aus dem Unterricht heraus zu einem Intelligenztest geholt. Als er zurückkam, grinste er von einem Ohr bis zum anderen und verkündete: „He, wißt ihr, was dieser Blödmann mich gefragt hat? Er fragte: ‚Wie viele Beine hat ein Pferd?' Und wißt ihr was? Ich hab' ihm gesagt ‚fünf', und stellt euch vor, der hat das geglaubt; denn ich hab gesehen, wie er es aufgeschrieben hat. Ehrlich!"

Michael fühlte sich in dieser Situation sehr überlegen, so wie auch andere Kinder, die freiwillig falsche Antworten geben. Als die Testauswertung dem Lehrer vorlag, stand unter anderem darin: „Michael beobachtet für sein Alter nicht genau genug."

Wir finden, daß geringe Leistung auf schulischen oder anderen Gebieten wenig mit Tests zu tun hat. Häufig erscheinen Kinder langsam oder dumm, um Aufgaben zu vermeiden oder andere in ihren Dienst zu stellen. Einige Kinder benutzen mangelnde Leistung als ein unbewußtes Mittel, um sich an ihren überehrgeizigen Eltern oder an den Lehrern, die sie drängen und zur Arbeit zwingen wollen, zu rächen. Andere Kinder wiederum sind durch ihre vorhergehenden Erfahrungen, die ihnen immer „Versager" attestiert haben, so niedergeschlagen, daß sie es aufgegeben haben, etwas zu versuchen.

Bettys I. Q. betrug 68. Eigentlich sollte sie die Sonderschule besuchen; aber auf Vorschlag der Lehrerin durfte sie in der Grundschule bleiben und sollte am Ende des Schuljahres erneut getestet werden.

Betty hatte fünf Geschwister. Die beiden ältesten waren schon verheiratet und waren nicht mehr zu Hause. Eine zwölf Jahre alte Schwester war im siebenten Schuljahr und eine gute Schülerin. Betty war 10 Jahre alt und im dritten Schuljahr. (Sie hatte die erste Klasse wiederholt und war dann wegen ihres Alters versetzt worden.) Ihre neunjährige Schwester war auch im dritten Schuljahr. Sie war eine durchschnittliche Schülerin, aber eine sehr gute Stepptänzerin und schon zweimal im Fernsehen aufgetreten. Der jüngere siebenjährige Bruder war im zweiten Schuljahr. Er litt unter Asthma und fehlte häufig in der Schule. Wir sehen, daß in dieser Familie jedes Kind eine besondere Stellung einnimmt. Betty steht zwischen zwei erfolgreichen Schwestern.

Bettys Mutter erzählte der Lehrerin, daß ihre Tochter sich zu Hause abkapselt. Sie hilft zwar bei der Hausarbeit, ist aber nicht sehr geschickt darin.

Ebenso zurückgezogen verhält sich Betty in der Klasse. Sie malt und zeichnet gern, und deshalb verbringt sie die meiste Zeit damit. Die meisten Mitschüler kennen sie schon länger und wissen, daß von ihr nichts zu erwarten ist. Sie ignorieren Betty einfach.

Als die Kinder durch die Gruppengespräche lernten, auf die Unterschiede zwischen den Menschen und auf die Probleme, die einige Kinder haben, zu achten und entdeckten, wie sie als Gruppe zur Lösung einiger dieser Probleme beitragen konnten, begannen sie Betty zu beachten. Die, die den gleichen Schulweg hatten, nahmen sie mit, einige luden sie nach Hause ein, wieder andere halfen ihr bei den Hausaufgaben. Schrittweise begann Betty Interesse zu zeigen, besonders bei den Gruppengesprächen. Ab und zu fragte sie etwas oder machte einen Vorschlag. Eines Tages fragte sie während des Biologieunterrichts, wo über besondere Merkmale der Säugetiere gesprochen wurde, warum ein Elefant nicht klüger als ein Mensch sei, wenn man bedenke, daß die Elefantenmutter ihr Baby so viel länger trüge als eine Menschenmutter. Sie überlegte, daß das Elefantengehirn dann doch besser entwickelt sein müsse, weil es so viel mehr Zeit habe. Da das Gehirn die Intelligenz bestimmt, so folge daraus, daß der Elefant intelligenter sein müsse.

Zum erstenmal hatte Betty eine Meinung in mehr als nur wenigen Wörtern zum Ausdruck gebracht. Die anderen Kinder waren von ihrer Überlegung sehr beeindruckt und sagten ihr das auch. Die Tatsache, daß die Schlußfolgerung nicht richtig war, verringerte den Eindruck nicht.

Betty verlor ihre Furcht, etwas Dummes zu sagen. Als sie wieder getestet wurde, war ihr I. Q. auf 97 angestiegen.

Intelligenz kann gesteigert werden. Wir wissen, daß bei Kindern, die in Heimen oder Schulen für geistig zurückgebliebene untergebracht sind, der Intelligenzquotient um so niedriger ist, je länger sie in diesen Heimen bleiben. Wenn ein Kind aus dieser Umgebung herausgenommen wird und in eine anregende kommt, wo auch gute zwischenmenschliche Beziehungen aufgebaut werden, steigt der Intelligenzquotient normalerweise. Wie wir im vorigen Beispiel gezeigt haben, haben wir Kinder erlebt, bei denen er um etwa 30 Punkte angestiegen ist. Aber wenn er auch nur um 10 oder 15 Punkte steigt, was meistens der Fall ist, so hat sich ihr Intelligenzquotient doch deutlich genug verändert, daß sie normalem Unterricht folgen können und nicht in eine Sonderschule zu gehen brauchen.

Intelligenz und Selbsteinschätzung können nicht voneinander getrennt werden. Wie jemand über sich selbst denkt, ist ein wichtiger Faktor in seiner Gesamtentwicklung. Je positiver sich ein Mensch selbst sieht, um so besser ist er an das Leben angepaßt, und ein gut angepaßter Mensch ist kreativer, wagt mehr und fürchtet sich weniger davor, Fehler zu machen. Schlecht angepaßte Menschen sehen sich als unerwünscht, nicht angenommen und unterlegen. Sie fürchten sich davor, vorwärts zu gehen. Menschen mit positiver Selbsteinschätzung sind intelligenter als die, die sich unterlegen fühlen. Deshalb sollten Lehrer vor allem dafür sorgen, daß die Kinder sich besser fühlen, sich positiver einschätzen.

Wir schauen auf den Zweck und das Ziel, das alles Verhalten hat. Wenn ein Kind Schwierigkeiten in seinem Verhalten oder Lernen hat, suchen wir immer nach den Gründen hinter diesen Schwierigkeiten. Wie zahlt es sich für das Kind aus, sich in bestimmter Weise zu benehmen oder dieses Problem zu haben? Für den, der mit der individualpsychologischen Theorie und mit zielgerichtetem Verhalten nicht vertraut ist, klingt es fremd und unglaubhaft. Warum sollte ein Kind, und besonders ein im Grunde kooperatives und kluges Kind, eine Lernbehinderung haben wollen? Das ergibt einfach keinen Sinn. Es ergibt für uns keinen Sinn, weil wir von unserem Standpunkt ausgehen und unsere eigene Logik anwenden. Wir sollten statt dessen versuchen, die Logik des Kindes, deren es sich selbst nicht bewußt ist, zu verstehen. Der Vorteil für die Kinder liegt in den Reaktionen der Erwachsenen auf ihr Verhalten.

Welche Faktoren tragen also zum Wachsen der Intelligenz bei? Alles, was die positiven Gefühle eines Menschen zu sich selbst fördert und stärkt, alles, was seinem Leben positive Erfahrungen hinzufügt, alles, was einen Menschen ermutigt und alles, was ihm das Gefühl gibt, einen Wert zu haben, trägt zu seiner Intelligenz, seinem Selbstvertrauen und seiner Selbsteinschätzung bei.

4. Umgang mit speziellen Verhaltensproblemen

4.1 Schwierigkeiten zwischen Jugendlichen und Erwachsenen

Jugendliche sind nicht nur für Lehrer, Eltern und Gesellschaft zu einem großen Problem geworden, sondern auch für sich selbst. In diesem Alter finden große Veränderungen statt. Die Heranwachsenden befinden sich in der dritten Phase der Kindheit. Vor Eintritt in die Schule findet das Kind seinen Platz in seiner eigenen Familie und entwickelt dort die endgültigen Muster für seine Persönlichkeit. Wenn es in die Schule kommt, das ist die zweite Phase, trifft es auf Mitglieder anderer Familien und integriert sich in die Gemeinschaft, in dem es die allgemeinen Regeln des Verhaltens, der Arbeit und Ordnung kennenlernt. Im Jugendlichenalter wird es zum Mitglied der Gesellschaft im ganzen. Es strebt nach intellektueller und persönlicher Freiheit und Unabhängigkeit und achtet kritisch auf die Werte der Erwachsenengesellschaft. Es wählt dann die Bezugsgruppe, deren Wertvorstellungen und Ideale es teilt. Es durchläuft eine Periode psychosexuellen Umbruchs, in der es seine Muster für das Sexualverhalten entwickelt.

In der Vergangenheit war der Teenager halb Jugendlicher, halb Erwachsener und wurde langsam zum Erwachsenen. Er bekam einen Job, fuhr seinen eigenen Wagen, trug zum Familieneinkommen bei und übernahm Verantwortung für seine jüngeren Geschwister. Dies alles hat sich geändert. Zur Zeit befinden sich die Heranwachsenden mit der Erwachsenengesellschaft im Kriegszustand. Die Freiheit von Verantwortung läßt sie die Zeit des Heranwachsens bis weit über das Alter, das für diese Lebensspanne üblich ist, hinaus ausdehnen. Sie wollen die Verantwortung als Erwachsener nicht übernehmen. Teenager sind zu einer einflußreichen Untergruppe geworden, die sich durch eine eigene Welt, Kleidung, auffallende Haartracht, Wertvorstellungen usw. von den Erwachsenen unterscheidet.

Die Kluft zwischen den Generationen

Die Rebellion der Jugend ist die Basis für das, was wir Kluft zwischen den Generationen nennen. Jugendliche und Erwachsene haben nicht den gleichen Blickwinkel, weil sie in zwei verschiedenen Welten leben. Ein Kampf findet in fast jeder Familie statt und äußert sich in verschiedenster Weise. Der junge Idealist steht genauso in Opposition zur der Erwachsenengesellschaft wie der jugendliche Straftäter. Sie unterscheiden sich nur in der Form der Rebellion. Wir können das nur ändern, wenn wir aufhören, die Jugendlichen wie bisher zu behandeln, und den Mut haben, ihnen bei allen Dingen, von denen sie betroffen sind, ein Mitspracherecht einzuräumen.

Von wenigen Ausnahmen abgesehen, hören Erwachsene kaum Jugendlichen zu. Jugendliche wiederum machen Eltern und Lehrer für alles verantwortlich und behaupten, daß es deren Schuld sei, daß sie sich anders kleiden, eine andere Sprache haben und sich anders benehmen. Im Grunde trauen Jugendliche Erwachsenen nicht, weil sie glauben, daß die Erwachsenen sie nicht verstehen. Die jungen Menschen finden, daß die Erwachsenen ihnen nicht helfen können, weil sie altmodisch sind, sie vergessen haben, wie es ist, wenn man jung ist und sie immer wollen, daß alles so geschieht, wie sie es für richtig halten. Während die Jugendlichen den Erwachsenen gegenüber also sehr kritisch sind, finden sie an ihrem eigenen Verhalten nichts Falsches und sehen nicht, wie es die Erwachsenen betrifft. Jugendliche lieben alles, was Erwachsene ablehnen. Das gibt ihnen das Gefühl zur „Jugendkultur" zu gehören und „in" zu sein. Sie beklagen sich, daß die Erwachsenen sie manipulieren, aber sie sehen nicht, daß sie jeden Erwachsenen, der ihnen etwas sagt, was sie tun sollen, für autoritär halten und ihn als Feind sehen. Sie vergessen, daß sie die Erwachsenen ebenso manipulieren.

Unterricht ablehnen

Viele Jugendliche sagen, sie können für einen langweiligen Lehrer nicht arbeiten. Mancher Schüler ist auch für den Lehrer langweilig. Stellen wir uns nun vor, der Lehrer würde sich weigern, für diese Schüler zu arbeiten. Wenn wir dies den Jugendlichen vorhalten, werden sie immer wütend und behaupten, daß Lehrer kein Recht haben, die Arbeit mit Schülern zu verweigern, egal wie sie ihn einschätzen. Zur gleichen Zeit fordern sie „gleiches Recht für alle". Wir müssen den jungen Menschen helfen zu sehen, daß es immer ihre eigene Entscheidung ist, nicht zu lernen, wenn sie behaupten, bei einem langweiligen Lehrer nicht lernen zu können.

Sind Jugendliche frei?

Häufig flüchten Jugendliche aus ihren Familien in ihre „peer group". Sie glauben, sie seien frei, wenn sie nicht auf Erwachsene hören. Aber sind sie es wirklich? Sie sind jetzt von der „peer group" abhängig und tun oft Dinge, um akzeptiert zu werden, die sie früher nie getan hätten. Sie beginnen zu trinken, zu rauchen, lassen in ihren Schulleistungen nach, wenn Lernen in der „peer group" z.B. als Strebertum gilt oder begehen sogar Straftaten wie Diebstähle, um anerkannt zu werden.

Am ausgeprägtesten ist die Rebellion gegen die Welt der Erwachsenen bei Jugendlichen, die straffällig werden oder bei Drogenabhängigen. Die Rebellion gegen die Autorität einigt alle jungen Menschen gegen die Gesellschaft der Erwachsenen. Sie kann sich auf idealistische Weise ausdrücken z.B. in Postern, Liedern, Gedichten, Demonstrationen oder aber in destruktiver Weise. Das ist aber kein neues Phänomen. Der Krieg zwischen den Generationen ist alt. Immer wenn eine Gruppe sich selbst für die überlegenere hält und andere dominiert, entsteht Widerstand und Rebellion. In einer autoritären Gesellschaft muß der offene Ausdruck des Widerstands jedoch in Grenzen gehalten werden. Hier hat die Jugend zu gehorchen.

Erst in unserer demokratischen Gesellschaft, in der mehr und mehr die Gleichwertigkeit aller anerkannt wird, tritt der

Konflikt zwischen den bisher unterlegenen Gruppen und den überlegenen so deutlich hervor.

Heute wagt die Jugend viel offener, sich zu widersetzen als in früheren Zeiten. Die jungen Menschen spüren die Veränderung und sind sich ihrer Rechte bewußt. Der Heranwachsende will vor allem unabhängig und frei seine eigenen Entscheidungen treffen. Für die Erwachsenen ist dies sehr schwierig zu akzeptieren. Viele Schwierigkeiten zu Hause und in der Schule könnten vermieden werden, wenn Eltern und Lehrer diese Bedürfnisse anerkennen, ihre Kinder Entscheidungen treffen lassen und auch falsche zulassen würden, damit sie aus ihren Fehlern lernen können.

Die Rolle der Erwachsenen

Erwachsene müssen lernen zu sehen, wie sie – unwissentlich – Spannungen zwischen sich und den Heranwachsenden erzeugen. Sie erzeugen in den jungen Menschen ein Gefühl der Unsicherheit und Wertlosigkeit, und dadurch fühlen sie sich ungeliebt und abgelehnt. Die Erwachsenen müssen merken, daß sie ihren Kindern Vorhaltungen machen und sie nicht als gleichwertige Partner mit Respekt, Mitgefühl, Vertrauen und Zutrauen behandeln. Junge Menschen beklagen sich oft, daß Erwachsene von ihnen erwarten, gehorsam, höflich und rücksichtsvoll zu sein, während dieselben Erwachsenen es an dieser Höflichkeit gegenüber den Jugendlichen fehlen lassen.

Lehrer merken oft nicht, wie sie systematisch Kinder entmutigen. Schrittweise ziehen sich die jungen Menschen dann zurück. Sie fühlen sich mißverstanden und falsch behandelt. Manche bezeichnen das als Zusammenbruch der Kommunikation. Das ist aber ein unglücklicher Ausdruck; denn es ist kein Zusammenbruch, weil jeder Mensch genau das mitteilt, was er mitteilen will. Wenn der Jugendliche sich zurückzieht und nichts mehr sagt, so läßt er wissen, daß er mit dem Erwachsenen nichts zu tun haben will.

Die Spiele, die wir spielen

Ständig teilen wir unsere Gefühle und unsere Absichten mit, und es bleibt den anderen überlassen, ob sie darauf antworten oder nicht. Wenn eine Diskussion nicht zufriedenstellend endet, sagen manche Leute: „Ich kann einfach mit ihm nicht reden." In Wirklichkeit meinen sie aber: „Es muß so sein, wie ich es will, oder ich spiele nicht mit."

Dieses ist wichtig zu verstehen. Ebenso wichtig ist es, den Jugendlichen zu helfen, zu verstehen, wie sie versuchen, ihre Ziele zu erreichen. Sie klagen häufig die Erwachsenen an, nicht mit ihnen zu reden, wenn in Wirklichkeit die Erwachsenen nur eine andere Meinung haben. In diesen Situationen greifen die Jugendlichen die Erwachsenen nicht weniger an. Jeder ist bemüht, die Oberhand zu behalten.

Um diese Situation zu ändern, müssen Lehrer und Eltern dringend neue Wege finden, auf die Jugendlichen einzugehen und ihr Vertrauen zurückzugewinnen. Das erfordert einige radikale Änderungen von den Erwachsenen im Umgang mit den Jugendlichen. „Ist das überhaupt für einen Erwachsenen, der in einer autoritären Familie aufgewachsen und in einer autoritären Schule erzogen worden ist, möglich, seine eigenen Wertvorstellungen aufzugeben und solch radikal neue Ideen anzunehmen? Diese Frage ist berechtigt. Es ist für uns nicht leicht, unsere Wertvorstellungen aufzugeben. Wir müssen sorgfältig überprüfen, was uns an diesen neuen Ideen bedrohlich erscheint und warum wir an unseren alten festhalten. Wir müssen herausfinden, ob solche Änderungen unsere Unsicherheit und unsere Angst vor Versagen verstärken. Die Veränderung bedroht uns vielleicht, weil wir zu sehr darauf bedacht sind, die Kontrolle zu behalten und Angst haben, unser Ansehen zu verlieren.

Wir können die Meinung „wir sind, was wir sind, und wir können uns nicht ändern" nicht unterstützen. Dies ist eine defetistische Haltung und sehr entmutigend. Wenn wir uns selbst dieses Vorrecht einräumen, dann müssen wir auch das Argument des Schülers akzeptieren, daß er bei einem langweiligen Lehrer nichts lernen könne oder daß er nichts dafür könne, wenn er in Streit gerät, wenn einer nicht seiner Meinung ist. Die Entscheidung, was wir können oder nicht können, ist unsere und wird nicht von Gründen außerhalb unserer Kontrolle bestimmt. Wir können nicht ändern, *was war*, aber wir können ändern, *was ist*.

Demokratie in der Praxis

Jeder Lehrer kann mit der Demokratie in der Klasse beginnen. Er kann seinen Schülern sagen:

„Wir wollen gemeinsam entscheiden, was wir tun wollen. Ich werde keine Entscheidung treffen, ohne erst mit euch darüber gesprochen zu haben und ohne daß wir zu einem gegenseitigen Einverständnis gekommen sind. Allerdings kann ich nur auf den Gebieten mit euch gemeinsam die Entscheidungen treffen, in denen ich das Recht dazu habe, und nur da, wo es meine eigene Klasse oder mein Fach betrifft. Ich kann weder den Lehrplan ändern noch die Zeit des Unterrichtsbeginns. Ich wünschte manchmal, ich könnte es; aber ich muß auch Entscheidungen befolgen, die andere, die die Politik machen, getroffen haben. Es bleiben uns aber noch viele Gebiete, wo wir selbst Entscheidungen gemeinsam treffen können. Wir können z. B. überlegen, ob es in der Klasse immer absolut still sein muß oder ob manchmal leises Sprechen erlaubt sein soll. Wir können entscheiden, wie viele Hausaufgaben gegeben werden sollen und ob alle Schüler immer die gleichen Aufgaben machen müssen."

Es kommt darauf an, die Beziehung zwischen Lehrern und Schülern und den Schülern untereinander zu verbessern und zu festigen. Das geschieht am besten durch das gemeinsame Treffen der Entscheidungen, die für das Zusammenleben in der Klasse von Bedeutung sind, und hierbei sind die Gruppengespräche besonders hilfreich. In ihnen wird entschieden, was geschieht, wenn Schüler den Unterricht stören, wie alle sich bei Streitereien verhalten, welche Konsequenzen bei mutwilliger Zerstörung von Sachen gezogen werden, wie Schülern zu helfen ist, die stark entmutigt sind und das Lernen aufgegeben haben usw. Auf diese Weise merken die Schüler, daß das, was in der Klasse geschieht, das Ergebnis dessen ist, was jeder einzelne tut, und nicht allein Sache des Lehrers ist.

4.2 Jugendkriminalität und Drogenmißbrauch

Jugendkriminalität und Drogenmißbrauch sind in unserer Gesellschaft zu einem ernsthaften Problem geworden. Vorhaltungen machen und Argumentieren nutzen nichts. Die jungen

Menschen wissen, daß sie etwas Falsches tun und es besser wäre, es zu lassen; aber dieses Wissen allein ändert nicht ihr Verhalten und ihre Einstellung. Viele dieser Jugendlichen fühlen sich moralisch überlegen, sie schauen auf die Gesellschaft herab und fühlen sich im Recht, wenn sie sie bestrafen, indem sie gegen ihre Ordnung handeln und die Autorität der Erwachsenen bekämpfen, wo immer sie können. Sie unterscheiden sich von normalen Jugendlichen nur im Grad ihrer Rebellion; denn Jugendliche sind im allgemeinen der Gesellschaft und ihren Werten gegenüber kritisch eingestellt.

Einige sind auch übermäßig ehrgeizig. Sie müssen die Besten sein und sind nicht mit weniger zufrieden. Wenn sie mit sozial anerkanntem Verhalten nicht die Besten sein können, dann wollen sie wenigstens die Besten in antisozialem Verhalten sein. Auch finden wir unter ihnen viele, die Verwöhnung in ihrem Lebensstil haben. Sie glauben, einen Anspruch darauf zu haben, daß ihnen nichts versagt wird und daß alles nach ihrem Willen geschehen muß. Sie widersetzen sich den Forderungen, die das Leben an sie stellt.

Unser Ziel, als Lehrer, ist es, diesen jungen Menschen zu helfen, einen Weg zu finden, ihre Kräfte und ihre Macht in positiver Weise einzusetzen. Nur darüber reden hilft nicht; denn gut gemeinte Ratschläge und Predigten haben sie schon so viele gehört, daß diese nur auf taube Ohren stoßen. Zunächst müssen wir sie so annehmen, wie sie sind, und ihnen das Gefühl der Zugehörigkeit vermitteln, ehe wir Kooperationsbereitschaft von ihnen erwarten können. Annehmen wie sie sind, bedeutet den Menschen annehmen, was nicht heißt, daß wir alle seine Handlungen gutheißen. Die Gruppe der Mitschüler ist auch hier wieder eine große Hilfe, weil die Ermutigung durch die Gleichaltrigen mehr bewirkt als die eines Erwachsenen allein. Sie müssen dann Aufgaben übertragen bekommen, die sich durch Vertrauen und Respekt zu ihnen auszeichnen, die sie bereit sind zu übernehmen und die ihnen Freude machen. Wir müssen auf ihre Vorschläge hören und sie ausprobieren. Nur so werden sie allmählich glauben, daß wir sie respektieren, und dann wird sich auch ihre Einstellung zur Gesellschaft ändern können.

Zu jeder Zeit sollte der Lehrer aber daran denken, daß er kein ausgebildeter Berater für solche Fälle ist. Er sollte also nicht entmutigt sein, wenn er alles versucht hat und trotzdem keinen Erfolg hat. Er sollte sich informieren, wo es in seiner

Umgebung geeignete Berater und Beratungsstellen gibt und dem Schüler empfehlen, sich dorthin zu wenden.

4.3 Stehlen

Stehlen kommt bei Kindern jeden Alters vor und ist auch unabhängig davon, aus welcher sozialen Schicht sie stammen. Wir wollen hier einige Gesichtspunkte nennen, die beim Umgang mit diesem Fehlverhalten zu berücksichtigen sind.

Kinder im Schulalter wissen im allgemeinen schon, daß man nicht einfach etwas nehmen darf, das einem nicht gehört. Wenn ein Kind trotz dieses Wissens stiehlt, gilt es, folgendes zu bedenken: Was veranlaßt das Kind zu der Tat? Was sind seine Beweggründe? Wie und wodurch wird es darin bestärkt? Was sind die Folgen der Tat? Verstärken sie womöglich das Fehlverhalten? Stiehlt das Kind zum erstenmal oder bereits gewohnheitsmäßig? Sucht es vor allem nach Abenteuer und Nervenkitzel? Geschieht das Stehlen mit der Absicht, die Aufmerksamkeit der Eltern, der Mitschüler oder des Lehrers zu erhalten? Wird mit dem Gestohlenen (z. B. Süßigkeiten, Spielzeug) der Versuch unternommen, Freundschaft und Anerkennung zu gewinnen? Dient das Stehlen als Mittel in einem Machtkampf oder zur Rache wegen tatsächlich oder vermeintlich erlittenen Unrechts? Erst wenn der Lehrer in einem Gespräch mit dem Kind herausgefunden hat, welche Motive sich hinter seinem Verhalten verbergen, und dem Kind sein Ziel bewußt geworden ist, kann ihm geholfen werden, eine bessere Lösung für sein Problem zu finden.

Auf jeden Fall sollte der Lehrer der Tat nicht zu viel Gewicht beilegen und unbeeindruckt bleiben, denn zu viel Aufhebens darum kann zu einer Verstärkung des Fehlverhaltens führen, weil das Kind die Aufmerksamkeit, die sich darin zeigt, genießt. Es soll die logischen Folgen seiner Handlung tragen: Gib die Sache zurück oder leiste Ersatz! Eine Moralpredigt sollte nicht gehalten werden; denn das Kind weiß sehr wohl, daß es eine Grenze überschritten hat, daß Stehlen falsch ist. Verachtung, Kritik und Bestrafung werden es nicht von weiteren Taten abhalten; im Gegenteil, sie dienen ihm als Grund für sein wachsendes Bedürfnis, etwas Falsches zu tun, um seine Macht zu demonstrieren und die Erwachsenen zu besiegen.

Wir können dem Kind am besten helfen, wenn wir eine gute Beziehung zu ihm aufbauen und ihm Wege zeigen, Alternativen für seine Handlungsweisen zu finden, die es in den Augen anderer wichtig sein lassen und die Gemeinschaft fördern. Hierbei kann auch das Klassengespräch helfen. Die Mitschüler können das Kind auf seinem neuen Weg ermutigen, indem sie seine positiven Beiträge erkennen und ihm das Gefühl geben, um seiner selbst willen anerkannt zu werden und nicht, weil es z. B. ständig Geschenke mitbringt.

4.4 Lügen

Es gibt für Kinder die unterschiedlichsten Anlässe und Gründe zum Lügen: Sie möchten in Ruhe gelassen werden, Aufmerksamkeit erhalten, andere beeindrucken oder zum Narren halten, einer für sie unangenehmen Situation entkommen, andere verletzen, phantasieren, eine Wunschvorstellung ausdrücken, sich rechtfertigen oder ihre Angst verringern. Häufig ist es für den Erwachsenen unmöglich, mit Sicherheit festzustellen, ob ein Kind die Wahrheit sagt oder ob es lügt. Denn wenn das Kind über etwas berichtet, bei dem der Erwachsene nicht anwesend war, kann er auch nicht beurteilen, ob die Erzählung des Kindes den Tatsachen entspricht. Wenn Kinder die Erfahrung machen, daß sie häufig aufgrund ihres Berichtes bestraft werden, so ist es für sie nur naheliegend, den Bericht so zu geben, daß der Erwachsene keinen Anlaß zur Strafe findet. Kinder, die keine Angst vor Strafe haben, lügen nur sehr selten.

Es gibt auch Kinder, die so intensiv in ihrer Phantasie leben, daß sich für sie ihre Vorstellung mit der Realität vermischt. Wenn wir diesen Kindern vorwerfen, daß sie lügen, dann besteht die Gefahr, daß sie dadurch erst auf die Idee gebracht werden, ihre Phantasie tatsächlich zum bewußten Lügen einzusetzen.

Manche Kinder lügen auch einfach, weil sie neugierig sind und sehen wollen, was dann geschieht. Meistens geht diese Art des Lügens rasch vorüber, wenn den Lügen nicht zu viel Beachtung geschenkt oder wenn mit einem Scherz darüber hinweggegangen wird. Leider machen aber die Erwachsenen oft viel Aufhebens darum und zeigen so dem Kind, daß sie mit dieser Methode viel Aufmerksamkeit auf sich ziehen können.

Manchmal kommt man als Erwachsener durch die Lüge eines Kindes in eine Lage, wo man nicht weiß, was man tun soll. Sehr wirkungsvoll ist es dann, gerade das Gegenteil zu tun von dem, was das Kind erwartet. Man könnte etwa sagen: „Immer werde ich zum Narren gehalten. Ich glaube, ich falle auf jede Lüge herein." Diese Bemerkung nimmt dem Kind den Spaß am Überlegenheitsgefühl, das es mit seiner Lüge erreichen wollte.

Zwei der besten Wege, Lügen erfolgreich zu bekämpfen sind erstens, die Lüge unwirksam zu machen, indem der erwartete Erfolg nicht eintritt, und zweitens, nie eine Lüge herauszufordern.

4.5 Streiten und Schlagen

Allen Lehrern ist das ständige Zanken, Streiten und Schlagen zwischen Kindern bekannt. Da wir Verhalten als zielgerichtet ansehen, können wir davon ausgehen, daß die Kinder, die ständig in Streitereien und Prügeleien verwickelt sind, dadurch ein Ziel erreichen. Dieses Ziel gilt es aufzudecken. Das kann aber nicht während des Streites geschehen. Deshalb sollte sich der Lehrer nicht in den Streit einmischen, sondern den Kindern die Gelegenheit lassen, ihren Konflikt selbst zu lösen. Eine Einmischung wird den Streit nur verschlimmern; denn wenn der Lehrer ein Kind in Schutz nimmt, wird das andere sich an dem erfolgreicheren (das den Lehrer von seiner Unschuld überzeugen konnte) rächen wollen, und so keimt schon ein neuer Streit, während der erste gerade geschlichtet wird. Das siegreiche, vom Lehrer in Schutz genommene Kind ist nicht selten dasjenige, das den Streit angezettelt hat. Es muß nicht den ersten Schlag getan haben, sein Beitrag kann in Worten, Gesten, kleinen Rempeleien u. ä. gelegen haben.

Wenn wir die Kinder ihren Streit allein austragen lassen, so ist das aber nur eine Lösung für den Augenblick. Wir müssen dem Kind helfen zu verstehen, warum es streitet und sich schlägt und was es damit zu erreichen sucht. In vielen Fällen spielen auch die Zuschauer eine wichtige Rolle. Sie feuern die Streitenden an und spenden dem Sieger Beifall; sie sind häufig die wahren Schuldigen, werden aber nie bestraft. Manche Schlägerei würde ohne Publikum nie stattgefunden haben. Die Streitenden hätten niemanden, dem sie zeigen könnten, wie stark sie sind, der Mitleid mit ihnen hat oder sie bewundert. Der Kampf würde kaum noch Spaß machen oder Genugtuung bringen. Deshalb ist es auch ein gutes Mittel, die Zuschauer wegzuschicken, um eine Schlägerei zu beenden.

In seltenen Fällen muß der Lehrer in einen Streit eingreifen, um Schaden zu verhüten. Er muß darauf achten, daß keines der beteiligten Kinder den Eindruck erhält, er ergreife für eines Partei. Er kann einen der folgenden Wege vorschlagen:

1. Ihr hört auf und besprecht euer Problem mit mir oder der Klasse.
2. Ihr hört für einen Augenblick auf und setzt dann euren Kampf mit einem Schiedsrichter fort.
3. Ihr hört auf, und ein „Gericht", das aus Mitschülern gebildet wird, schlichtet euren Streit.

Da den Kindern auf diese Weise eine Alternative für ihr Handeln angeboten wird, ist es nur sehr selten nötig, mit Gewalt durch Erwachsene die Schlägerei zu beenden.

Das Gespräch in der Klasse, der Klassenrat bietet sich als geeignete Gelegenheit, um über Ziele des Streitens und Schlagens zu sprechen und gemeinsam neue Problemlösungswege zu finden.

Konfliktlösungsstrategien

Lehrer und Schüler müssen lernen, daß Konflikte nicht mit Macht oder Nachgeben zufriedenstellend gelöst werden können. Kämpfen und seine eigenen Wertvorstellungen aufzwingen verletzen die Achtung vor dem anderen Menschen. Nachgeben verletzt die Achtung vor sich selbst. In einem demokratischen Miteinander sollten Konflikte nach den folgenden vier Schritten gelöst werden:

1. Für gegenseitigen Respekt sorgen.
Wir können auf eine andere Person nur dann positiv einwirken, wenn wir eine gute Beziehung zu ihr haben. Eine gute Beziehung basiert auf gegenseitigem Respekt. Solange eine Person sich nicht respektiert fühlt, ist sie nicht bereit, sich zu ändern oder von ihrem Standpunkt abzuweichen.

2. Den Kernpunkt des Konflikts herausarbeiten.
Wenn der Kernpunkt des Konflikts herausgearbeitet ist, wird
der Zusammenhang zwischen dem Verhalten und der privaten
Logik deutlich wie in folgendem Beispiel.

Jakob greift immer dann Kinder an, wenn diese eine gute Leistung
gezeigt haben. Der Lehrer fragt ihn nach einem Grund für sein
Verhalten, und Jakob sagt, daß er nur Spaß machen wolle.

Lehrer: Jakob, weißt du, daß du immer nur dann Kinder angreifst,
         wenn sie Erfolg haben?
Jakob: (Keine Antwort)
Lehrer: Weißt du, warum du das tust?
Jakob: Ich habe doch schon gesagt, daß ich nur Spaß mache.
Lehrer: Weißt du, daß du nie „Spaß" machst, wenn Kinder keinen
         Erfolg haben?
Jakob: Nein.
Lehrer: Könnte es sein, daß du glaubst, daß du nicht so viel Erfolg
         haben kannst?
Jakob: Vielleicht.
Lehrer: Könnte es sein, daß du dich deshalb über dich selbst ärgerst?
Jakob: Kann sein.
Lehrer: Könnte es sein, daß du auch auf diese Kinder ärgerlich bist?
Jakob: (Keine Antwort)

Der Lehrer hat den wahren Grund für Jakobs „Spaßmachen" herausgefunden.

3. Nach alternativen Lösungsmöglichkeiten suchen.
Alle Beteiligten müssen gemeinsam verschiedene Möglichkeiten erforschen, die sich zur Lösung des Problems anbieten.

Lehrer: Ich verstehe deine Gefühle, Jakob. Könntest du mit ihnen
         anders umgehen?
Jakob: Ich weiß nicht.
Lehrer: Darf ich dir einen Vorschlag machen?
Jakob: Natürlich.
Lehrer: Würdest du bereit sein, nichts zu sagen oder zu tun, wenn
         wieder so eine Situation eintritt?
Jakob: Ich könnte etwas Nettes sagen.
Lehrer: Nur, wenn du wirklich möchtest. Aber würdest du bereit
         sein, nichts zu sagen? Würdest du von mir und den Mitschü-
         lern Hilfe annehmen für die Bereiche, in denen du besser
         werden möchtest?
Jakob: Ich weiß nicht.

4. Durch gemeinsame Entscheidung zu einer neuen Vereinbarung kommen.

Lehrer: Brauchst du etwas mehr Zeit, um das zu wissen?
Jakob: Ich glaube, ja.
Lehrer: Kannst du mir morgen deine Antwort geben?
Jakob: Ja.
Lehrer: Ist das eine Vereinbarung?
Jakob: Ja.

Über den ersten und letzten Schritt zur Konfliktlösung haben wir schon im Zusammenhang mit dem „demokratischen Klassenzimmer" geschrieben. Die Schritte zwei und drei erfordern ein klares Verständnis für den Umgang mit den vier „Nahzielen" oder auch „Zielen unerwünschten Verhaltens", wie wir sie meist genannt haben.

5. Zusammenarbeit mit Eltern

5.1 Mit Eltern reden

In früheren Zeiten wurden die Kinder nur zu dem Zweck in die Schule geschickt, um Kenntnisse und Fertigkeiten zu erwerben. Charakterbildung, staatsbürgerliche Erziehung sowie die Übermittlung von Werthaltungen und Einstellungen lagen in der Hand der Eltern. Aufgabe des Lehrers war es zu unterrichten, d. h. Wissen zu vermitteln und diejenigen zu disziplinieren, die nicht lernten und die von überkommenen Regeln und Regulierungen abwichen. Diejenigen, die gemäß den Anforderungen Fortschritte machten, wurden gefördert, diejenigen, denen das nicht gelang, fielen durch. Das wurde als gerecht und richtig angesehen. Eltern gingen selten zum Lehrer, um die Fortschritte oder Probleme ihres Kindes zu besprechen. Der Lehrer hatte immer recht, wenigstens sagten die Eltern das ihren Kindern.

Im großen und ganzen funktionierte diese Schule, aber die Zeiten haben sich geändert. Heute suchen wir die Mitarbeit der Eltern, um dem Kind in der Schule zu helfen. Ein solches Ansinnen wird von manchen Lehrern mit Vorbehalt betrachtet, andere lehnen es ganz ab. Die Aufgaben eines Lehrers waren viel einfacher, als dieser nur Wissen zu vermitteln und Noten zu geben hatte.

Es ist heute unbedingt erforderlich geworden, daß die Schule auch die Verantwortung für die Charakterbildung übernimmt. Was hat diesen Wandel herbeigeführt? Der starke Einfluß demokratischer Ideen, der nun in unserer Gesellschaft die Oberhand gewinnt, wirkt sich auf die Beziehung zwischen Eltern und Kindern aus; und als Ergebnis daraus verlieren die Eltern die Kontrolle über die Kinder.

Heute hat der Erzieher die Verpflichtung, den Eltern ebenso wie den Kindern zu helfen. Die Zusammenarbeit zwischen

Eltern und Lehrern bringt einen großen Gewinn für die Arbeit zu Hause und in der Schule. Lehrer und Eltern sollten Partner sein, einander helfen; aber man muß sich vorsehen, daß aus der Zusammenarbeit mit den Eltern nicht ein abgekartetes Spiel gegen das Kind wird. Genaugenommen ist es ein Unternehmen auf drei Wegen. Eltern und Lehrer haben die Verantwortung, das Kind für das Leben vorzubereiten und sie müssen ihre Kräfte vereinigen, um fruchtbare Beziehungen aufzubauen.

Manche mögen diese Erziehungssichtweise ablehnen und glauben, daß schulische und häusliche Probleme voneinander getrennt bleiben sollten. Das erstere sei die alleinige Verantwortung des Erziehers, das letztere die der Eltern. Ihre Ablehnung gründet sich auf dem Glauben, daß Lehrer keine Berater sein sollten; daß die Zusammenarbeit mit den Eltern den Lehrer zu viel Zeit kostet; daß die Eltern womöglich anfangen, für Schulpolitik und Verfahrensfragen Vorschriften zu machen; daß nichts Gutes dabei herauskommt; und schließlich, daß die Lehrer nicht dafür bezahlt werden.

Solche Opposition kommt gewöhnlich von denen, die mit modernen Trends in der Erziehung nicht vertraut sind.

5.2 Wozu Gespräche mit Eltern?

Eltern-Lehrer-Gespräche dienen einer ganzen Reihe von Zwecken. Sie befähigen den Lehrer, langfristige Vorhaben erfolgreicher zu planen, wenn er die häusliche Situation kennt, die Wertvorstellungen in der Familie, die Methode, wie Eltern und Erziehungsberechtigte ein Kind behandeln, und was die Eltern von ihrem Kind erwarten, ferner die Position, die das Kind in der Familie innehat, seine Beziehungen zu Geschwistern und Freunden und andere sachdienliche Informationen. Wenn der Lehrer die häusliche Situation versteht, ist er besser darauf vorbereitet, den Eltern bei Schwierigkeiten mit ihren Kindern zu helfen. Das beweist auch dem Kind, daß Eltern und Lehrer wirklich an ihm und seinem Wohlergehen interessiert sind, und das hat in vielen Fällen einen ermutigenden Effekt.

Wenn Lehrer und Eltern miteinander reden, dient ein solches Gespräch dazu, die beiden kindlichen Lebensbereiche zu vereinen, das Zuhause und die Schule, und befähigt beide Teile, effektiver zu planen, als wenn Eltern und Lehrer nicht wissen, ob ihre Methoden in der Behandlung des Kindes voneinander abweichen. Je besser die beiden einander verstehen, desto weniger wird das Kind die Schule gegen das Elternhaus ausspielen und umgekehrt. Hier ist ein Beispiel:

Jörg, ein Schüler einer 3. Klasse, der häufig in Kämpfe mit den Kindern in der Klasse geriet, bestand darauf, daß sein Vater ihm gesagt habe, er solle jeden verprügeln, der ihm Schimpfnamen gibt. Zweckdienlich deutete er schon die leiseste Kränkung als eine gerechtfertigte Herausforderung zum Zuschlagen. Als die Klasse das mit ihm besprach, glaubte er, daß er für etwas angegriffen und kritisiert wird, was ihm sein Vater befohlen hatte.

Als der Lehrer mit dem Vater sprach, gab dieser zu, daß er seinen Sohn angewiesen hatte, sich so zu verhalten, aber nur in extremen Fällen. Als er erfuhr, daß Jörg jede Situation als extrem ausnutzte und oft in Kämpfe verwickelt war, mißfiel ihm das. Nichtsdestotrotz meinte er, daß das Jörg in seiner allgemeinen Entwicklung nicht beeinträchtigen wird und daß Kämpfen ein gesundes, jungenhaftes Ventil für überschüssige Energie ist.

Zieht man Jörgs allgemeines Verhalten in Erwägung, so kann angenommen werden, daß er die ganze Zeit wußte, wie er sich benehmen sollte, daß er aber den Rat seines Vaters wählte, um sich den Schulregeln zu widersetzen. Der Vater hatte andererseits keine Vorstellung, daß sein Rat dem Verhalten seines Sohnes Billigung verlieh. Er hätte sich vergegenwärtigen müssen, daß Jörg wegen seiner Aggressivität keine Freunde hatte und daß ein solches Verhalten keine guten zwischenmenschlichen Beziehungen schafft. Erst nachdem das herausgestellt wurde, erkannte der Vater, daß er seinem Sohn einen falschen Rat gegeben hatte. Als er mit Jörg darüber sprach, geriet dieser in große Verwirrung. Zum einen fiel es ihm nicht leicht, die Tatsache zu akzeptieren, daß sein Vater bei der Beurteilung der Sache einen schweren Fehler gemacht hatte, und ferner verlangte die neue Perspektive eine Änderung in seinem Verhalten, die ihm nicht paßte. Er sagte zum Lehrer: „Sehen Sie, in was für eine Klemme mich mein Vater gebracht hat. Jetzt kann ich nichts mehr tun, wenn mir die Kinder Schimpfnamen geben." Das wurde später in der Klasse besprochen und Jörg wurde geholfen zu verstehen, daß er nur dann in einer Klemme steckt, wenn er sich selbst in eine bringt, und daß es viele andere Mittel gibt, sich wichtig zu fühlen. Wir zitieren ein anderes Beispiel:

Franziska, 9 Jahre alt, war ein Kind, das wir „lehrertaub" nennen. Sie hörte nie, was ihr gesagt wurde, wußte nie, was der Lehrer in der Klasse von ihr wollte und machte infolgedessen nie irgendeine Arbeit. Das ging eine Zeitlang so fort. Als der Lehrer dieses Verhalten mit der Mutter besprach, antwortete diese: „Sie weiß nicht, was sie tun soll, weil Sie es ihr nie sagen." Als sie gefragt wurde, mit welcher Begründung sie diese Anklage macht, antwortete sie: „Ich weiß es, weil Franziska mir immer sagt, daß der Grund, warum sie nie ihre Arbeit macht, der ist, daß sie nicht weiß, was sie tun soll, weil Sie es ihr nie sagen." Der Lehrer fragte die Mutter, ob Franziska je erwähnt hat, daß andere Kinder wissen, was sie zu tun haben. Darauf entgegnete sie: „Ich weiß, worauf Sie hinaus wollen, aber sehen Sie, solange Sie Franziska nicht sagen, was Sie von ihr wollen und was sie tun soll, versteht sie Sie nicht." Der Lehrer fragte: „Wollen Sie damit sagen, ich soll Franziska die Aufgabe gesondert erklären?" und die Mutter antwortete: „Ich fürchte, das müssen Sie tun, denn sonst wird sie nicht wissen, was von ihr erwartet wird." Der Lehrer erfuhr, daß die Eltern Franziska zu Hause viele Male sagen mußten, was sie von ihr wollten und sogar dann bestand sie noch darauf, daß sie es nicht versteht, oder vergessen hat, was sie ihr gesagt haben. Deshalb beanspruchte sie das Recht, Sonderdienste zu verlangen.

Dieses Beispiel veranschaulicht das verschiedene Vorgehen zu Hause und in der Schule. Nicht nur Franziska, sondern genauso die Mutter erwarten und verlangen, daß der Lehrer die Anweisungen für die Schularbeit Franziska persönlich gibt.

Das ist kein einmaliges Beispiel. Im Gegenteil, viele Eltern akzeptieren und unterstützen die Art von Verhalten, das Franziska zeigte, und verstärken so das falsche Konzept des Kindes, wie es handeln muß, um besondere Aufmerksamkeit zu erhalten. Es geht darum, den Eltern zu helfen, die Ziele von Kindern in ihrem Verhalten zu verstehen.

Bei einem Gespräch mit Eltern ergeben sich viele Möglichkeiten, indirekt wertvolle Informationen zu beziehen über allgemeine Haltungen in der Familie, die Ansicht der Eltern über Disziplin, ob das Kind zu Hause irgendwelche Pflichten hat und wenn ja, ob es sie freiwillig ausführt, oder ob es gezwungen oder überredet werden muß. Wenn das letztere der Fall ist, wie erreichen die Eltern dieses Ziel und wieviel Erfolg haben sie dabei?

Auch die Eltern können vom Lehrer viele Informationen über ihr Kind erhalten. Sie hören von seinem Verhalten in der Schule und wie der Lehrer es einschätzt. Sie erfahren von den Hoffnungen und Erwartungen, die er in es setzt; sie machen sich mit den verschiedenen Regeln und Regulierungen in der Schule vertraut, ebenso mit denen, die vom Lehrer und den Kindern in der Klasse aufgestellt wurden. Schließlich haben die Eltern Gelegenheit, etwas über das allgemeine Programm der Klasse zu erfahren, in der ihr Kind so viele Stunden des Tages verbringt. Zu viele Eltern haben keine Vorstellung, was ihr Kind in der Schule tut.

5.3 Eltern veranlassen, über ihr Kind zu sprechen

Vor dem Treffen mit den Eltern kann es für den Lehrer hilfreich sein, sich eine provisorische Liste der Themen zu notieren, die er besprechen will. Er wird einige Muster der Arbeiten des Kindes vorbereiten, einschließlich Bildern, Geschichten oder einem Arbeitsheft. Es ist wichtig, daß einige dieser Arbeiten positive Kommentare haben. Wenn das Kind absolut nichts fertiggebracht hat, das Anerkennung verdient, kann der Lehrer einige kluge oder lustige Bemerkungen des Kindes wiedergeben, die der Klasse gefallen haben. Er erzählt vielleicht einen Vorfall, bei dem das Kind anderen geholfen hat.

Wenn er über die Arbeit eines Kindes redet, ist es wichtig, daß der Lehrer mit einem positiven Bericht beginnt und die Stärken eines Kindes betont, bevor er seine Schwächen erwähnt. (Der Lehrer muß bedenken, daß Eltern ebenfalls Ermutigung brauchen.) Zum Beispiel kann der Lehrer sagen: „Michael hat eine feste, klare Schrift, seine Arbeit läßt sich gut durchsehen", oder „Michael hat einen ungewöhnlich reichen Wortschatz". Die meisten Kinder haben einige positive Eigenschaften oder haben etwas Erwähnenswertes getan, entweder in einem schulischen Fach oder im Bereich zwischenmenschlicher Beziehungen. Ein guter Einstieg kann es auch sein, den Eltern von etwas zu erzählen, woran das Kind besonderes Interesse zeigte, wie Blumengießen, Botengänge besorgen, Musik, Witze erzählen, Arbeiten durchsehen oder anderen Kindern helfen.

Ein Gespräch mit Eltern nimmt einen guten Anfang, wenn man sie fragt, wie sie über die Fortschritte des Kindes in der Schule denken. Wenn die Eltern sagen, daß das Kind nicht glücklich in der Schule zu sein scheint, ist es klug, wenn der Lehrer nicht Überraschung oder verletzte Gefühle zeigt. Wenn das Kind wirklich nicht glücklich ist, wird er es wissen. Er kann dann etwa bemerken: „Ja, ich habe auch das Gefühl, und das ist einer der Gründe, warum ich so darauf bedacht war, mit Ihnen zu reden. Ich meine, daß wir die Wurzel für dieses Unglücklichsein finden müssen und bestimmte Pläne machen sollten für die Schule und für zu Hause, die ihm vielleicht helfen." Es gibt Eltern, die darauf bestehen, daß ihr Kind zu Hause ganz glücklich, in der Schule aber unglücklich ist. Obwohl diese Behauptung fraglich ist, hat der Lehrer eine bessere Chance, die Eltern zu gewinnen, wenn er seine Zweifel nicht ausspricht. Er kann die Mutter fragen, wie sie zu dieser Überzeugung kommt. Mit ziemlicher Sicherheit wird der Lehrer den Eltern sagen können, daß das Unglücklichsein des Kindes in der Schule von der Unfähigkeit herrührt, eine Situation zu akzeptieren, in der es nicht nach seinem Willen geht, und dem Wunsch entspringt, zu Hause bleiben zu wollen, oder aus dem Gefühl, unzulänglich und den anderen unterlegen zu sein.

Der Hauptzweck des ersten Gesprächs ist es, eine Beziehung herzustellen mit den Eltern, die auf das Vertrauen gegründet ist und auf der Erkenntnis, daß beide, Lehrer und Eltern, ein gemeinsames Ziel haben. Diese Erkenntnis wird in den meisten Fällen zur Zusammenarbeit und einem besseren Verständnis führen. Die Mehrzahl der Eltern nimmt aktiv an der Besprechung teil, wenn man sie dazu bringt, sich gelöst und geachtet zu fühlen.

Wenn ein Kind Schwierigkeiten in der Schule hat, sollen die Eltern davon erfahren, bevor es die dritte oder vierte Klasse erreicht hat. Schwierigkeiten beginnen nicht von heute auf morgen. Oft wissen Eltern nicht, wie sie ihrem Kind helfen sollen. Sie sind sich völlig darüber im unklaren, wie ihr Verhalten gegenüber dem Kind häufig zu seinen Schwierigkeiten beiträgt, oder gar deren Ursache ist. Franziskas Mutter erkannte nicht, daß sie ihre Tochter ermutigte, ein schlechter Zuhörer zu sein, indem sie ihre Fragen so oft wiederholte.

Es gibt Eltern, die ganz bestimmte Vorstellungen davon haben, wie ihr Kind in der Schule und zu Hause behandelt werden muß, und die zu einer Besprechung kommen, um dem Lehrer dies mitzuteilen. Das gilt besonders für Eltern, die an strenge Disziplin glauben und die den Lehrer und seine Methoden anzweifeln. Sie sind vielleicht kritisch, weil der Lehrer nicht genug Disziplin einhält; andere Eltern werden den Lehrer für zu streng halten. Die erstgenannten sind fast immer Eltern, die viele Jahre ohne jedes Ergebnis körperlicher Strafe angewandt haben, jedoch vom Lehrer erwarten, daß er darin erfolgreich ist.

Es ist leichter, die strengen Eltern davon zu überzeugen, daß ihre Methoden sinnlos sind, als diejenigen, die sich beklagen, daß der Lehrer zu streng ist. Überzeugt, daß sie ihren Kindern das Gefühl vermitteln, geliebt zu werden und sich sicher zu fühlen, wenn sie ihnen zugestehen, freie uneingeschränkte Rechte zu haben, erlauben Eltern ihren Kindern, sie zu manipulieren oder zu kontrollieren.

Konsequenterweise lehnen solche Eltern jede Beschränkung ab, die der Lehrer dem Kind auferlegt, und verlangen, daß dem Kind dieselbe Freiheit zugestanden wird wie zu Hause. Das folgende Beispiel verdeutlicht diesen Elterntyp. Es handelt von Frank, einem 9 Jahre alten Jungen, der in die dritte Klasse ging, und seiner Mutter.

Frank war in seinen Leistungsgruppen ein Jahr zurück, weil die Mutter gezögert hatte, ihn in den Kindergarten zu schicken, als er 5 war. Sie meinte, er sei zu klein, um von zu Hause weg zu sein und könnte sich bei anderen Kindern mit allen möglichen Krankheiten anstecken. Mit 6 ging er in die erste Klasse, mußte aber wieder zurückgestuft werden in den Kindergarten, weil er nicht in der Lage war, sich anzupassen.

Trotzdem war er auch danach für die erste Klasse nicht besser vorbereitet als das Jahr vorher. Wegen seines Alters wurde er von einer Stufe in die nächste versetzt. Frank machte keinen Fortschritt in der Schule.

Zusätzlich war sein Verhalten in der Klasse zu einem Problem geworden. Er achtete nicht auf den Lehrer, mißachtete Schulregeln und Verordnungen und blieb häufig zu Hause, sei es den ganzen Vormittag oder nur ein paar Stunden.

Wenn er ausgeschimpft wurde und man ihm wegen seines Benehmens Vorwürfe machte, fing er an zu weinen. Sein Weinen steigerte sich allmählich zum Schluchzen. Er konnte das für Stunden aufrechterhalten, bis die Kinder es bedauerten, ihn getadelt zu haben und ihn um Verzeihung baten. Dasselbe ereignete sich sogar, nachdem über sein Benehmen und den Zweck seines Weinens gesprochen worden war. Die Mitschüler gerieten weiter in seine Falle. Es gelang ihm immer zu erreichen, daß andere sich schuldig fühlten, wenn sie nicht seinen Wünschen entsprechend handelten. Frank war das jüngste von 5 Kindern; alle anderen waren entweder verheiratet oder lebten nicht zu Hause. Von der Mutter erfuhr der Lehrer, daß nicht nur die Eltern ein Spielzeug in Frank sahen und jeder seiner Launen nachgaben, sondern auch die Geschwister. Die Mutter sagte, daß sie ihn alle so liebten und daß es außerdem sehr schwer wäre, ihm etwas abzuschlagen, weil er so sensibel und leicht verletzbar wäre. Sein Vater hütete sich besonders davor, Frank zu verärgern. Er kaufte ihm viele Spielsachen, brachte ihn am Abend ins Bett und wartete, bis er eingeschlafen war. Frank ging nicht ins Bett, wenn nicht sein Vater mitging. Bevor er am Morgen das Haus verließ, sagte Frank seiner Mutter, was er sich zum Mittagessen wünschte. Wenn sie seine Wünsche nicht erfüllte, nahm sein Vater ihn mit in ein Restaurant.

Die Eltern waren sich nicht bewußt, daß die Art, in der sie ihn zu Hause behandelten, sein unkooperatives Verhalten in der Schule ermutigte. Es dauerte einige Zeit, bevor die Mutter verstehen konnte, daß sie aus ihrem Sohn einen kleinen Tyrannen gemacht hatten und daß er nun ihr Leben unter Kontrolle hatte. Es war sogar noch schwieriger, den Vater davon zu überzeugen, daß er seinem Sohn schadet und ihn einer normalen Entwicklung beraubt. Nach einigen Zusammenkünften mit beiden Eltern stimmten sie jedoch zu, daß sie Frank einige Beschränkungen auferlegen würden und damit aufhören wollten, sich von ihm Vorschriften machen zu lassen. Allmählich änderte sich Franks Verhalten in der Schule und zu Hause. Es war ein langsamer, schrittweiser Prozeß, aber es ging ständig aufwärts. Das wäre nicht geschehen, wenn der Lehrer an der Überzeugung festgehalten hätte, daß die häusliche Situation nicht seine Angelegenheit sei.

Der Lehrer muß ein guter Zuhörer sein. Er muß ständig wachsam sein, Hinweise aufgreifen und sie verfolgen. Wenn zum Beispiel Eltern sagen: „Mein Kind ist sehr schüchtern", wird der Lehrer fragen: „Können Sie mir sagen, wie sich das gezeigt hat und was Sie getan haben?" Auf diese Weise erfährt er, daß das Kind den Eltern leid tut und daß sie ihm zu Hilfe kommen. Vielleicht kann der Lehrer ihnen den Zusammenhang zwischen ihrem eigenen Verhalten und dem des Kindes erfolgreich aufzeigen. Wenn eine Mutter sagt, daß sie ihrem Kind keine schlampige Arbeit durchgehen läßt, dann könnte es sein, daß sie von ihrem Kind Perfektion verlangt. Diese Mutter setzt unter Umständen zu hohe Ziele und entmutigt das Kind auf diese Weise. Sie erkennt nicht, daß ein Kind auch für den Versuch, etwas Nützliches zu tun, Anerkennung braucht. Es wird sonst jeden Wunsch aufgeben, noch einmal hilfsbereit zu sein, wenn das, was es tut, den Erwartungen der Eltern nicht genügt. Diesen Eltern muß man helfen zu verstehen, daß ihr eigener Ehrgeiz das Kind daran hindert, Freude und Stolz zu entwickeln über die Dinge, die es entsprechend seinen Fähigkeiten tun kann.

Wenn eine Mutter ihr jüngstes Kind mit 9 oder 10 Jahren noch als mein „Baby" bezeichnet, dann kann man annehmen, daß das Kind in seiner Entwicklung behindert wird. Der Lehrer muß auf freundliche Weise die Mutter auf das, was sie tut, hinweisen. Solche Kinder haben oft davor Angst, größer zu werden, weil sie fürchten, ihre Position als „Baby" zu verlieren und nicht mehr gehätschelt zu werden.

Wenn die Mutter von einem anderen ihrer Kinder erzählt, das immer gut ist und nie Probleme macht, kann das dem Lehrer einen Anhaltspunkt geben für die Schwierigkeiten, die sein Schüler sowohl zu Hause als auch in der Schule hat. Im Wettbewerb mit guten Geschwistern gab dieser Schüler wahrscheinlich auf und versuchte, auf destruktive Weise einen Platz zu Hause zu finden und Aufmerksamkeit zu erhalten.

Viele Eltern sind beeindruckt von dem „Ja-Sager"-Kinder, das aus der bereitwilligen Unterordnung seine Befriedigung bezieht, die immer Beifall bringt. Oft scheuen sich diese Kinder, irgendeine gegenteilige Meinung oder Ärger auszudrücken, weil sie so sehr von Zustimmung abhängen und davon, geliebt zu werden. Sie entwickeln häufig keine Initiative und leben in der ständigen Angst, das Mißfallen anderer zu erregen. Die Eltern sind sich gewöhnlich nicht dessen bewußt. Ihre Zufriedenheit mit diesem Verhalten bestärkt das Kind in seinen falschen Überzeugungen. Es entwickelt nie den so wichtigen Mut, eigene Unvollkommenheit zu wagen und auszuhalten.

Wenn ein Elternteil zur Sprechstunde kommt, ärgerlich über irgendeinen Vorfall oder weil er überzeugt ist, daß es eine Zeitverschwendung ist, zur Schule zu kommen, dann tut der Lehrer gut daran zu warten, bis Vater oder Mutter ihre Geschichte erzählt und etwas „Dampf abgelassen" haben. Beim aufmerksamen Zuhören kann er vielleicht schon einige Informationen sammeln, die ihm helfen, das gegenwärtige Problem des Kindes zu verstehen. Gewöhnlich beruhigen sich die Eltern, sobald sie feststellen, daß der Lehrer Anteil nimmt und Sympathie für ihre Gefühle zeigt. Dann werden die Eltern zugänglicher und hören, was der Lehrer zu sagen hat.

Die Gefühle, mit denen Eltern zu einer Besprechung kommen, sind sehr unterschiedlich. Einige kommen mit ganz bestimmten Vorstellungen, was sie für ihr Kind wollen. Manche haben einen genauen Begriff von der Art Disziplin, die sie wünschen, und kritisieren den Lehrer offen, weil er zu nachsichtig oder zu streng ist. Einige Eltern werden sagen: „Ich wünsche nicht, daß Sie vor der Gruppe über mein Kind reden." Andere werden verlangen: „Blamieren Sie mein Kind ruhig und stellen Sie es vor der Klasse bloß, das wird ihm Eindruck machen."

Einige Eltern sind immer geneigt, die Rolle des Verteidigers zu spielen, ganz gleich, wie der Vorfall war. Sie können nicht zugeben, daß ihr Kind etwas falsch gemacht hat, entweder weil sie glauben, daß solch ein Eingeständnis das Kind verletzt oder aus der Furcht heraus, daß sie als Eltern in ein schlechtes Licht geraten könnten.

Eltern, die glauben, daß der Lehrer ihnen für die Schwierigkeiten des Kindes die Schuld gibt, müssen so schnell wie möglich beruhigt und ihrer Sorge enthoben werden. Zu solchen Eltern könnte der Lehrer folgendes sagen:

Es tut mir leid, wenn ich Ihnen den Eindruck gegeben haben sollte, daß Sie daran schuld sind. Ich bin sicher, daß Sie das Bestmögliche getan haben, und ich hoffe, Sie denken das auch von mir. Wir machen uns beide Sorgen um Helen, und wir wollen selbstverständlich beide alles tun, was möglich ist, um ihr zu helfen. Aus diesem Grund habe ich Sie gebeten, zur Schule zu kommen. Im Laufe des Gesprächs werden wir feststellen, wo einer von uns Fehler gemacht hat und wie wir sie berichtigen können.

Es kann vorkommen, daß der Lehrer in dem dann folgenden Gespräch von einer Klassensituation erfährt, deren er sich völlig unbewußt war. Etwa wenn ihm die Eltern erzählen, daß das Kind glaubt, der Lehrer mag es nicht. Dem muß nachgegangen werden. Das Kind könnte aufgrund einer Bemerkung oder Handlung seitens des Lehrers zu seiner falschen Annahme gekommen sein. Der Lehrer kann auch erfahren, daß dieses Kind nicht gern neben seinem Nachbarn sitzt. Ein solcher Fall kann trotz Erstellung eines Soziogramms eintreten.

Wenn der Lehrer solche Vorfälle offen mit den Eltern bespricht, ohne sich in der Defensive zu fühlen, kann er den Eltern seine echte Sorge zu erkennen geben und – wenn es sein muß – seine Bereitschaft, die eigene Methode zu ändern. Das macht es den Eltern leichter, vom Lehrer Vorschläge anzunehmen.

Es gibt Eltern, die kommen und beklagen sich über ein anderes Kind, das ihres ärgert und verlangen, daß der Lehrer etwas dagegen unternimmt. Das kann Aufschluß geben über die Gefühle dieses Kindes anderen Kindern gegenüber, über seine Abhängigkeit vom Schutz der Eltern, über den Wunsch nach ihrem Mitgefühl, oder über die Tatsache, daß es dieses Verhalten als Mittel benutzt, damit sich die Eltern mit ihm beschäftigen müssen.

Der Lehrer sollte zuhören, ohne dabei mit Anklagen zu unterbrechen: Er sollte versuchen, Informationen darüber zu erhalten, wie sich das Kind in anderen Klassen verhalten hat, wie es sich zu Kindern in der Nachbarschaft und zu seinen Geschwistern verhält. Beim genauen Zuhören wird der Lehrer in der Lage sein, etwas über die Einstellungen der Eltern zu erfahren, was ihm sehr hilft, die momentanen Schwierigkeiten des Kindes im Sozialkontakt zu verstehen. Oft beschreiben die Eltern die häusliche Situation als ein Schlachtfeld, auf dem beide Eltern in die Kämpfe ihrer Kinder verwickelt werden und daß sie ihr Kind zu Hause davor beschützen müssen, von seinen Schwestern und Brüdern verletzt zu werden. Der Lehrer wird erklären, daß solch ein Schutz das Kind nur schwächt und daß viele Kinder absichtlich Kämpfe anzetteln, um ihre Eltern darin zu verwickeln. Das kann eine Methode sein, die den Eltern zeigen will, „wie schlecht sind die andern, und wie gut bin ich" oder „ich bin klein und schwach und muß beschützt werden", was deswegen noch nicht wahr zu sein braucht. Wenn man diese Kinder ihre eigenen Kämpfe ausfechten ließe, würden sie vermutlich lernen, auf sich selbst achtzugeben oder, was wahrscheinlicher ist, nicht in Kämpfe zu geraten. Der Lehrer muß das den Eltern erklären und vorschlagen, daß sie sich aus den Streitereien der Kinder heraushalten sollten. Er könnte den Eltern von ähnlichen Fällen erzählen, die auf die vorgeschlagene Weise gelöst wurden. Er kann allgemeine Bemerkungen und Informationen anbieten, die zu mehr Einsicht in das Verhalten von Kindern führen.

Das Interesse des Lehrers an allem, was die Eltern vorbringen und sein Wunsch, von ihnen zu lernen, macht die Eltern gelöster, und gewöhnlich sprechen sie dann frei und bereitwillig. Der Lehrer sollte objektiv und wohlwollend sein, wenn er versucht zu verstehen, wie die Eltern ihr Kind sehen.

Kommunikation mit den Eltern geschieht nicht unbedingt nur auf der verbalen Ebene. Leicht verrät der Lehrer seine

Gefühle wie Ärger, Entmutigung oder Geringschätzung der Eltern durch den Tonfall seiner Stimme, einen kritischen Blick, eine Bewegung, die Ungeduld ausdrückt, oder andere Anzeichen von Ablehnung. Der Lehrer muß solche Möglichkeiten bedenken. Das soll nicht heißen, daß er notwendigerweise mit dem, was die Eltern tun, übereinstimmen oder ihren Standpunkt teilen muß. Genaues Zuhören ist für sich selbst schon ein Weg, Ermutigung zu geben.

5.4 Eltern beim Problem Hausaufgaben beraten

Eltern brauchen in bezug auf Hausaufgaben und die Verantwortung, die sie dabei haben, eine Neubesinnung. Sie sollte vom Lehrer vermittelt werden, sobald das Kind in die Schule eintritt. Die meisten Eltern sehen sich veranlaßt zu glauben, daß sie für die Hausaufgaben ihrer Kinder verantwortlich sind. Sie sind aufrichtig davon überzeugt, daß sie ihrem Kind zu Lernerfolg verhelfen, wenn sie es zwingen, die Hausaufgabe zu machen und ihre Hilfe dabei anbieten.

In dieser Denkweise liegt ein mehrfacher Trugschluß. Wenn man dem Kind die Verantwortung für die Hausaufgabe abnimmt, beraubt man es der Möglichkeit, Verantwortungsgefühl zu entwickeln, unabhängig zu werden und aus seiner falschen Haltung zu lernen.

Eltern, die diese Verantwortung für das Kind übernehmen, werden von dieser Dienstleistung nie frei sein. Mit der Zeit werden die Eltern anfangen, sich darüber zu ärgern, und vom Kind ein unabhängiges Verhalten verlangen, etwas, was es nie gelernt hat. Das wird unweigerlich zu einem Konflikt führen.

Die Hausaufgabe kann zu einer starken Waffe in der Hand des Kindes werden, etwas, das es wirkungsvoll anwenden kann, um Privilegien zu erzwingen, um den Ehrgeiz der Eltern auszunutzen oder zu bestrafen. Deshalb muß man den Eltern nicht nur helfen, die Hausaufgabe den Kindern zu überlassen, sondern auch weniger besorgt zu sein. Kinder spüren die ängstliche Sorge, die die Eltern wegen der Hausaufgabe haben, auch wenn darüber nicht gesprochen wird. Der Wert der Hausaufgabe liegt in erster Linie darin, das Kind zu üben, selbständig zu arbeiten und Verantwortung zu übernehmen.

Die Hilfe für das Kind kann auch die falsche Einschätzung seiner Fähigkeiten und der Methoden, die es anwenden muß, um erfolgreich zu sein, bestärken. Wenn es nur wenig Selbstvertrauen hat, wird die Vorstellung, unfähig zu sein, durch ein solches Verhalten nur bekräftigt. Wenn es beständig Aufmerksamkeit sucht, bringt ihm seine Hilflosigkeit die ersehnte Befriedigung und vertieft seinen Glauben, daß das die Methode ist, wie es vorgehen muß.

Wenn der Lehrer es für notwendig hält, Hausaufgaben aufzugeben, muß er zuerst die Mitarbeit seiner Schüler gewinnen. Eine erzwungene Hausaufgabe hat wenig erziehlichen Wert. In vielen Fällen ist die Zeit, die mit den aufgebürdeten Hausaufgaben verbracht wird, verschwendet. Das Kind lernt aus der Wiederholung nichts, wenn es nicht zuvor die Bedeutung dessen erfaßt hat, was es tut. Bloße mechanische Wiederholung ohne Verständnis ist sinnlos. In allzu vielen Fällen sehen die Kinder in der Aufgabe keinen Wert und betrachten ihre Arbeit als Fleißaufgabe. Sehr oft bestätigt die Art der Hausaufgabe auch diese Meinung. Alles, was das Kind dabei lernt, ist, die Schule und den Lehrer zu hassen. Auf jeden Fall sollten sich die Eltern in diesem Punkt zurückhalten. Die Eltern sollten dem Kind helfen, indem sie ihm erklären, warum sie bei den Hausaufgaben nicht zu sehr mitwirken. Sie müssen für einen Platz sorgen, an dem das Kind ungestört arbeiten kann. Ein wichtiger Aspekt ist der Zeitpunkt, zu dem die Hausaufgabe gemacht wird. Kinder werden die Verantwortung bereitwilliger übernehmen, wenn man ihnen nach einem langen Schultag die Gelegenheit gibt, hinauszugehen und zu spielen oder ein Lieblingsprogramm im Fernsehen anzuschauen.

Oft fragen Eltern völlig bestürzt „Wollen Sie damit sagen, daß ich nichts tun soll, um meinem Kind zu helfen?". In dieser Situation darf der Lehrer weder die Eltern feindlich stimmen noch dem Kind schaden. Der Lehrer kann meist auf die folgende Art antworten:

Natürlich sind Sie besorgt und wollen helfen, und ich bin sicher, daß Sie in der Lage sein werden, für Ihr Kind etwas zu tun, aber erst dann, wenn wir ihm geholfen haben, seine Einstellung zum Lernen zu ändern, das heißt, erst wenn es Freude daran hat und um Hilfe bittet. Jetzt nimmt Ihr Kind das noch übel, und, wenn es gezwungen wird, hat es Veranlassung, mit Ihnen zu kämpfen und gegen das Lernen an sich

Widerwillen zu entwickeln. Es zur Hausaufgabe zu zwingen schafft keine Lernatmosphäre. Wenn dem so wäre, hätten Sie Ihr Kind nicht so viele Monate lang jeden Tag zu den Hausaufgaben zwingen müssen. Nach so langer Zeit müßte es fähig und willens sein, seine Arbeit von selbst zu machen, wenn es von Ihrem Druck etwas profitiert hätte. Ich würde vorschlagen, daß Sie sich aus diesem Kampf zurückziehen und es nicht zwingen, irgendeine Arbeit zu tun. Besprechen Sie das zuerst mit Ihrem Kind. Sagen Sie ihm, daß es alt genug und gescheit genug ist, für seine schulischen Verpflichtungen selbst Sorge zu tragen. Es wird an ihm liegen, ob es seine Hausaufgabe macht oder nicht. Wenn das Kind Sie jedoch bitten sollte, ihm etwas zu erklären, dann tun Sie das auf alle Fälle, aber lassen Sie es allein, wenn es verstanden hat, was es tun soll. Wenn es Ihnen etwas vorlesen will, sagen Sie ihm, daß Sie ihm gern zuhören und daß es Ihnen Freude macht. Würden Sie bitte diese Methode für einige Wochen versuchen und dann wieder zu mir kommen. Wenn sie keinen Erfolg hat, werden wir etwas anderes ausprobieren müssen.

Wie wir schon betont haben, haben Hausaufgaben nur dann einen Sinn, wenn sie vom Kind aus eigenem Verantwortungsgefühl heraus und mit dem Wunsch nach Fortschritt gemacht werden. Eltern sollen die Hausaufgabenangelegenheiten mit dem Kind besprechen, ihm bei der Entscheidung für den geeigneten Zeitpunkt helfen und ihm genügend Zeit für die Arbeit zur Verfügung stellen. Sie sollten das Kind bei der Arbeit nicht durch Zwischenfragen unterbrechen. Auch sollten sie nicht alle zwei Minuten einen Blick ins Zimmer werfen, um zu sehen, wieviel das Kind getan hat. Wenn es die Arbeit in der zur Verfügung stehenden Zeit nicht geschafft hat, müssen wir nach tieferen Ursachen suchen und diese überdenken, bevor wir erwarten können, daß das Kind seine Arbeit gut und mit Gewinn erledigt.

Man sollte den Kindern nie wegen der Hausaufgabe die Möglichkeit zum Spielen nehmen. Kinder, die so viele Stunden des Tages in der Schule verbringen, wo all ihre Aktivitäten organisiert und kontrolliert werden, brauchen Zeit, in der sie spielen oder reden können, mit wem sie wollen, oder um sich ganz einer Tätigkeit zu widmen. Sie warten auf den Zeitpunkt, an dem sie nach Hause kommen, wo ihr Leben anders ist, genauso wie sie darauf warten, am Morgen wieder zurück zur Schule zu gehen.

Nachwort

Wir sind der Meinung, daß der Lehrer einen entscheidenden Einfluß auf die Entwicklung des Kindes hat. Er kann aber nicht nur das Kind in seiner Entwicklung beeinflussen, sondern dadurch auch Einfluß auf die Gesellschaft nehmen. Das ist in unseren Tagen, wo merkliche Veränderungen vor sich gehen, von großer Bedeutung.

Gegenwärtig sind unsere Kinder allen Ungerechtigkeiten, Antagonismen und Feindseligkeiten ausgesetzt, die unsere ganze Welt kennzeichnen. Da jeder gut ausgebildete Lehrer den Schaden, den Eltern und Gesellschaft dem Kind zugefügt haben, mildern kann, kann er auch zu neuen Formen von Beziehungen und Transaktionen beitragen und dazu, daß mehr angemessene soziale Werte anerkannt werden.

Leider entwickeln Lehrer oft Widerstände gegen neue Wege zur Klassenführung und gegen einen Wandel in ihren Beziehungen zu den Schülern. Sie beharren darauf, daß ihre Aufgabe schon schwierig genug ist und daß sie sich nicht damit belasten können, neue Techniken zu lernen und neue Verantwortung zu übernehmen. Sie fordern, daß die Schüler ihr Verhalten und ihre Einstellungen ändern sollen, und bedenken nicht, daß dies nur möglich ist, wenn sie, die Lehrer, ihre Einstellungen und Reaktionen auf die Herausforderungen der Schüler ändern. Lehrer, die unsere Methoden angewandt haben, können bestätigen, daß ihre Arbeit leichter geworden ist und daß sie mehr Freude daran haben, seit es ihnen gelingt, die Klasse zu einer wirklichen Gemeinschaft zu formen und die Schüler an der Suche nach Lösungsmöglichkeiten für Probleme, die in der Klasse auftreten, zu beteiligen.

Die Vorschläge in diesem Buch können die Arbeit der Lehrer nur erleichtern, wenn sie richtig verstanden und beständig und mit Vertrauen angewandt werden. Wir wollen noch einmal daran erinnern, daß Kinder unterschiedlich reagieren:

Einige reagieren fast augenblicklich mit positiverem Verhalten, während andere noch für eine Weile stur bleiben und den Lehrer herausfordern, um ihre falsch gewählten Ziele zu erreichen. Lehrer, die dies berücksichtigen, werden sich nicht entmutigen lassen oder aufgeben, wenn sie nicht sofort bei allen ihren Schülern Erfolge sehen.

Dieses Buch handelt nicht nur von wirksamen Methoden, die zu Kooperation und Harmonie zwischen Lehrer und Schülern führen, sondern vor allem von einer Erziehungstheorie und zwischenmenschlichen Beziehungen.

Die Eigenschaften, die ein Lehrer am meisten braucht, sind Mut und Selbstvertrauen, die Bereitschaft, dazu zu stehen, daß er ein Mensch ist, der Fehler machen kann, aber zugleich eine unglaubliche Kraft und Fähigkeit besitzt, das Leben zu verändern.

Literaturverzeichnis

Bullard, Maurice L.: The Use of Stories for Self-Understanding, 1320
N.W. 13th Corvallis, Oregon, 1963

Combs, Arthur: Professional Education for Teachers. Boston, Mass.:
Allyn & Bacon, 1966

Dinkmeyer, Don and Dreikurs, Rudolf: Encouraging Children to
Learn. Englewood Cliffs, N.J.: Prentice-Hall, 1963

Dreikurs, Rudolf: Understanding the Child, a Manual for Teachers
(monograph), 1951

Eisenberg, Leon and Money, John: The Disabled Reader. Baltimore,
Md.: John Hopkins Press, 1966

Hartley, Sterl A.: Ricky Goes Fishing. In: The New Streets and
Roads. Chicago: Scott, Foresman, 1958

Lewin, Kurt: Resolving Social Conflicts. New York: Harper & Row,
1948

Otto, H. A.: Exploration in Human Potentialities. Springfield, Ill.:
Charles C. Thomas, 1966

Reimer, Clint: „Some Words of Encouragement". In: Soltz, Vicki
(ed.): Study Group Leader's Manual. Chicago: Alfred Adler
Institute, 1967

Rosenthal, Robert: „Self-Fulfilling Prophecies". Psychology Today,
vol. 2, 1968

Soltz, Vicki (ed.): Study Group Leader's Manual. Chicago: Alfred
Adler Institute, 1967

Stein, Z. and Susser, M.: „The Social Distribution of Mental Retarda-
tion". American Journal of Mental Deficiency, vol. 67, no. 6. New
York, N.Y., 1963

Tausch, Anne-Marie: Besondere Erziehungssituationen des prakti-
schen Schulunterrichts. Zt. f. experimentelle und angewandte
Psychologie. Göttingen, 1967

Taylor, John F.: „Encourogement vs. Praise". Unveröffentlichtes
Manuskript eines Vortrages, gehalten bei einem Workshop in
Portland, Oreg. Januar 1979

Basis-Bibliothek Referendariat

Georg E. Becker
Unterricht planen
Handlungsorientierte Didaktik, Teil I
Beltz Pädagogik. Neu ausgestattete Sonderausgabe 2007.
252 Seiten. Gebunden. ISBN 978-3-407-25447-4

Lehrer gelten als Fachleute für die Organisation von
Lernprozessen. Dies bedarf sorgfältiger Planung in
einzelnen Schritten. Die Handlungsorientierte Didaktik
bietet Anleitung und Hilfe bei der Planung von Unterricht.

Georg E. Becker
Durchführung von Unterricht
Handlungsorientierte Didaktik, Teil II
Beltz Pädagogik. Neu ausgestattete Sonderausgabe 2007.
298 Seiten. Gebunden. ISBN 978-3-407-25448-1

Die handlungsorientierte Didaktik konzentriert sich auf die
zentralen Berufsaufgaben des Lehrers, auf die Planung,
Durchführung und Auswertung des Unterrichts. Dabei
steht die Durchführung im Mittelpunkt.

Georg E. Becker
Unterricht auswerten und beurteilen
Handlungsorientierte Didaktik, Teil III
Beltz Pädagogik. Neu ausgestattete Sonderausgabe 2007.
184 Seiten. Gebunden. ISBN 978-3-407-25449-8

Ein praktisches Buch für den Lehrerstudenten wie für
gestandene Lehrer, das detaillierte Leitlinien für die verschiedensten Unterrichtssituationen gibt.

 **BELTZ**

Beltz Verlag · Weinheim und Basel · Weitere Infos und Ladenpreise: www.beltz.de

Basis-Bibliothek Referendariat

Peter Daschner/Ursula Drews (Hrsg.)
Kursbuch Referendariat
Beltz Pädagogik. Neu ausgestattete Sonderausgabe 2007.
240 Seiten. Gebunden. ISBN 978-3-407-25450-4

Ein wirkliches Kursbuch für alle, die das Referendariat
erfolgreich abschließen wollen: kompetent und praxis-
orientiert. Mit einem aktualisierten Info-Teil zu den
Einstellungschancen.

Rudolf Dreikurs / Bernice B. Grunwald / Floy C. Pepper
Lehrer und Schüler lösen Disziplinprobleme
Herausgegeben von Hans Josef Tymister
Beltz Pädagogik. Neu ausgestattete Sonderausgabe 2007.
221 Seiten. Gebunden. ISBN 978-3-407-25451-1

In diesem Band wird praxisnah und mit vielen Beispielen
aus dem Schulalltag erläutert, wie Lern- und Disziplinprobleme zu lösen und zu verhindern sind.

Reinhold Miller (Hrsg.)
99 Vertretungsstunden ohne Vorbereitung
»Schwellendidaktik pur« für die Sekundarstufe.
Beltz Pädagogik. Neu ausgestattete Sonderausgabe 2007.
142 Seiten. Gebunden. ISBN 978-3-407-25452-8

»99 Vertretungsstunden ohne Vorbereitung« für die
Sekundarstufe I in sechs Bereichen:
Überfachliches Lernen • Soziales Lernen • Das Lernen
lernen • Fachliches Lernen Deutsch • Mathematik •
Biologie / Erdkunde / Geschichte.

BELTZ

Beltz Verlag · Weinheim und Basel · Weitere Infos und Ladenpreise: www.beltz.de